1682

J.B. METZLER

KINDLER KOMPAKT
LITERATUR DER ANTIKE

Ausgewählt von Thomas Paulsen

J.B. Metzler Verlag

Kindler Kompakt bietet Auszüge aus der dritten, völlig neu bearbeiteten Auflage von *Kindlers Literatur Lexikon*, herausgegeben von Heinz Ludwig Arnold. – Die Einleitung wurde eigens für diese Auswahl verfasst und die Artikel wurden, wenn notwendig, aktualisiert.

Dr. Thomas Paulsen ist Professor am Institut für Klassische Philologie der Goethe-Universität Frankfurt am Main.

Inhalt

Die Literatur der Antike

Thomas Paulsen

Die Antike lebt fort. Autoren wie literarische Gestalten der griechischen und römischen Literatur des 8. vorchristlichen bis 5. nachchristlichen Jahrhunderts erfreuen sich auch heute noch (oder wieder) beträchtlicher Beliebtheit, antike Tragödien und Komödien stehen nach wie vor auf den Spielplänen der Theater der Welt. Dichter wie Homer, Vergil und Ovid werden sowohl weiterhin selbst gelesen als auch in Werken moderner Literatur, Bildender Kunst, Musik und Film verarbeitet. Gestalten des Mythos leben nicht nur dort, sondern auch in unserem Sprachschatz fort, in dem sprichwörtliche Formulierungen wie Sisyphosarbeit, Tantalosqualen, Achillesferse, Entscheidung zwischen Skylla und Charybdis, eine Odyssee erleben, roter Faden gang und gäbe sind oder auch Produkte antike Namen tragen, wenn diese Übertragungen auch nicht immer geglückt erscheinen wie etwa die Benennung eines Autotyps nach Phaethon, dem ersten mit seinem Fahrzeug tödlich verunglückten Unfallfahrer der europäischen Literatur. Es macht derzeit sogar den Eindruck, dass das Interesse an der Antike wieder im Wachsen begriffen ist, wofür die Percy-Jackson-Romane von Rick Riordan oder Filme wie Wolfgang Petersens »Troja« exemplarisch genannt sein sollen. Es gibt also hinreichend Gründe, sich mit der Literatur der griechisch-römischen Antike zu beschäftigen, die ja zugleich den Beginn der abendländischen Geistes- und Kulturgeschichte markiert. Für die Auswahl der hier präsentierten Autoren und Werke war für mich die Leitfrage bestimmend, ob sie auch für heutige Leserinnen und Leser noch von Interesse sind. Das zweite Kriterium ist durch die Präsenz eines Werkes auf dem Buchmarkt oder auf den Spielplänen unserer Bühnen, weiterhin durch die Rezeption in Bildender Kunst, Musik und Film einigermaßen objektivierbar, das erste unvermeidbar subjektiv. Daneben war ich auch von dem Bemühen geleitet, interessante, aber außerhalb der Altertumswissenschaften weitgehend vergessene Werke wie etwa die antiken Romane wieder etwas stärker ins Bewusstsein zu rücken.

Am Anfang der europäischen Literatur stehen als zwei erratische Blöcke die homerischen Epen *Ilias* und *Odyssee*, die im Abstand von etwa einer Generation im ausgehenden 8. Jahrhundert v. Chr. entstanden sein dürften. Hält man sich vor Augen, dass die Griechen erst einige Jahrzehnte zuvor mit der Übernahme und Modifikation des phönizischen Alphabets die Grundlage für eine eigene Schriftlichkeit gelegt hatten, erscheint diese Leistung eines oder mehrerer uns heute als Personen nicht mehr fassbaren Autoren (die Diskussion über die Identität des *Ilias*- und *Odyssee*-Dichters ist bis heute in der Forschung lebendig) sowohl mit Blick auf die Quantität als auch die Qualität als kaum nachvollziehbar: In jeweils 24 Büchern wird einmal in gut 15 800 (*Ilias*), das andere Mal in 12 100 Versen (*Odyssee*, die damit exakt so lang ist wie Goethes gesamter *Faust*) ein jeweils in sich geschlossenes dramatisches Geschehen dargeboten, das vor allem in der *Odyssee* an erzähltechnischer Raffinesse Standards setzt, die erst in der Neuzeit überboten werden konnten. Die *Ilias* ist ein Werk der großen Emotionen, an der Spitze das Motto-Wort des ganzen Epos, der Groll des Halbgottes und stärksten Kämpfers des griechischen Heeres vor Troja, Achill, der unzählige Leiden schuf und verantwortlich für viele Todesfälle wurde. Gekränkte Ehre, Patriotismus, Hass und Rachsucht, aber auch Liebe sind die Triebkräfte der Akteure, von denen keiner eindimensional als eindeutig gut oder böse gezeichnet wird: Sie alle, Achill, Agamemnon, Menelaos, Aias, Diomedes, Odysseus auf Seiten der Griechen, Hektor, Paris, Aineias bei den Trojanern sind Getriebene ihrer Leidenschaften, zugleich aber Spielball der Götter, die in diesem Krieg mit ganz menschlichen Emotionen für eine der beiden Seiten Partei ergreifen, Hera, Poseidon und Athena für die Griechen, Apollon, Artemis und Aphrodite für die Trojaner, während der Götterkönig Zeus verzweifelt und nicht immer erfolgreich bemüht ist, das Geschehen im Gleichgewicht zu halten, bis letztendlich die schicksalhafte Entscheidung zugunsten der Griechen fällt. In der *Odyssee* hingegen steht die Behauptung eines einzelnen Mannes, Odysseus, gegen alle möglichen Widrigkeiten, die ihm auf seiner zehn Jahre währenden Heimfahrt von Troja in seine Heimat Ithaka widerfahren, im Zentrum des Geschehens, an deren Ende die Wiedervereinigung mit seiner Gattin Penelope steht. Die berühmteste Partie des Werkes, die Erzählung des Odysseus von seinen Irrfahrten im 9. bis 12. Buch, mit menschenfressenden Riesen, anderen Ungeheuern und Zauberinnen, machen diesen Teil zum Ahnherrn aller Fantasy-Literatur.

Ich bin auf diese beiden Werke etwas ausführlicher eingegangen, da sie einen einzigartigen Einfluss auf die gesamte antike, aber auch neuzeitliche Literatur Europas ausgeübt haben. Es gibt kaum einen literarischen Text in der griechischen und römischen Literatur bis zum Ausgang der Spätantike, der nicht in irgendeiner Weise auf die homerischen Epen Bezug nimmt, von Anspielungen im Bereich des Einzelworts oder Motivs bis hin zu Übernahmen oder Verarbeitungen größerer inhaltlicher oder struktureller Einheiten. Aber auch in der Neuzeit wirkt der Einfluss weiter, als drei Beispiele für Homer-Rezeption in narrativen Großformen seien hier aus der jüngeren Vergangenheit nur *Ulysses* von James Joyce, *Horcynus Orca* von Stefano d'Arrigo und *The Lord of the Rings* von J. R. R. Tolkien genannt. Woran liegt diese ungebrochene Wirkungsmacht, die sich keineswegs auf *Ilias* und *Odyssee* beschränkt, sondern sich, wie wir sehen werden, auf eine Vielzahl anderer Gattungen und Autoren erstreckt? – es sei einmal angemerkt, dass wir es in der Antike bedauerlicher Weise fast ausschließlich mit männlichen Literaten zu tun haben; die einzige Frau der griechisch-römischen Antike, deren Nachruhm bis in die Gegenwart ausstrahlt, ist die Dichterin Sappho (ca. 600 v. Chr.).

Ein wesentlicher Aspekt ist die ungebrochene Faszination der griechischen Mythen, die unsere neuzeitliche Kultur in erheblich größerem Maße zu prägen verstanden, als dies etwa der germanischen und nordischen Mythologie gelang. Der wichtigste Punkt dürfte dabei sein, dass hier in exemplarischer Weise die »großen« Themen behandelt werden, welche die Menschen aller Zeiten bewegen: Bedeutende Einzelfiguren erleben und erleiden das gesamte Spektrum menschlicher Emotionen und Beweggründe, bewähren sich in Extremsituationen oder scheitern daran. Dieser Aspekt, den Aristoteles im 9. Kapitel seiner *Poetik* als wesentliches Merkmal der Tragödie benannt hat, betrifft darüber hinaus einen großen Teil der antiken Dichtung wie Prosa, welche exemplarisch die wichtigen Themen, mit denen die Menschheitsliteratur sich befasst, größtenteils bereits behandeln.

Bevor wir nun einen überblicksartigen Durchgang durch die Literatur der antiken Griechen und Römer beginnen, ist eine Vorbemerkung zum Erhaltungszustand dieser Werke geboten. Bedenkt man, dass bis in die ersten christlichen Jahrhunderte hinein Papyrus der gängige Beschreibstoff war, der nur in trockener Hitze, wie sie der Sand Ägyptens bietet, über viele Jahrhunderte konserviert werden kann, und dass die einzige Möglichkeit der Verbreitung von Literatur in handschriftlichen Kopien, die in der Regel durch Schreibsklaven angefertigt wurden, bestand, so ist es fast als Wunder zu bezeichnen, dass überhaupt antike Texte erhalten blieben. Etwas besser wurde die Verbreitungssituation, als sich in der römischen Kaiserzeit das preiswertere und stabilere Pergament etablierte, das sich im Gegensatz zu Papyrus, den man nur in Form von Rollen zu größeren Einheiten zusammenfügen konnte, zu Codices binden ließ, also Vorläufern der modernen Buchform, in denen man auch vor- und zurückblättern

konnte. Als wichtigste Träger der Überlieferung lösten hierbei seit dem frühen Mittelalter Mönche in ihren Skriptorien die antiken Schreibsklaven ab, eine sicher sehr beliebte Tätigkeit, handelte es sich doch bei den Skriptorien nicht selten um die einzigen beheizten Räume in einem Kloster.

Gleichwohl mussten die Werke eines Homer oder Herodot, Ovid oder Cicero, eine lange Reihe von Bedrohungen durch Kriege und Brände, religiöse oder ideologische Verblendung oder auch einfach nachlassendes Interesse überstehen, bis die Erfindung des Buchdrucks mit beweglichen Lettern um 1450 die Vervielfältigung und ungehinderte Verbreitung literarischer Erzeugnisse sicherte. Von der Verbreitung antiker Literatur wie von den vielfältigen Bedrohungen, der sie ausgesetzt war, legt Umberto Ecos Roman *Il nome della rosa* (»Der Name der Rose«) ein ebenso anschauliches wie spannendes Zeugnis ab. Zwei weitere Beispiele seien zur Veranschaulichung der Bedrohungen genannt: Eine katastrophale Folge für den Erhalt antiker griechischer Literatur zeitigte der fatale Entschluss des venezianischen Kreuzritterheeres unter Führung des Dogen Enrico Dandolo im Jahre 1204, anstatt, wie eigentlich vorgesehen, Jerusalem von muslimischer Herrschaft zu befreien, es sich in Konstantinopel gemütlich zu machen, sprich diese bedeutendste Kulturzentrale des östlichen

Mittelmeerraumes zu brandschatzen und zu plündern. Dabei gingen unermessliche Kulturschätze verloren, darunter der vermutlich im frühen 2. Jahrhundert n. Chr. entstandene Roman *Die unglaublichen Dinge jenseits von Thule* des Antonios Diogenes, der, soweit sich durch eine erhaltene Inhaltsangabe des byzantinischen Patriarchen Photios aus dem 9. Jahrhundert und einige Papyrus-Fragmente erschließen lässt, zu den großen erzählerischen Meisterwerken der Weltliteratur gehört – oder eben leider gehörte. Weniger katastrophal waren hingegen die Auswirkungen der Eroberung Konstantinopels durch die Truppen des Osmanischen Reiches im Jahre 1453: Da sich dieses folgenschwere Ereignis bereits mehrere Jahrzehnte vorher abgezeichnet hatte, konnte insbesondere durch die Auswanderung vieler Gelehrter aus dem Oströmischen Reich nach Italien in der 1. Hälfte des 15. Jahrhunderts eine große Menge antiker Texte gerettet werden. Für das, was die Zeiten überdauerte, wurde bereits in der frühen Kaiserzeit der wichtigste Grundstein gelegt: Was im 1. und 2. Jahrhundert gerne gelesen wurde, hatte gute Chancen erhalten zu bleiben. So sind uns z. B. genau die sieben Tragödien des Sophokles und elf Komödien des Aristophanes erhalten, die in dieser Zeit in einer Auswahledition aus dem Gesamtoeuvre von 123 bzw. 46 Werken der beiden Dichter fixiert wurden. Obwohl schon die Zeitgenossen die Bedeutung dieser Autoren erkannten, blieb also vom einen nur ein knappes Viertel seines Schaffens, vom anderen gar nur etwa sechs Prozent erhalten, und ihr Überlieferungsschicksal ist bedauerlicherweise repräsentativ:
Es ging sehr viel mehr an antiker Literatur verloren, als erhalten blieb. Autoren wie Platon, dessen Gesamtwerk mutmaßlich erhalten blieb, stellen Ausnahmen dar. Leider überdauerte auch nicht immer das, was wir heute als interessant empfinden. Um von den Werken der griechischen und römischen Kirchenväter abzusehen, die natürlich von vornherein eine höhere Überlieferungschance hatten als ›heidnische‹ Texte, nehmen im Zuge der Tradierung nichtchristlicher Erzeugnisse die Wechselfälle der Gunst und Ungunst des Schicksals manchmal wunder: Sehr glücklich sind Altertumsforscherinnen und -forscher aller Disziplinen zum Beispiel darüber, dass mehr als 1000 Privatbriefe Ciceros erhalten blieben, die vom Verfasser selbst gar nicht für die Veröffentlichung vorgesehen waren, während eines seiner philoso-

phischen Hauptwerke, die staatstheoretische Schrift *De re publica*, zum größten Teil nur aus einem erst im 19. Jahrhundert entdeckten Palimpsest in fragmentarischer Form bekannt ist. Bedauern und Freude über den Erhalt eines Textes sind natürlich ein subjektives Phänomen, aber sicher dürften sehr viele Liebhaberinnen und Liebhaber antiker Literatur darin übereinstimmen, dass wir anstelle des riesigen Corpus der panegyrischen Reden des Dion Chrysostomos lieber die vollständigen *Satyrica* Petrons lesen würden.

Um einen Überblick über die trotz aller Verluste immer noch verwirrende Vielfalt der antiken Literatur in den zwölf Jahrhunderten, die uns hier interessieren, zu gewinnen, empfiehlt es sich zunächst, eine Gliederung nach Epochen vorzunehmen. In der griechischen Literatur werden üblicherweise vier davon unterschieden, die freilich eher Orientierungspunkte bieten, als den Anspruch auf Allgemeingültigkeit erheben: Die griechische Archaik umfasst die etwa 250 Jahre von Homer bis zu den Perserkriegen (494–479). Dominierten vorher Herrschaftsstrukturen, die durch adlige Großgrundbesitzer und ihr wirtschaftlich abhängiges Gefolge geprägt waren, so beginnt im frühen 5. Jahrhundert v. Chr. die große Zeit der Poliskultur, also von Stadtstaaten, die demokratisch regiert wurden wie Athen oder ein oligarchisches System aufwiesen wie Sparta. Diese Zeit der Klassik dauert an, bis die griechischen Poleis in den monarchischen Großreichen Alexanders des so genannten Großen (356–323) und seiner Nachfolger in den verschiedenen Diadochenreichen des östlichen Mittelmeerraumes aufgingen, womit die Epoche des Hellenismus einsetzt, in der sich die griechische Sprache und Kultur über Ägypten und den nahen und mittleren Osten ausbreitete. Diese Epoche endet im Jahr 30 v. Chr., als das junge römische Großreich mit Ägypten den letzten hellenistisch geprägten Flächenstaat seinem Imperium einverleibte. Damit setzt die letzte und längste Zeitspanne der griechischen Literatur in der römischen Kaiserzeit ein, die kein klar begrenztes Ende aufweist, sondern im Laufe des 5. und frühen 6. Jahrhunderts n. Chr. in die Kultur des Byzantinischen Reiches aufgeht.

Unter größtmöglicher Beachtung der Chronologie möchte ich nun schlaglichtartig und notgedrungen subjektiv einen knappen Überblick über die bedeutendsten Gattungen und Autoren geben. Noch in die homerische Zeit gehört der Archeget der in daktylischen Hexametern abgefassten Lehrdichtung, Hesiod (ca. 700 v. Chr.), dessen *Theogonie* die zeitgenössischen Vorstellungen über das Entstehen des Kosmos und die ersten Göttergenerationen vorstellt. Mit der archaischen Lyrik hält dann im 7. Jahrhundert v. Chr. die Darstellung subjektiven Empfindens Einzug in die Literatur, wobei man sich freilich davor hüten muss, das Lyrische Ich ohne weiteres mit dem jeweiligen Autor zu identifizieren, wie es bis weit in die Nachkriegszeit hinein verbreitet war. Weniger eindrucksvoll werden die erhaltenen Gedichte, mit denen es der Zahn der Zeit besonders schlecht gemeint hat, da sie größtenteils nicht direkt überliefert wurden, sondern nur durch Zitate bei anderen Autoren oder Papyrusfragmente die Zeiten überdauerten, dadurch freilich nicht: Auch heutige Menschen können sich unmittelbar dadurch angesprochen fühlen, wenn etwa bei Archilochos (ca. 650 v. Chr.) der Sprecher in drastischer Abkehr vom homerischen Heroenideal sich dazu bekennt, lieber ein lebender Feigling als ein toter Held sein zu wollen (Fragment 5) oder Sappho (ca. 600 v. Chr.), die einzige Dichterin der Antike, die Weltruhm erlangte, das Wesen der Liebe in zwei Versen unnachahmlich auf den Punkt bringt: »Eros, der Glieder Lösende, schüttelt mich wieder / das bitter-süße unbezwingliche Untier« (Fragment 130). Dichtungen dieser Art waren Gelegenheitslyrik, die zum Vortrag bei einem bestimmten Anlass vorgesehen waren, etwa bei einem Gastmahl mit Freunden.

Während die Dichtung der archaischen Zeit in Griechenland bereits eine zwei Jahrhunderte währende Blüte erlebte, machte die Prosa noch ihre eher holprig und ungelenk wirkenden ersten Gehversuche, so dass auch einige der ersten Philosophen wie Xenophanes (ca. 570–nach 478), Parmenides (ca. 540–ca. 470) und Empedokles (ca. 495–ca. 435) dem Beispiel Hesiods folgten und ihre Gedanken Lehrgedichten in daktylischen Hexametern anvertrauten. Leider sind die Werke aller dieser Denker, die sich schwerpunktmäßig mit Naturphilosophie beschäftigten, nur fragmentarisch erhalten. Dies ist umso bedauerlicher, als im 6. und 5. vorchristlichen Jahrhundert der Grundstein der europäischen Philosophie gelegt wurde.

Mit der griechischen Klassik tritt diejenige Dichtungsgattung auf den Plan, deren Erzeugnisse uns auch heute noch vielleicht am Unmittelbarsten anzusprechen vermögen, die Tragödie. Zwar sind von den 900 Tragödien, die während des 5. Jahrhunderts v. Chr. alleine in Athen aufgeführt wurden, nur 32 erhalten und haben von einer dreistelligen Zahl von Dichtern, die wir namentlich kennen, nur drei die Zeiten überdauert, doch die Figuren, die sie auf die Bühne gebracht haben, üben eine so zeitlose Faszination aus, dass eine Reihe dieser Werke auch heute noch regelmäßig auf den Spielplänen europäischer Bühnen erscheint, die Tragödien von Aischylos (525–456), Sophokles (496–406) und Euripides (484–406). Die ungebrochene Wirkung dieser Werke, je sieben von Aischylos und Sophokles und 18 von Euripides, beruht darauf, dass fast das gesamte Spektrum menschlicher Nöte, Leiden und Emotionen in exemplarischer Form präsentiert wird, wobei die Bewährung oder das Versagen in Extremsituationen oder die Bewältigung von Schuld und die Frage nach dem Verhältnis von menschlicher Eigenverantwortung und göttlichem Wirken zentrale Themen sind. Wir treffen hier auf Menschen, die durch das kompromisslose Festhalten an ihren Idealen ins Verderben stürzen wie die sophokleische Antigone, auf solche, die sich schwerer Verfehlungen schuldig machen, aber in ihrem Handeln trotzdem ihre moralische Integrität wahren wie der Ödipus desselben Autors, Opfer göttlicher Rache wie Euripides' *Herakles*, Menschen, die in tragischen Entscheidungssituationen versagen wie den Agamemnon des Aischylos, der dann aus Rache für die Opferung seiner Tochter Iphigenie im *Agamemnon* von seiner Frau Klytaimestra ermordet wird, die wiederum in den *Choephoren* der Vergeltung ihres Sohnes Orest anheimfällt, bis göttliches Eingreifen in den *Eumeniden* die Kette der innerfamiliären Morde beendet, oder wir begegnen einfach unschuldig Leidenden wie den Troerinnen in Euripides' gleichnamigem Stück, welches die engagierteste Verurteilung des Krieges enthält, die wir aus der antiken Literatur kennen.

Die zweite große dramatische Gattung der Klassik, die so genannte Alte Komödie wird für uns nur noch durch die elf erhaltenen Werke des Aristophanes (ca. 448–nach 388) repräsentiert. Sie sind weniger als Vorläufer der neuzeitlichen Komödie denn als solche der politischen Satire zu betrachten. In bisweilen drastischer Weise, die so gut wie keine Tabus kennt, werden Themen aus dem politischen Alltag des demokratischen Athens aufgegriffen. Als jemand, dessen Leben fast zur Hälfte durch den verheerenden Peloponnesischen Krieg zwischen den griechischen Hegemonialmächten Sparta und Athen (431–404) geprägt war, greift Aristophanes dessen führende politische Befürworter an. Pazifistisch im Sinne einer generellen moralischen Verurteilung des Krieges sind seine Stücke, anders als die *Troerinnen* des Euripides, nicht, doch spricht aus ihnen eine tiefe Friedenssehnsucht. Nicht von ungefähr wurde mit dem Aufkommen der Friedensbewegung in den 1960er Jahren seine *Lysistrate* für Jahrzehnte sein populärstes Stück, in der die Heldin, deren sprechender Name »die Heerauflösende« bedeutet, den Friedensschluss dadurch durchsetzt, dass die griechischen Frauen aller Städte ihren Männern so lange den Sexualverkehr verweigern, bis diese ausgelaugt dem Frieden zustimmen. Weitere wesentliche Themen des Aristophanes sind die Kritik an unbefriedigenden innenpolitischen Zuständen, die sich am Eindrucksvollsten in der Utopie der *Vögel* entwickeln, die mit ihrer Staatsgründung Wolkenkuckucksheim ein ideales Gemeinwesen schaffen wollen, das sich freilich bei näherer Betrachtung als wenig demokratischer Zwangsstaat erweist. Die Auseinandersetzung mit Kultur und Gesellschaft seiner Zeit stellt die dritte thematische Säule im Schaffen des Aristophanes dar. So kommt es in seinen *Fröschen* zu einem Wettstreit der verstorbenen Tragiker Aischylos und Euripides in der Unterwelt um den Thron des besten Tragödiendichters.

In der griechischen Klassik entwickelt sich nun auch die Prosa zu voller literarischer Höhe. An erster Stelle sind hier die Geschichtswerke von Herodot und Thukydides zu nennen. Herodot (ca. 485–ca. 425) versucht sich erfolgreich an einer Universalgeschichte der ihm bekannten Welt, die in zahlreichen Rückblicken kunstvoll in eine Darstellung der Auseinandersetzung zwischen den griechischen Stadtstaaten und dem persischen Großreich zu Beginn des 5. Jahrhunderts v. Chr. eingebettet ist. In novellenartigen Erzählungen wie der Begegnung zwischen dem lydischen König Kroisos und dem athenischen Staatsmann Solon werden hier die Grundpositionen von Herodots Geschichtsphilosophie präsentiert, deren zentrale Aussage ist, dass Menschen durch ihre Erfolge in aller Regel zu hybridem Ausgreifen nach immer mehr Macht stimuliert werden, das dann zu ihrem zwangsläufigen Sturz führt. Geradezu modern (und in der Antike fast singulär) wirkt der Historiker durch seine Überzeugung von der grundsätzlichen Gleichberechtigung aller Völker und ihrer Kulturen, in der er es als geradezu wahnsinnig bezeichnet, in der Überzeugung von der eigenen Überlegenheit andere wegen ihres Andersseins abzulehnen. Thukydides (ca. 460–ca. 400) ist hingegen der Begründer der Gattung der historischen Monographie. Als Zeitzeuge schildert er in seinem unvollendeten Werk den Peloponnesischen Krieg und ist dabei bemüht, die Wirkkräfte, die zu diesem katastrophalen Geschehen führten, zu analysieren, wobei er freilich pessimistisch konstatiert, dass die Menschen nie aus ihren Fehlern lernen. Vergleicht man seine Analyse der Kriegsursachen und des Kriegsbeginns etwa mit den Faktoren, die zum Ausbruch des Ersten Weltkriegs führten, muss man ihm trotz der natürlich ganz unterschiedlichen Dimensionen des Geschehens bedauerlicherweise beipflichten. Am bedeutendsten ist vielleicht seine Erkenntnis, dass Krieg, je länger er dauert, zwangsläufig zu einer Verrohung und Brutalisierung der meisten daran beteiligten Menschen führt, berühmt geworden ist sein Diktum vom Krieg als »gewalttätigen Lehrer, der den Charakter der Menschen zum Schlechteren kehrt«. Viele tiefsinnige Reflexionen finden sich darüber hinaus in den zahlreichen Reden, die in das Werk integriert sind, so lesen wir in der Debatte in der athenischen Volksversammlung darüber, wie mit Mytilene verfahren werden soll, eine zeitlos gültige Analyse über die Sinnlosigkeit der Todesstrafe als Mittel der Abschreckung, die Thukydides den Athener Diodotos anstellen lässt.

Im Athen des ausgehenden 5. Jahrhunderts v. Chr. erblüht sodann eine zwar nicht neue Richtung der Philosophie, als deren Archeget aber üblicherweise Sokrates (469–399) betrachtet wird, der die Ethik zur zentralen Disziplin seiner Überlegungen macht. Er reagiert aber bereits auf die Bewegung der Sophistik, die in ihrer Rezeption durch das ebenso ungerechtfertigte wie wirkmächtige Negativurteil Platons stark beeinträchtigt wurde, so dass die Lehren der bedeutenden Sophisten nur noch durch Zitate bei anderen Autoren und Papyri fassbar sind. Ihre wichtigsten Archegeten Protagoras (ca. 480–ca. 410) und Gorgias (ca. 480–ca. 380) konstatieren einen erkenntnistheoretischen Relativismus: Da der Mensch nicht zu absoluter Erkenntnis fähig ist, muss er die Maßstäbe seines Handelns aus sich selbst heraus entwickeln, wie es Protagoras in dem berühmten Homo-Mensura-Satz (»Der Mensch ist das Maß aller Dinge, der Seienden, dass sie sind, der Nichtseienden, dass sie nicht sind«, Fragment 1) auf eine prägnante Formel bringt. Das bedeutet freilich nicht, wie Platon es auffasste, die Absage an eine verbindliche Ethik, die das menschliche Zusammenleben regelt, sondern nur, dass Menschen sich eben nicht auf göttliche Weisungen berufen können, sondern auf sich selbst gestellt sind. Platon (427–347) stellte dem seine im *Symposion* erstmals ausformulierte Ideenlehre gegenüber, nach der es in einem nur dem Intellekt nach jahrzehntelanger Übung zugänglichen Bereich unvergängliche und wahre Urbilder aller Dinge, Eigenschaften, Denkweisen gibt, deren Erkenntnis den Menschen zu einer ethisch angemessenen Lebensweise befähigt, allen voran die Idee des Guten, die nach seiner in seinem Hauptwerk *Politeia* entwickelten Überzeugung freilich nur die allerfähigsten Philosophen zu erkennen imstande sind. Der ungemein wirkungsmächtige *Timaios* entfaltet dann Platons Kosmologie. Seine Vorstellung von einem alle Gottheiten des Mythos weit überragenden Schöpfergott, dem Demiurgen, machte dieses Werk auch für die christliche Rezeption sehr interessant. Auch wenn man A. N. Whiteheads berühmtem Bonmot, dass die Tradition der europäischen Philosophie nur aus einer Reihe von Fußnoten zu Platon bestehe, in dieser Radikalität nicht zustimmen muss, so liegt Platons unvergängliche Leistung doch darin, dass er zu einer Unzahl philosophischer Probleme erstmals die Fragen stellte, wenn er auch darauf nicht immer befriedigende Antworten fand. An diese Fragen knüpfte sein bedeutendster Schüler Aristoteles (384–322) an, der insbesondere mit seiner *Nikomachischen Ethik* eine weniger theoretische, sondern im Alltagsleben der Menschen verankerte ethische Lebensweise propagierte, die von dem Leitgedanken der Wahrung der »Goldenen Mitte«, also einem Handeln, das Extreme meiden soll, geprägt ist. Daneben manifestiert sich Aristoteles' epochale Bedeutung vor allem in der Schaffung der Logik als philosophischer Disziplin.

Die dritte Prosagattung, die sich auf dem Nährboden der attischen Demokratie zu höchster Blüte entwickelt, ist die Rhetorik in ihren beiden Hauptzweigen der politischen und der Gerichtsrede. Schon nach antikem Urteil erreichte sie in beiden Teildisziplinen durch Demosthenes (384–322) ihren höchsten Gipfel, dessen politisches Wirken durch den unermüdlichen, aber letztlich erfolglosen Kampf gegen die makedonischen Hegemonialbestrebungen unter Philipp II. [Regentschaft 359–336] geprägt war. Insbesondere seine *Philippischen Reden* legen ebenso Zeugnis von rhetorischer Brillanz wie von skrupelloser Demagogie ab und erweisen sich dadurch als zeitlose Exempel für die Macht der Rede. In denselben Kontext gehören zwei Strafprozesse,

die Demosthenes, einmal als Ankläger, einmal als Verteidiger gegen seinen größten politischen Kontrahenten Aischines (ca. 390–ca. 315) führte. Da zu beiden Prozessen beide Reden erhalten sind, gewinnen wir hier einen einzigartigen Einblick in das athenische Gerichtswesen, das sich ganz wesentlich von modernen juristischen Standards unterscheidet. In einem Hochverratsprozess wegen angeblicher Verletzung von Gesandtenpflichten durch Aischines inszeniert Demosthenes ein rhetorisches Feuerwerk, um zu verschleiern, dass er nicht einen einzigen juristisch relevanten Beweis für seine Vorwürfe hat. Trotzdem wurde Aischines nur mit knapper Mehrheit der 1501 (!) Laienrichter, die über die Anklage zu befinden hatten, freigesprochen.

Mit dem tiefgreifenden Wandel der politischen Verhältnisse, der sich durch die Schaffung eines riesenhaften monarchischen Flächenstaates durch Alexander III. von Makedonien (356–323) vollzieht, auch wenn dieses Reich unmittelbar nach seinem Tod in die Einzelteile mehrerer Diadochenreiche zerfiel, geht ein radikaler Wandel in der Literatur einher, der sich vor allem in der Dichtung durch die weitgehende Abkehr von den Großformen Epos und Tragödie manifestiert. An ihre Stelle treten Kleinformen wie das Epyllion (Kleinepos) und das Epigramm, von den etablierten Gattungen bleibt fast nur die Komödie in einer neuen Prägung erhalten, die ihr Autoren wie Menander (ca. 342–ca. 292) mit einer thematischen Verlagerung in den Bereich des Privaten, in dem familiäre Probleme dominieren, verliehen. Lediglich das Epos *Argonautika* des Apollonios von Rhodos, der in der 1. Hälfte des 3. Jahrhunderts v. Chr. schrieb, setzt die homerische Tradition fort, wobei auch hier neue Schwerpunkte gesetzt werden, indem mit Jason, der durch seine Schwächen und Zweifel einem normalen Menschen angenähert ist, ein neuer gleichsam entheroisierter Heldentyp präsentiert wird und die Liebe als entscheidende Triebkraft menschlichen Handelns, vorgeführt an der Liebe zwischen Jason und Medea, entdeckt wird. Apollonios und die anderen Hauptvertreter der hellenistischen Dichtung, Kallimachos (ca. 320–nach 246) und Theokrit (1. Hälfte des 3. vorchristlichen Jahrhunderts), lebten und wirkten in der neuen Kulturmetropole der antiken Welt, Alexandria, die von den ersten drei Königen der Ptolemäer-Dynastie, die Ägypten von 305–30 v. Chr. beherrschte, systematisch ausgebaut wurde, indem die bedeutendsten Literaten und Wissenschaftler zum Wirken am Museion, einer Art Universität, welche die größte Bibliothek der Antike beherbergte, eingeladen wurden. Kallimachos' leider nur fragmentarisch erhaltenes Hauptwerk, die *Aitia* (*Ursachen*), die in Elegischen Distichen mythologische Erklärungen für die Existenz aller möglichen Sachverhalte in religiösen Kulten und der Natur boten, sollte einen nicht hoch genug einzuschätzenden Einfluss auf die römische Dichtung des 1. vorchristlichen Jahrhunderts ausüben. Theokrit hingegen war in der Antike vor allem durch seine bukolischen Dichtungen berühmt.

Zugleich blühten am Hofe von Alexandria die Naturwissenschaften in bisher nicht gekannter Weise: Aristarch von Samos (ca. 310–ca. 230) entwickelte ausgehend von der Beobachtung, dass die am Himmel zu beobachtenden Planetenbahnen sich mit dem gängigen geozentrischen Weltbild nicht befriedigend erklären ließen, ein heliozentrisches Konzept, mit dem er seiner Zeit freilich um etwa 1800 Jahre voraus war. Der Universalgelehrte Eratosthenes von Kyrene (ca. 285–ca. 205) hingegen leistete einen epochalen Beitrag zur Erforschung der Erde, indem er den Erdumfang auf wenige hundert Kilometer exakt zu berechnen vermochte. Schließlich ist noch die

Leistung der Philosophie zu würdigen: Mit Epikur (ca. 340–ca. 270) und der von Zenon von Kition (ca. 332–ca. 262) begründeten Stoa treten die beiden letzten der großen antiken Philosophieschulen hervor. Insbesondere der häufig missverstandene Epikur, der keineswegs einem hemmungslosen Hedonismus das Wort redet, sondern für verantwortungsbewussten Lebensgenuss eintritt, vermag durch seine alleine auf Vernunft basierende Ethik, die ohne metaphysische Instanzen auskommt, auch moderne Leser noch zu faszinieren. Für die Naturwissenschaften wie für die Philosophie gilt aber leider, dass die allermeisten Schriften fast nur noch durch Zitate späterer Autoren zu greifen sind.

In den letzten beiden vorchristlichen Jahrhunderten und der Kaiserzeit nimmt die Literaturproduktion im griechischen Kulturkreis nicht quantitativ, wohl aber qualitativ spürbar ab. Die meisttraktierte Gattung bleibt für Jahrhunderte die Historiographie, deren Erzeugnisse sich im Ganzen jedoch eher durch ihren allerdings herausragenden Quellenwert als durch ihre literarischen Qualitäten auszeichnen. Bevor wir auf zwei originelle Ausnahmen vom Mainstream der kaiserzeitlichen Literatur zu sprechen kommen, muss der mit großem Abstand wirkungsmächtigste Text der griechischen Antike wenigstens erwähnt werden, auch wenn seine nähere Behandlung den hier gegebenen Rahmen bei weitem sprengen würde. Ich meine natürlich das Neue Testament, dessen Behandlung von literaturwissenschaftlicher Seite gemeinhin der Theologie überlassen wird, obwohl manche der hier vereinigten Texte auch unter philologischen Gesichtspunkten äußerst reizvoll sind, allen voran die Apokalypse des Johannes mit ihrer ebenso reichen wie verstörenden Bilderwelt.

Bei den genannten Ausnahmen handelt es sich um zwei äußerst produktive und vielseitige Gestalten. Der eine von ihnen, Plutarch (ca. 45–ca. 120), hat der Nachwelt ein äußerst umfangreiches Oeuvre von mehr als 200 Werken hinterlassen, von denen immerhin ein gutes Drittel erhalten blieb. Seine 44 vergleichenden Biographien, in denen jeweils ein bedeutender Grieche und ein bedeutender Römer einander gegenübergestellt werden wie etwa Demosthenes und Cicero oder Alexander und Caesar sollten einen Beitrag zu einem besseren Verständnis von Griechen und Römern füreinander leisten und stellen nebenbei eine historische Quelle von unermesslichem Wert dar. Sein anderes Hauptwerk, das unter dem lateinischen Titel *Moralia* bekannt ist, vereinigt eine Sammlung verschiedenster Schriften in Dialog- oder Traktatform zu allen möglichen Themen, wobei ethische Fragestellungen dominieren. Beispielhalber soll hier der an Platons *Symposion* anknüpfende *Erotikos* genannt werden, in dem der Autor die ideale Verwirklichung der Liebe in einer ehelichen Seelengemeinschaft entwirft, in der eine für antike Verhältnisse erstaunlich weitgehende Gleichberechtigung der Frau propagiert wird. Der andere dieser beiden Autoren, der Syrer Lukian (ca. 120–nach 180), der nach eigenem Bekunden erst in der Schule Griechisch lernte, ist der bedeutendste griechische Satiriker der Antike, der sich in ungefähr 70 kurzen Schriften, Traktaten wie Dialogen, ebenfalls überwiegend mit philosophischen und religiösen Fragen auseinandersetzt, wobei mit Ausnahme der von ihm geschätzten Epikureer alle philosophischen und religiösen Strömungen der Zeit mit spöttischer Kritik bedacht werden, insbesondere was das von ihm beobachtete Missverhältnis zwischen Anspruch und Wirklichkeit betrifft. Mit einem ähnlichen Ansatz nimmt Lukian in seinen *Göttergesprächen* das nur allzu menschliche Treiben der Götter mit ihren Liebesgeschichten und Intrigen satirisch aufs Korn. Eine interessante Koinzidenz ergibt sich daraus, dass ausgerechnet zu derselben Zeit ein stoischer Philosoph der mächtigste Mann der Welt war, der römische Kaiser Mark Aurel (121–180, Regierung 161–180), dessen *Selbstbetrachtungen* eine Vielzahl interessanter Reflexionen darüber enthalten, wie sich Philosophie und Machtausübung miteinander in Einklang bringen lassen. Mit der schönen Sentenz »pass auf, dass du nicht verkaiserst« fordert er sich selbst auf, sich von den Verlockungen der Ausübung höchster Macht nie korrumpieren zu lassen.

Eine einzige neue Gattung von Rang erblickte während der römischen Kaiserzeit das Licht der Welt, die aufgrund einer fehlenden einheitlichen Gattungsbezeichnung in der Antike gemeinhin als Roman bezeichnet wird, eine narrative Großform, die von ihren Anfängen an als Prosaschwester des Epos zu betrachten ist. Unter den nur sechs vollständig erhaltenen griechischen Werken dieses Genres finden wir neben einem utopischen Reiseroman, den *Wahren Geschichten* des bereits erwähnten Lukian, fünf von ihrem Handlungsverlauf her eher stereotyp anmutende Liebes- und Abenteuerromane, die aber zum Teil erhebliche erzähltechnische Finessen bieten. Der *medias-in-res*-Beginn des spätesten von ihnen, der vermutlich um 370 n.Chr. entstandenen *Aithiopika* des Heliodor, führt etwa eine aus der Sicht intradiegetischer Betrachter wahrgenommene geheimnisvolle Szenerie vor, die sich mit dem anfänglichen Blick auf eine Totale, aus der dann einzelne Elemente gleichsam herangezoomt werden, mit der Kameraführung in einem Film vergleichen lässt. Erst etwa 200 Seiten später in der Mitte des Werkes wird dann mit Hilfe eines Rückblicks das Geheimnis gelüftet, wie die Ansammlung von Leichen, die man zu Beginn des Werkes präsentiert bekommt, in deren Mitte eine überirdisch schöne junge Frau und ein fast ebenso attraktiver schwer verwundeter junger Mann zu sehen sind, zustande gekommen ist. Eine der längsten Einzelepisoden des Werkes diente, nebenbei bemerkt, als Vorlage für das Libretto zu Verdis Oper *Aida*.

Wenn im Folgenden die römische Literatur der Antike in den Blick genommen werden soll, ist immer der Aspekt im Hinterkopf zu behalten, dass die Römer selbst keinen Originalitätsanspruch hatten, sondern bereitwillig die griechischen Vorbilder, mit denen sie im Zuge ihrer allmählichen Eroberung des östlichen Mittelmeerraumes seit dem 3. Jahrhundert v.Chr. in Berührung kamen, rezipierten, adaptierten und imitierten. Horaz hat dieses Phänomen in knappen Worten wunderbar auf den Punkt gebracht: *Graecia capta ferum victorem cepit et artis / intulit agresti Latio* (»Das bezwungene Griechenland bezwang den wilden Sieger und brachte Kultur in das bäurische Latium«, also die Landschaft, in der Rom sich befindet; *Epistel* 2.1.156 f.).

Auch die römische Literatur kennt eine archaische Zeit, deren Beginn exakt auf das Jahr 240 v.Chr. – also ungefähr 500 Jahre nach Gründung Roms! – zu datieren ist, als der in Rom lebende griechische Freigelassene Livius Andronicus eine lateinische Übersetzung der *Odyssee* der Öffentlichkeit vorstellte. Wie fünf Jahrhunderte zuvor in Griechenland eilt auch in Rom die Poesie der Prosa voraus, indem sich Epos, Tragödie und Komödie als erste Gattungen herausbilden, denen um die Wende vom 3. zum 2. Jahrhundert v. Chr. die Geschichtsschreibung als erste namhafte Prosagattung folgt. Während hier die Orientierung an den griechischen Vorbildern noch besonders eng ist, geht die im ersten Drittel des ersten vorchristlichen Jahrhunderts einsetzende Klassik souveräner mit ihren Hypotexten um. Vergils *Aeneis*, in der das homerische Vorbild der *Ilias* wie der *Odyssee* allenthalben auszumachen ist, aber die Vorlage den Dichter doch zu einem ganz neuartigen Werk inspirierte, legt das vielleicht markanteste Zeugnis davon ab. Etwa mit dem Tod des Augustus (14 n. Chr.) beginnt eine Zeit, für die der problematische Begriff der »Silbernen Latinität« weite Verbreitung fand, problematisch deshalb, weil hier im Vergleich zur »Goldenen Latinität« der augusteischen Zeit eine (unberechtigte) normative Aussage getroffen wird: Die Literatur des ersten nachchristlichen Jahrhunderts ist keineswegs schlechter als die Werke der Klassik, sie setzt sich nur gezielt davon ab und folgt in bewusster Abgrenzung von den Vorgängern neuen künstlerischen Prinzipien, ähnlich wie dies die hellenistische Literatur in ihrer Distanzierung zu den klassischen Vorbildern vorgenommen hatte. Das Ende dieser nachklassischen Periode ist nicht sicher zu bestimmen: In der 2. Hälfte des 2. und noch stärker in der 1. Hälfte des 3. Jahrhunderts nimmt die literarische Produktion immer mehr ab, um in den politisch unruhigen Zeiten der Soldatenkaiser (235–284) fast ganz zum Erliegen zu kommen. Die Neustrukturierung des römischen Imperiums, die vor allem unter den Kaisern Diocletian (Regentschaft 284–305) und Constantin (306–337) stattfindet, führt dann zur letzten Blütezeit antiker lateinischer Literatur in der Spätantike, die in den Umwälzungen der Völkerwanderungen des 5. Jahrhunderts dann ihr Ende findet. Anders als im politisch stabileren Imperium von Byzanz, in der eine kulturelle Kontinuität von der Spätantike ins Mittelalter überleitet, konnte auf dem Boden des zerfallenen Weströmischen Reiches von wenigen bedeutenden Einzelgestalten wie dem Philosophen Boethius (ca. 480–524) abgesehen, keine Literatur von Rang mehr gedeihen.

Die archaische Zeit manifestiert sich für uns abgesehen von einer Vielzahl von Fragmenten in erster Linie in einer einzigen Gattung, 20 Komödien des Plautus (ca. 250–ca. 184), die mit einigen größeren

Lücken vollständig erhalten sind, und dem vermutlich nur sechs Stücke umfassenden Gesamtwerk des Terenz (195–159). Hier ist die Anbindung an die griechischen Vorbilder so eng wie nirgends sonst in der antiken römischen Literatur: Beide Autoren schaffen nicht neu, sondern bearbeiten ausschließlich griechische Originale Menanders und anderer hellenistischer Autoren in einer freien Übertragung ins Lateinische. Mit ihren typischen Themenelementen wie den Konflikten zwischen strengen Vätern und leichtlebigen Söhnen, wobei die Verschwendungssucht der Jungen und aus Sicht der Alten unangemessene Liebesverhältnisse die Hauptkonfliktpunkte darstellen, sowie Intrigen und Verwechslungen präfigurieren diese Werke eine lange Tradition, die über Shakespeare (z. B. mit der *Comedy of Errors*, die auf Plautus' *Menaechmi* basiert) und Molière (dessen *Avare* etwa eine freie Adaption von Plautus' *Aulularia* darstellt) bis in die Neuzeit führt. Als besonders wirkungsmächtig erwies sich hierbei Plautus' Doppelgänger-Komödie *Amphitruo*, die bis zu Peter Hacks' *Amphitryon* von 1967 mehr als 50 Bearbeitungen erfuhr.

Aus dem 2. vorchristlichen Jahrhundert ist uns durch die Launen des Schicksals kaum etwas an römischer Literatur erhalten, erst mit der im Rom der späten Republik omnipräsenten Gestalt des Politikers, Redners, Philosophen und Dichters Marcus Tullius Cicero (106–43) beginnt der Strom der Überlieferung reichlich zu fließen. Es gibt keinen antiken Menschen, über dessen Leben wir dank eines guten Dutzends philosophischer Schriften, mehr als 50 Reden und über 1000 Briefe so gut informiert sind wie über das seine, nur seine Dichtungen, darunter zwei historische Epen, fielen dem Zahn der Zeit zum Opfer. Sein philosophisches Bemühen ist dadurch geprägt, die Systeme der griechischen Philosophie, allen voran Platon, auf römische Gegebenheiten zu übertragen, als Redner folgt er im Guten wie im Schlechten dem Vorbild des Demosthenes, den er an Witz wie an ätzender Schärfe bisweilen sogar noch übertrifft.

Das wohl bedeutendste philosophische Werk dieser Zeit ist aber archaischer griechischer Tradition folgend in der poetischen Form des daktylischen Hexameters abgefasst: Dem Dichter Titus Lucretius Carus (ca. 98–ca. 55) verdanken wir die umfassendste Darlegung der

Philosophie Epikurs, dessen zentrales Anliegen, die Menschen von ihren zwei größten Ängsten, vor den Göttern und vor dem Tod, zu befreien, auch die Ausführungen des Lukrez beherrscht. Der zweite überragende Dichter dieser Generation ist Caius Valerius Catullus (ca. 87–ca. 54), mit dessen Namen man insbesondere seine leidenschaftliche Liebesdichtung verbindet, in welcher die wenigen Freuden und vielen Leiden, die das lyrische Ich seiner kapriziösen Geliebten Lesbia verdankt, in eine prägnant knappe Form gegossen sind. Die Geschichtsschreibung dieser frühklassischen Zeit findet ihren wichtigsten Vertreter in Caius Sallustius Crispus (86–35), der sich mit zwei historiographischen Monographien, darunter diejenige über die Verschwörung Catilinas im Jahre 63 v. Chr., an das Vorbild des Thukydides anschloss.

Das bedeutende Gegenstück zu Sallust in der Subgattung der Universalgeschichte stellt Livius (59 v. Chr.–17 n. Chr.) dar, mit dem wir die glanzvolle Epoche der augusteischen Klassik erreichen. In 142 Büchern stellte er die römische Geschichte von der Gründung der Stadt bis in seine eigene Gegenwart dar. Auch wenn nur 35 davon erhalten blieben, steht uns damit eine hochrangige historische Quelle zur Verfügung, wenngleich insbesondere die Informationen über die ersten Jahrhunderte römischer Geschichte durch mythische Überlieferungen überwuchert sind, die Livius, verständlicherweise angesichts der Quellen, die ihm zur Verfügung standen, oft nicht sauber von historischen Fakten zu trennen vermochte. In erster Linie verbindet man aber mit der Zeit des Augustus [Regentschaft 31 v. Chr.–14 n. Chr.] die herausragenden poetischen Zeugnisse, die sehr stark geprägt durch die Friedenszeit sind, die der Prinzeps Rom nach eineinhalb Jahrzehnten der Bürgerkriege beschert hatte. Der Dank für die Schaffung dieses Friedens lässt die ausnehmende Brutalität und Skrupellosigkeit, mit der Octavian, der seit 27 v. Chr. den Namen Augustus (»der Erhabene«) führte, sich den Weg an die Spitze des Staates gebahnt hatte, in der literarischen Reflexion ganz in den Hintergrund treten. An der Spitze ist hier das römische Nationalepos *Aeneis* von Publius Vergilius Maro (70–19) zu nennen, das in 12 Büchern die Geschichte des bereits in der *Ilias* erwähnten Trojaners Aeneas erzählt, der nach Zerstörung seiner Heimatstadt in Italien den Grundstein für die spätere Gründung Roms legt – zumindest im Mythos. Interessanter als die Darstellung der Kämpfe, die Aeneas auf diesem Weg zu bestehen hat, ist für uns die berühmteste und meistrezipierte Episode dieses Epos, die tragisch endende Liebesbeziehung des trojanischen Helden zu der karthagischen Königin Dido, die von Vergil mit großem psychologischen Feingefühl entfaltet wird. Moderne Leserinnen und Leser haben Aeneas oft nicht verziehen, dass er seine Liebe seiner schicksalhaften Bestimmung opfert und damit Dido, wenn auch ungewollt, in den Selbstmord treibt, aber das zeitgenössische Publikum wird anders empfunden haben, wäre doch in der Logik der Erzählung die Gründung Roms unmöglich geworden, wenn Aeneas in Karthago geblieben wäre. Mit den *Bucolica* knüpft Vergil hingegen an die Hirtendichtung Theokrits an und schuf mit diesem Werk die wichtigste Vorlage für eine alle europäischen Literaturen durchdringende Rezeption in Renaissance und Barock. Neben Vergil gilt sein Freund Quintus Horatius Flaccus (65–8), der wie er dem Literaturzirkel um den reichen Politiker Maecenas, der dadurch zum Namenspatron unseres Begriffs ›Mäzen‹ wurde, angehörte, als bedeutendster Repräsentant der augusteischen Klassik. Aus seinem vielseitigen dichterischen Oeuvre ragen die Satiren und Oden hervor. Erstere nehmen in der Form des daktylischen Hexameters menschliche Schwächen wie Habgier, Luxussucht und Aufdringlichkeit in humorvoller und recht milder Art und Weise aufs Korn, enthalten sich aber jeglicher politischer Kritik, die in den neuen Zeiten des Prinzipats nicht mehr möglich gewesen wäre. Mit den vier Bücher umfassenden Oden knüpft Horaz thematisch wie formal an die archaische griechische Dichtung an. Es handelt sich bei ihnen wohl um die höchstrangigen, äußerst kunstvoll komponierten Gebilde lateinischer Lyrik. Unter ihnen findet sich etwa das berühmte *carpe diem* (»Nutze den Tag!«), ein zeitloser Preis des Lebensgenusses in epikureischem Geiste.

Während Vergil und Horaz immer wieder affirmativen Bezug auf aktuelle politische Strömungen unter der Herrschaft des Augustus nehmen, formulieren die etwas jüngeren Dichter Albius Tibullus (ca. 50–19) und Sextus Propertius (ca. 48–nach 16), unter denen die Liebeselegie eine erste Blüte erreicht, eine Abkehr von traditionellen römischen Werten, die für die Angehörigen der Oberschicht eine Karriere in Politik oder Militär vorsehen. Die Sprecher ihrer Elegien predigen ein Leben für die leidenschaftliche Liebe außerhalb ehelicher Konventionen, in der freilich die negativen Komponenten überwiegen, da die auserkorene Geliebte sich ähnlich der Lesbia Catulls als kapriziös und unzuverlässig herausstellt. Man möchte in diesen elegischen Statements gerne die generelle Proklamation eines *make love, not war!* sehen, muss aber zumindest den Vorbehalt machen, dass die Sprecher dieser Elegien aufgrund einer gewissen Stereotypie der Darstellung nicht automatisch als Sprachrohre des Dichters zu vereinnahmen sind. Der Dritte im Bunde der augusteischen Elegiker ist Publius Ovidius Naso (43 v. Chr.–17 n. Chr.), der wohl vielseitigste aller römischen Dichter, der neben Liebeselegien und einem humorvoll frivolen Lehrgedicht über die Liebe, der *Ars amatoria*, unter anderem einen römischen Festkalender, die *Fasti* verfasste. Sein Hauptwerk, das am meisten zu seinem Nachruhm beitrug, und neben Vergils *Aeneis* das meistrezipierte Werk der antiken lateinischen Literatur darstellt, sind indes die *Metamorphosen*, ein 15 Bücher umfassendes Epos, das die Geschichte der Menschheit von der Schaffung des Kosmos über das mythische Zeitalter der Heroen bis zur historischen Gegenwart des Autors umfasst. Etwa 250 Verwandlungssagen bilden dabei den roten Faden, der das etwa 12 000 Verse umfassende Riesenwerk zusammenhält. Der Tenor der *Metamorphosen* ist im Gegensatz zum vergilischen Optimismus düster: Menschen, insbesondere Frauen, werden meist als Leidende dargestellt, die unter göttlicher Willkür, der Ungunst des Schicksals oder unkontrollierbaren Emotionen leiden, und die alles beherrschende Liebe ist entweder einseitig und von Gewalt geprägt wie die des Gottes Apollo zu der schönen Nymphe Daphne (Buch 1) oder wie die des Tereus zu seiner Schwägerin Philomela (6), zum Scheitern verurteilt wie diejenige des schönen Jünglings Narcissus zu sich selbst (4) oder das inzestuöse Verlangen der Prinzessin Myrrha nach ihrem Vater Kinyras (10), oder endet, wenn sie denn einmal auf Gegenseitigkeit beruht, durch die Ungunst der Umstände unglücklich, wie bei Pyramus und Thisbe (4), einer antiken Präfiguration der Geschichte von Romeo und Julia.

Die Literaten der nachaugusteischen Zeit repräsentieren schon rein stilistisch eine Abkehr von den Idealen der Klassik: An die Stelle des hypotaktischen Periodenstils eines Cicero oder Livius tritt bei vielen Autoren das Streben nach parataktischer Kürze und Prägnanz, die Antithesen und pointierte Zuspitzungen sucht. Dieser neue Stil ist in seiner klarsten Form bei dem stoischen Philosophen Lucius Annaeus Seneca (ca. 1 v. Chr.–65 n. Chr.) zu beobachten, der in einer Reihe von Traktaten und Briefen, den *Epistulae morales*, eine Vielzahl ethischer Fragestellungen behandelt, die zeigen sollen, wie man, auch unabhängig von widrigen äußeren Umständen, ein gelingendes Leben führen kann. In gut stoischer Manier spielt hier die Beherrschung der Affekte die wichtigste Rolle. Mit der Behandlung dieser Probleme ist Seneca in unseren Zeiten der beliebteste römische Philosoph geworden, nicht verschwiegen werden soll allerdings, dass sein Leben im Zentrum der Macht als Berater des berühmt-berüchtigten Kaisers Nero [Regentschaft 54–68], eine Position, die ihn zu einem der reichsten Männer Roms machte, nicht immer in Einklang mit den philosophischen Idealen, die er predigte, stand und wohl auch nicht stehen konnte. Aus dem literarischen Umkreis Neros, in dessen Regierungszeit die Literatur der römischen Kaiserzeit ihren zweiten großen Höhepunkt erlebte, ragen der Epiker Lucan und der Romanautor Petron hervor. Marcus Annaeus Lucanus (39–65), ein Neffe Senecas, der, zunächst ein Freund des Prinzeps, wie sein Onkel Opfer einer radikalen Bestrafungsaktion nach dem Scheitern einer Verschwörung gegen Nero wurde, schuf mit dem unvollendeten historischen Epos *Pharsalia*, das Caesars Bürgerkrieg gegen die Exponenten der römischen Republik in den Jahren 49–45 v. Chr. behandelt, ein Meisterwerk, welches *Aeneis* und *Metamorphosen* gleichrangig an die Seite zu stellen ist. Besonders bemerkenswert hierin ist die psychologisch überzeugende Präsentation enthemmter Massen, die durch geniale Demagogen wie Caesar, der hier als dämonisches Scheusal gezeichnet ist, zu den grässlichsten Verbrechen manipuliert werden können. In derselben Zeit verfasste Titus Petronius Niger (gest. 66), auch er zunächst Freund, dann Opfer Neros, seinen Roman *Satyrica*, von dem bedauerlicherweise nur wenig mehr als ein Zehntel erhalten ist. In Parodie der idealisierenden griechischen Liebesromane werden hier die Abenteuer des jungen Herumtreibers Encolpius und seines Geliebten Giton vorgeführt, die sich meist in den Niederungen der Halbwelt von Provinzstädten des römischen Imperiums mit allerlei Widrigkeiten herumschlagen müssen, von denen die Rivalen aller Art anlockende Schönheit des 16-jährigen Giton und dessen ausgeprägte Neigung zu sexueller Promiskuität den Ich-Erzähler Encolpius ebenso quälen wie seine immer wieder unberechenbar auftretende eigene Impotenz. Diesem Vorläufer des neuzeitlichen Schelmenromans wurde durch die kongeniale Verfilmung von Federico Fellini mit seinem *Satyricon* (1969) wieder neue Aufmerksamkeit zuteil. In dieselbe Zeit fällt die bedeutendste naturwissenschaftliche Schrift der Römer, die *Naturalis historia* des älteren Plinius (23–79), die in 37 Büchern eine Enzyklopädie des antiken Wissens über Natur und Kosmos entfaltet.

Eine Generation später wirken die beiden berühmtesten Literaten des ausgehenden 1. Jahrhunderts. Caius Plinius Secundus (62–ca. 113) etabliert mit neun Büchern von Briefen, die außer ihrem konkreten Adressaten von vornherein ein größeres Publikum im Auge haben, eine neue Kunstform. Am bekanntesten sind die beiden Briefe, die Plinius über den verheerenden Ausbruch des Vesuvs im Jahre 79 seinem Freund Tacitus als Augenzeuge des Geschehens schrieb. Darüber hinaus ist in seinem Corpus eine hochinteressante Korrespondenz mit dem Kaiser Trajan [Regentschaft 98–117] erhalten, die Plinius als Statthalter der kleinasiatischen Provinz Bithynien in den Jahren 112 und 113 führte. Seine Anfrage, wie man mit den Anhängern jener ominösen neuen Sekte der Christen verfahren solle und Trajans Antwort darauf zählen zu den wichtigsten Zeugnissen über die Geschichte des frühen Christentums. Mit dem schon erwähnten Publius Cornelius Tacitus (ca. 55–ca. 120) erreicht die römische Historiographie ihren höchsten Gipfel. In seinen beiden, leider nur unvollständig erhaltenen Hauptwerken, den *Historien* und *Annalen*, stellt der Autor die Geschichte Roms in den Jahren 14–68 (*Annalen*) und 69–96 (*Historien*) dar. Den Hauptorientierungspunkt bieten ihm die jeweiligen Kaiser, von denen Tacitus faszinierende, wenn auch häufig durch Antipathien geprägte Psychogramme entwirft.

Eine ähnliche Beobachtung wie für den griechisch geprägten Ostteil des römischen Imperiums lässt sich auch für den lateinischsprachigen Westteil treffen: Die Quelle der literarischen Produktion sprudelt durchaus lebhaft weiter, doch lässt die Inspiration merklich nach und die Imitation klassischer Vorbilder tritt in den Vordergrund. Zwei Autoren verdienen jedoch in jedem Fall eine eigene Erwähnung: Caius Valerius Martialis (ca. 40–ca. 104) führt in einem riesigen, etwa 1500 Einzelgedichte umfassenden Werk die Kunst des Epigramms, das in wenigen Versen, oft nur einem einzigen Distichon zu einer originellen Pointe strebt, auf ihren Gipfel und Lucius Apuleius (geb. ca. 125) leistet mit seinen *Metamorphosen* den neben Petron wesentlichsten lateinischen Beitrag zur Gattung Roman. Der Held und Ich-Erzähler Lucius wird durch die Verwechslung eines Zaubertranks in einen Esel verwandelt, der aber menschliches Denken und Fühlen behält, bis er nach einer Vielzahl zum Teil höchst gefährlicher Abenteuer endlich seine menschliche Gestalt wieder annehmen kann. Der hauptsächliche Reiz dieses Romans basiert darauf, dass der Esel Lucius einen ungehinderten Einblick in alle erdenklichen Laster erhält, welche die Menschen in Gegenwart des vermeintlichen Esels ungeniert ausleben. Der berühmteste Teil des Werkes ist die märchenhafte Binnenerzählung von Amor und Psyche, die fast ein Fünftel des Gesamtumfangs ausmacht: Der Liebesgott Amor verliebt sich selbst in die Prinzessin Psyche, die ihren Geliebten aber bald verliert, da sie verbotener Weise nach seiner Identität forscht (Lohengrin lässt grüßen!), und erst nach einer Reihe gefahrvoller Abenteuer endgültig wiedergewinnen kann, bei denen die Liebesgöttin Venus höchstpersönlich die Rolle der bösen Schwiegermutter gibt, unter anderem in einer verblüffenden motivischen Parallele zum Märchen von Cinderella.

Ab dem frühen 3. Jahrhundert gewinnen christliche Schriften zunehmend an Bedeutung. Chronologisch an erster Stelle steht Tertullian (ca. 160–ca. 220), dessen *Apologeticum* die älteste erhaltene Verteidigungsschrift des Christentums gegen pagane Angriffe darstellt. In größerem Umfang folgten ihm Laktanz (ca. 250–325) mit seinen *Divinae institutiones* und Augustin (354–430) mit seinem Riesenwerk *De civitate Dei*, das eine Reaktion auf den Vorwurf darstellt, die

Eroberung Roms durch die Westgoten im Jahre 410 sei eine göttliche Strafe für die Abkehr von den römischen Göttern. Die Verteidigung des christlichen Glaubens ist in all diesen Werken mit dem Angriff auf pagane Lehren und missionarischen Aspekten gepaart. Augustin ist zusätzlich bemerkenswert durch seine *Confessiones*, welche die erste Autobiographie der europäischen Geistesgeschichte darstellen. Der Mittvierziger Augustin zieht hier eine Bilanz seines bisherigen Lebens, in dem natürlich die Bekehrung zum Christentum, die 387 stattfand, im Zentrum steht. Das Werk ist auch philosophisch bedeutsam; an erster Stelle ist hier die umfangreiche Betrachtung über das Wesen der Zeit zu nennen. Während der Strom der ›unchristlichen‹ lateinischen Schriftstellerei zu Augustins Lebzeiten allmählich versiegt, gibt es in den christlichen Werken einen fließenden Übergang ins Mittelalter. Doch sollte es beinahe ein Jahrtausend dauern, bis die Literatur in Europa wieder an den Rang anknüpfen konnte, den sie in der Antike innehatte.

Homer

* frühes 8. Jh. v. Chr. (Ort unbekannt)
† spätes 8. Jh. v. Chr. (Ort unbekannt)

Einem Dichter dieses Namens werden *Ilias* und *Odyssee* zugeschrieben; doch stammen beide Werke in ihrer erhaltenen Gestalt wohl von verschiedenen Verfassern; der Iliasdichter wird meist um 750 v. Chr. datiert, der Odysseedichter um 700 v. Chr.; über beide ist nichts bekannt; die antike biographische Überlieferung ist ein Konstrukt.

Ilias / Ilias

Das unter dem Namen Homers überlieferte, fast 15700 Verse umfassende Epos ist als wahrscheinlich frühestes Zeugnis der griechischen Dichtung etwa um die Mitte des 8. Jh.s v. Chr. entstanden. Sein Titel *Ilias* ist von ›Ilion‹ abgeleitet, dem zweiten Namen der in Kleinasien gelegenen Stadt Troja, mit deren Zerstörung um 1200 v. Chr. der auf 24 Bücher verteilte Stoff der *Ilias* in enger Beziehung steht: Das Epos schildert Kämpfe zwischen griechischen Belagerern und trojanischen Verteidigern und berichtet von Zerwürfnissen innerhalb des Griechenheers, nach deren Beilegung das Ende der Stadt nur noch eine Frage der Zeit ist.

Seit Heinrich Schliemann im Jahr 1870 auf dem türkischen Hügel Hissarlik nahe den Dardanellen die Trümmer Trojas ausgegraben hat, ist die Stadt endgültig aus der Sphäre vorzeitlicher Sagenwelt in den Bereich geschichtlicher Wirklichkeit gerückt. Das hat mittelbar auch dazu geführt, dass der Dichter Homer, der im Verlauf einer jahrhundertelangen Diskussion über die ›homerischen‹ Epen seine Personalität weitgehend eingebüßt hatte, wieder als Schöpfer einer großen Dichtung mit historischem Bezug fassbar wurde.

Diese viel diskutierte ›homerische Frage‹ hatte verschiedene Gründe: das Nebeneinander verschiedener Kulturschichten (Formen der Bewaffnung usw.); unerklärliche Widersprüche; unmotiviert erscheinende Versgruppen; ungeschickt und schablonenhaft wirkende Wiederholungen von Versen oder auch ganzen Episoden; das schroffe Nebeneinander von archaisch anmutendem Reihungsstil und ›zuspitzenden‹ Kompositionsformen wie etwa dramatischen Szenen mit Rede und Gegenrede nach Art des späteren Dramas; dazu der Eindruck, manche Abschnitte seien so in sich geschlossen, dass sie sich mühelos als selbständige Einheiten aus dem Gesamtverband des Epos herauslösen ließen. All das und manches andere schien der Annahme einer einheitlichen Konzeption des Epos entschieden zu widersprechen.

Nach anhaltender Diskussion dieser ›homerischen Frage‹ ist die Forschung im 20. Jh. dazu übergegangen, die *Ilias* nicht mehr als ein Frühprodukt zu betrachten, das dann in der Folgezeit verfälscht worden wäre, sondern als das zusammenfassende Endprodukt einer vorhergehenden vielfältigen, teilweise noch mündlichen epischen Entwicklung.

Der kompositorische Gesamtplan, der das gesamte Werk zusammenhält, wird in der ersten Zeile benannt: »Singe mir, Muse, den Zorn des Peleussohnes Achilleus.« Dieser Zorn ist das Zentralmotiv, und die Handlung der *Ilias* erzählt nichts anderes als die Geschichte vom Entstehen, von den Folgen und vom Vergehen dieses Zorns. Er kommt bei einem Streit Achills mit dem Heerführer Agamemnon um die Verteilung der Kriegsbeute auf; Achill fühlt sich gekränkt und nimmt nicht mehr am Kampf teil. Seine Mutter, die Meergöttin Thetis, erfleht von Zeus die Wiederherstellung der Ehre ihres Sohnes, und Zeus beschließt, den Troern so lange die Oberhand über die Griechen zu geben, bis diese die Beleidigung Achills gesühnt haben. Die nunmehr sich einstellenden Erfolge der Troer haben insofern etwas Vorläufiges; aber sie dringen immerhin, unter Rückschlägen und Erfolgen, bis zu den Schiffen der Griechen vor, wo sie von Patroklos, dem Freund Achills, in dessen Rüstung aufgehalten werden. Als dieser jedoch sich sogar anschickt, gegen Achills Verbot die Stadt zu erobern, wird er von Hektor getötet, da Zeus seinen Plan nicht gefährden möchte, Achill bei den Griechen wieder zu Ehren bringen. Der Zorn Achills bekommt mit dem Tod des Patroklos eine neue Ursache, bleibt aber in dieser gewandelten Form bis zum Ende der *Ilias* das bestimmende Moment der Handlung. Erst als nach dem Tod Hektors der alte trojanische König Priamos Achill bittet, seinen Sohn bestatten zu dürfen, legt sich Achills Zorn womit das Epos endet.

Die Konsequenz, mit der die gesamte Handlung auf ein einziges Thema, den Zorn, bezogen ist, die Konzentration aller kompositorischen, sprachlichen und stilistischen Mittel auf ein einziges Ziel hin, die überzeugende und stringente Entfaltung dieses Zentralmotivs – all das zeigt den planenden Geist und die gestaltende Arbeit eines Mannes, der zwar aus dem Fundus der epischen Überlieferung schöpft, der aber nicht einfach fertig vorliegende Traditionselemente zusammensetzt, sondern das Vorgefundene, nach einem einheitlichen Plan vorgehend, in einen völlig neuen Zusammenhang stellt und selbst die der rhapsodischen Zunfttradition entnommenen Wendungen, Verse und Szenen dazu benutzt, die Masse des Stoffs durch Anspielungen, vor- und rückwärts weisende Verbindungen, durch Motiv- und Gedankenketten zu gliedern und zu ordnen. Dieser Mann – eine Dichterindividualität von höchstem Rang – repräsentiert nicht den Anfang, sondern den Abschluss einer langen epischen Tradition.

Aus dieser Tradition mag manches in den *Ilias*-Stoff eingeflossen sein: Spuren der Argonautensage oder der Sage von den Sieben gegen Theben und Parallelen zur Memnonsage werden erkennbar. Auch die in der *Ilias* formelhafte Bezeichnung des Odysseus als eines »vielduldenden« Mannes, die uns erst durch die etwas jüngere *Odyssee* verständlich wird, deutet auf eine alte Odysseus-Geschichte vor der uns bekannten *Odyssee*.

Die Wirkung von *Ilias* (und *Odyssee*) lässt sich schon daran erkennen, dass alle anderen Heldenepen jener Jahrhunderte häufig bis auf Fragmente überlagert wurden und teilweise fast in Vergessenheit gerieten. Allerdings gab es in der Antike immer wieder Kritik an Sprache, Konstruktion und Götterdarstellung in den homerischen Epen; andererseits konzipierte Vergil seine *Aeneis* als eine Synthese aus *Odyssee* (Buch 1–6) und *Ilias* (Buch 7–12).

In Mittelalter und Renaissance bis zur Aufklärung setzt sich die Homerkritik fort bis hin zur ›homerischen Frage‹ der Gegenwart. Andererseits wird im Sturm und Drang Homer neben Shakespeare zum leuchtenden Beispiel einer ›natürlichen‹, weil aus der Anschauung der Wirklichkeit stammenden Poesie (Lessing, Herder, Goethe).

Mag sich die im 18. Jh. geborene Vorstellung von der ›Ursprünglichkeit‹ Homers durch die Erforschung der vorhomerischen Tradition und durch die Aufdeckung der kunstvollen und keineswegs ›spontanen‹ Komposition der *Ilias* als revisionsbedürftig erwiesen haben – der Eindruck der Naturnähe und Wirklichkeitsfülle der homerischen Epik wird dadurch nicht beeinträchtigt. Vor allem die überaus zahlreichen und charakteristischen Gleichnisse geben dafür anschaulich Zeugnis: Hier werden Gestalten und Ereignisse der epischen Handlung in Beziehung gesetzt zu Phänomenen aus dem Bereich der Natur und des täglichen Lebens, des Klimas oder des menschlichen Daseins. Doch haben diese Gleichnisse nicht nur die Funktion, Entferntes durch Näherliegendes, Unbekanntes durch Bekanntes zu veranschaulichen; sie dienen zugleich der Absicht, den Hörer ausführlich bei dem durch das Gleichnis erhellten Gegenstand verharren zu lassen, schaffen also durch eine Retardierung des Erzählens eine entsprechende Betonung des augenblicklichen Ereignisses. Zahl und Vielfalt der in ihnen zitierten, meist friedlichen Lebensbereiche lassen – in verbin-

dendem Kontrast zu der kriegerischen Welt der *Ilias* – jenen Eindruck einer Totalität der Weltdarstellung entstehen, den man seit jeher an Homers Werk bewundert hat. Gleichsam in einem Punkt versammelt wird dieses Streben nach einer umfassenden Darstellung der Welt in der berühmten Beschreibung des Schildes, den Hephaistos für Achilleus schmiedet (Buch 18). Der Bildschmuck dieses Schildes zeigt zwei Städte, von denen eine im Krieg (Belagerung und Verteidigung), die andere im Frieden (Arbeit, Hochzeit, Gerichtsverhandlung) lebt, über denen beiden der gestirnte Himmel sich wölbt und die der Weltstrom Okeanos umfließt.

Das in dieser Schildbeschreibung exemplarisch ausgeprägte Bemühen des Dichters, in seinem Epos über die Grenzen der eigentlichen *Ilias*-Handlung hinaus das gesamte menschliche Leben einzufangen, kann kaum treffender illustriert werden als durch einen Vergleich mit Vergils *Aeneis*: Auch dort wird in ähnlichem Zusammenhang ein Schild beschrieben, der Schild des legendären Ahnherrn Roms, Aeneas; aber sein Schmuck entwirft nicht ein Bild des menschlichen Kosmos, sondern stellt die künftige römische Geschichte in ihren Höhepunkten dar bis hin zur Schlacht bei Actium. An die Stelle der homerischen Betrachtung des Menschenlebens und des Weltganzen ist die Frage nach der Geschichte eines einzelnen Volkes getreten –

dem griechischen Weltgedicht tritt das politische Epos Roms gegenüber. KLAUS JOERDEN

Odyssee / Odysseia

Das unter dem Namen des Homer überlieferte, 12 110 Hexameter umfassende Epos ist in seiner jetzigen Form vermutlich im späteren 8. Jh. v. Chr. entstanden. Das nach der *Ilias* zweitälteste Werk der griechischen Literatur besingt in 24 Büchern die abenteuerlichen Irrfahrten und die glückliche Heimkehr des Königs Odysseus von Ithaka, der wie andere griechische Könige und Heroen nach Troja gezogen war. Ähnlich wie in der *Ilias* werden die ein Jahrzehnt umspannenden Ereignisse der *Odyssee* nicht fortlaufend berichtet, sondern mittels kunstvoller Erzähltechnik auf einen kurzen Zeitraum zusammengedrängt: Die Berichtszeit der *Odyssee* – von Odysseus' Abschied von der Nymphe Kalypso, die ihn lange auf der Insel Ogygia festgehalten hat, bis zu seiner Wiederetablierung auf Ithaka – umfasst nur 42 Tage; was dieser letzten Phase vorausgeht, von Trojas Fall bis zu Odysseus' Ankunft bei Kalypso, wird nur indirekt – durch ausgedehnte Erzählung des Helden und Lieder eines fahrenden Sängers – dargestellt.

Nach dem gattungstypischen, als Titelersatz fungierenden Prooimion (»Singe mir, Muse, die Taten des weitgereisten Mannes«) setzt die Handlung gewissermaßen am äußersten geographischen Punkt ein: Odysseus sitzt bereits seit sieben Jahren auf Kalypsos Insel fest. Athene, die Schutzgöttin des Helden, dringt auf einer Götterversammlung, an der der Odysseus feindlich gesonnene Meergott Poseidon nicht teilnimmt, auf die Heimkehr ihres Schützlings. In Gestalt des väterlichen Gastfreundes Mentes begibt sie sich dann nach Ithaka zu Odysseus' Sohn Telemachos und ermuntert ihn, nach dem verschollenen Vater zu suchen. Obwohl die Volksversammlung – beherrscht von den Freiern, die seit Jahren in Odysseus' Palast hausen und vergeblich die standhafte Penelope umwerben – dieses Unternehmen ablehnt, fährt Telemach zu Nachforschungen bei Nestor in Pylos und bei Menelaos in Sparta aus. Als die Freier von seinem heimlichen Aufbruch hören, beschließen sie, ihn bei der Rückkehr zu töten (Buch 1–4).

Erst jetzt wendet sich der Blick des Dichters wieder Odysseus zu. Auf Beschluss einer weiteren Götterversammlung wird Hermes zu Kalypso gesandt, die daraufhin Odysseus freigibt und ihn ein Floß bauen lässt. Am 18. Tag seiner Fahrt geht das Gefährt kurz vor der Insel Scheria in einem von Poseidon geschickten Unwetter zu Bruch. Mit letzter Kraft erreicht Odysseus das Ufer, wo er in einen tiefen Schlaf fällt (Buch 5). Hier wird er von der Königstochter Nausikaa entdeckt und zu ihrem Vater, dem Phaiakenkönig Alkinoos, gebracht (Buch 6), bei dem er freundliche Aufnahme findet. Als hier der Rhapsode (Sänger) Demodokos Lieder von Achill und Odysseus vorträgt, die Ilions (Trojas) Untergang zum Inhalt haben, bricht Odysseus in Tränen aus, muss sich zu erkennen geben (Buch 7–8) und erzählt seine Irrfahrten: seine Erlebnisse bei Kikonen und Lotophagen; die Blendung des Kyklopen Polyphemos, die ihm den Zorn Poseidons zuzog; die verhängnisvolle Öffnung der Windschläuche des Aiolos; den Angriff der Laistrygonen; den Aufenthalt bei der Zauberin Kirke; den Besuch der Unterwelt; die Gefährdung durch die Sirenen und die Seeungeheuer Skylla und Charybdis; den frevelhaften Verzehr der heiligen Rinder des Sonnengottes Helios, der zum Verlust aller Gefährten und des letzten Schiffes führte; schließlich die Landung des Schiffbrüchigen auf Kalypsos Insel (Buch 9–12).

Der zweite Teil des Epos erzählt von Odysseus' Rückfahrt und Heimkehr. In nächtlicher Fahrt bringen ihn die Phaiaken nach Ithaka; als er am Strand erwacht, tritt Athene aus dem Nebel und belehrt ihn darüber, dass er wieder in der Heimat ist. Sie verwandelt ihn in einen Bettler und rät ihm, wie er weiter vorgehen solle (Buch 13). Er sucht den »göttlichen Sauhirten« Eumaios auf, der ihn, ohne ihn zu erkennen, freundlich bewirtet (Buch 14).

Mit Beginn von Buch 15 vereinigen sich die bisher getrennten Erzählstränge: Athene treibt in Sparta Telemach zum Aufbruch und bewahrt sein Schiff vor dem Hinterhalt der Freier (Buch 15). Bei Eumaios trifft Telemach auf den Vater; als beide allein sind, gibt sich Odysseus zu erkennen. Währenddessen sinnen die Freier weiter auf Telemachs Beseitigung (Buch 16). Am nächsten Tag gehen Vater und Sohn getrennt in die Stadt. Nur der Hund Argos erkennt in dem vermeintlichen Bettler seinen ehemaligen Herrn, während der Ziegenhirt

Melanthios Odysseus mit Schmähungen und Schlägen bedenkt und Antinoos, der skrupelloseste der Freier, mit einem Schemel nach ihm wirft (Buch 17–18).

Als die Freier über Nacht den Palast verlassen, entfernt Telemachos heimlich die Waffen aus dem Saal. Der ›Bettler‹ kann ein langes Gespräch mit Penelope führen, in dem er sie auf die Rückkehr des Odysseus vorbereitet. Die Amme Eurykleia aber erkennt ihn an einer Beinnarbe, als sie ihm die Füße wäscht (Buch 19). In der Nacht liegt Odysseus schlaflos; Penelope sieht bekümmert der auf den nächsten Tag festgesetzten endgültigen Auswahl eines neuen Ehemanns entgegen. Auf dem Festmahl tags darauf kommt es zu neuerlichen Beleidigungen des ›Bettlers‹ (Buch 20). Nun lässt Penelope den großen Bogen des Odysseus bringen; wer ihn spannen und den Pfeil durch die Löcher von zwölf in einer Reihe aufgestellten Äxten schießen kann, soll ihr Gemahl werden. Alle Freier scheitern; da ergreift Odysseus den Bogen, spannt ihn und schießt durch sämtliche Äxte (Buch 21). Dann erschießt er Antinoos und gibt sich zu erkennen. In einem furchtbaren Rachegericht tötet er zusammen mit Telemach, Eumaios und dem Rinderhirten Philoitios nacheinander alle Freier; die untreuen Mägde werden gehängt. Nach der Reinigung des Saales wird Odysseus vom übrigen Gesinde als König begrüßt (Buch 22). Doch Penelope zögert noch immer, an die Rückkehr des Gatten zu glauben; ihre Zweifel schwinden erst, als Odysseus vom Konstruktionsgeheimnis ihres ehelichen Bettes spricht. Der Morgen erfüllt Odysseus mit neuer Sorge: Das Volk wird es nicht hinnehmen, dass seine Oberschicht hingemetzelt wurde (Buch 23). Während Hermes die Seelen der Freier in den Hades geleitet, begibt sich Odysseus zu seinem alten Vater Laertes; dort treffen sie auf die aufständischen Bewohner der Insel, die kommen, um Odysseus zur Rechenschaft zu ziehen. Aber Athene greift ein und stiftet einen dauerhaften Frieden zwischen Volk und Herrscher (Buch 24).

Die kunstvolle Komposition sowie die Einteilung des Werks in zwei gleich lange Hälften – Odysseus' Abwesenheit und Heimkehr – zu je zwölf Gesängen weisen darauf hin, dass die *Odyssee* kaum ausschließlich das Produkt einer langen mündlichen epischen Tradition sein kann: Nur ein Autor kann das Gedicht in der uns überlieferten Form verfasst oder wenigstens aus vorhandenem Traditionsgut zusammengestellt haben. In der Hauptsache lassen sich drei Stoffkreise erkennen: ein alter ›nostos‹ (Heimkehrgeschichte) vom herumirrenden Seefahrer; die Geschichte vom tot geglaubten, heimkehrenden König; schließlich das Märchen vom Sohn, der auszieht, den verschollenen Vater zu suchen (»Telemachie«). Das dichterische Genie, das diese Elemente in das von ihm schriftlich fixierte Epos eingehen ließ und in der vorliegenden Form ausgestaltete, steht wahrscheinlich nicht am Anfang, sondern am Ende eines langen Prozesses. Viele frühere Philologen gehen von der hypothetischen Vorstellung eines ›Ur-Homer‹ aus, den es aus einem nachträglich verfälschten und entwerteten Text wieder herauszulesen gelte; andere Untersuchungen haben aber gezeigt, dass sich der überlieferte Text durchaus vom Gedanken der künstlerisch geschlossenen Konzeption und Komposition her betrachten und würdigen lässt.

42 Der Abstand der *Odyssee* zur *Ilias* – der eine unterschiedliche Autorschaft nahezu zwingend macht – zeigt sich vor allem in einem stark veränderten Menschenbild und einem neuen Verhältnis zu den Göttern. Zwar verhalten auch in der *Odyssee* anthropomorphe Götter sich den Menschen gegenüber nach Belieben aus der Nähe oder Ferne huldvoll oder grausam, willkürlich oder gerecht; doch ist die Erfahrung des Göttlichen als eines nur Ehrfurchtgebietenden einem mit dem Religiösen verbundenen Moralismus gewichen: Das Strafgericht der Götter trifft den, der Unrecht tut; dem jedoch, der den Willen der Götter achtet, der z. B. weder das Gastrecht noch fremdes Eigentum verletzt, der seinen Herrn ehrt und Unglückliche nicht von sich stößt, gehört ihre Huld. Wie ein roter Faden zieht sich dieses Motiv durch das Epos; das Verhalten gegenüber dem unglücklichen, unerkannten Odysseus wird zum Prüfstein für die, denen er begegnet. Eben durch die Verhöhnung und Misshandlung des ›Bettlers‹ bringen die Freier selbst das Blutgericht über sich, bei dem man Odysseus als Werkzeug der Götter verstehen kann, die die letzten Garanten des Rechtes sind. In dieser Vorstellung liegt die Gewähr für den guten – untragischen – Ausgang des Geschehens.

Die *Odyssee* präsentiert auch eine neue Art Held, weit entfernt von den Haudegen der *Ilias*. Im Vergleich zu deren düster strahlendem

Haupthelden Achill ist Odysseus ein ›menschlicherer‹ und ›sozialerer‹ Charakter; sein Heldentum ist durch Klugheit und Phantasie, Verantwortungsgefühl und Humor, Umsicht und Rechtlichkeit, Festigkeit und Geduld, Selbstbeherrschung und Verstellungskunst gekennzeichnet. Der Liebling der verstandesklaren Athene ist frei von Hass, falscher Ehrsucht und Eitelkeit. Auch als Herrscher und König erscheint Odysseus vorbildlich. Das Heroische der mythischen Zeit ist kaum mehr als ein ferner Hintergrund; der politische Standpunkt des Werks ist nicht mehr ausschließlich feudalaristokratisch, sondern auch vom Hervortreten anderer Bevölkerungsgruppen geprägt.

Sprachlich ist die *Odyssee* gekennzeichnet durch die Merkmale des ›epischen‹ Stils: eine durchgehend ›hohe‹ Stillage mit stereotypen (noch aus dem mündlichen Dichten stammenden) Phrasen und Epitheta. Bemerkenswert ist die differenzierte Zeichnung einer großen Zahl lebensvoller Gestalten. Die aus der *Ilias* bekannten epischen Gleichnisse treten zurück zugunsten einer pointierteren Gnomik.

Die Wirkung der *Odyssee* auf die europäische Literatur ist unabsehbar. Schon in der Antike als Darstellung und Ausdruck griechischen Wesens zur Schullektüre erhoben, lieferte sie mehreren philosophischen Schulen einprägsames Anschauungsmaterial. Aristoteles und nach ihm die klassizistische Poetik sahen in ihr Begriff und Gestalt des Epos überhaupt, und so wurde sie zum Ausgangspunkt der Gattung schlechthin: Vergils *Aeneis* ist in formaler und inhaltlicher Hinsicht ohne die *Odyssee* undenkbar. Ihre strukturbildenden Momente der Abenteuerreihung und Sensationsmalerei leben weiter in der höfischen und nichthöfischen Epik des Mittelalters und fanden später (aber auch schon in der Antike selbst) Eingang in den populären Abenteuerroman. In der deutschen Literatur spielte das Werk in der Epoche des Klassizismus eine entscheidende Rolle in der Diskussion um den Hexameter und die Erneuerung des Heldenepos; die Versübersetzung von Johann Heinrich Voß (1781) ist auch durch die moderneren Versionen Thassilo von Scheffers, Rudolf Alexander Schröders oder Wolfgang Schadewaldts nicht überholt.

RICHARD MELLEIN / HEINZ-GÜNTHER NESSELRATH

Hesiodos von Askra

* um 750 v. Chr. in Askra/Böotien (Griechenland)
† um 700 v. Chr. vermutlich in Askra/Böotien (Griechenland)

Auseinandersetzung mit seinem Bruder um das väterliche Erbe; Sieg (angeblich über Homer) im Dichterwettbewerb an den Leichenspielen zu Ehren des Amphidamas in Chalkis/Euboia; neben *Theogonia* und *Erga kai hēmerai* wurden ihm weitere Werke wohl fälschlich zugeschrieben.

Theogonie / Theogonia

Das um 700 v. Chr. entstandene Lehrgedicht, das das Werden der Welt und der griechischen Götter schildert, ist der erste und einzige erhaltene griechische ›Schöpfungsbericht‹ und neben den *Erga kai hēmerai* das bedeutendste Beispiel nichthomerischer archaischer epischer Poesie. Bereits das Prooimion (V. 1–115), der Anruf und Preis der Musen, in dem sich die berühmte Schilderung von Hesiods Berufung zum Sänger findet (V. 22–35), lässt keinen Zweifel daran, dass die Schilderung des genealogischen Werdens der Götter zu Zeus' Herrschaft als ihrem Höhepunkt zustreben wird: »Dann beginnen von Zeus, dem Vater der Götter und Menschen, singend die göttlichen Frauen [...], wie er der höchste der Götter und auch an Stärke der erste [...]. Im Himmel thront er donnergebietend [...], seit er den Vater Kronos gewaltig besiegt.«

Nach dem Prooimion wird das Thema entfaltet: Am Beginn der Welt, ohne ein ›Davor‹, entstanden Chaos, die gähnende leere Tiefe, und Gaia, die breitbrüstige Erde, dazu Eros, den man sich in allem Folgenden wirksam denken muss. Gaia gebiert aus sich selbst den Uranos (Himmel) und den Pontos (Meer); erst nach deren Entstehen setzt die Reihe der eigentlichen Zeugungen – zunächst des Himmels und der Erde, dann des Meeres und der Erde – ein. Ein grob raffender Überblick zeigt, wie die Fülle des Vorgeführten durch zahlreiche Erzählungen, Beschreibungen, Hymnen u. ä. unterbrochen wird: Den Bericht eröffnen die Kinder des Chaos, Nacht und Finsternis; dann folgen die Geburten der Gaia, darauf die Kinder der Gaia und des Uranos (Urgötter, Riesen, Titanen und Kronos); als Erzählung ist eingefügt, wie Kronos seinen Vater entmannt und Aphrodite entsteht. Die Kinder der Nacht schließen sich an, Eris (Streit) und ihre Nachkommen; danach die Kinder des Pontos und der Gaia samt deren Nachkommen; die Geburten anderer Gaia-Kinder mit Nachkommen, etwa die Okeaniden, Helios (Sonne), Selene (Mond), Leto, Hekate; hier ist ein Hymnos auf Hekate eingeschoben. Es folgen die Nachkommen der Gaia-Kinder Rheia und Kronos: Hestia, Demeter, Hera, Hades, Zeus und als Erzählung, wie Kronos seine Kinder verschlingt, Zeus aber gerettet wird, seinen Vater bezwingt und die Geschwister befreit. Es folgen weitere Gaia-Enkel, darunter Prometheus, dessen Betrug, Aufstand gegen Zeus und Unterwerfung erzählt werden, ferner die Bestrafung seiner Schützlinge, der Menschen, durch die Erschaffung des Weibes, Pandoras.

Dann wird der Kampf des Zeus und der hundertarmigen Riesen gegen die Titanen erzählt, die schließlich in den Tartaros geworfen werden; dieser wird in einem Einschub beschrieben. Den letzten größeren Komplex stellen der riesige Gaia-Sohn Typhoeus und seine Nachkommen sowie die Erzählungen dar, wie Typhoeus durch Zeus überwunden und Zeus zum König des Olymp gewählt wird; schließlich werden noch seine Ehen und Nachkommen sowie die von Zeus und anderen Olympiern stammenden Halbgötter dargestellt. Bei aller Buntheit ist eine stetige Steigerung auf das Ende, auf Zeus hin unverkennbar: Genau im Zentrum des Gedichts steht der Bericht seiner gefahrvollen Geburt, und von diesem Punkt an wird der Geburtenkatalog immer mehr durch die unmittelbare, plastische Erzählung verdrängt. Der letzte Teil des Werks (M. L. West zufolge von V. 901 an) stammt wohl nicht mehr von Hesiod selbst, sondern wurde zur Vervollständigung später hinzugefügt; die allerletzten beiden Verse sind auch als Anfang des pseudo-hesiodeischen *Gynaikōn katalogos* (Frauenkatalog) überliefert, der die Heldenmythen genealogisch geordnet präsentierte, aber nur noch fragmentarisch erhalten ist.

Hesiods mit diesem Werk verbundene Leistung blieb dem Griechentum stets im Gedächtnis: »Woher sie aber, jeder einzelne der Götter, stammten, [...] und wie ihr Aussehen sei, wußten sie [die Griechen] nicht bis gestern und heute [...]. Hesiod nämlich und Homer [...] sind es, die einen Götterstammbaum der Griechen geschaffen, den Göttern

ihre Beinamen gegeben […] und ihre Gestalten kenntlich gemacht haben.« So urteilt der Historiker Herodot (2,53; Übers. E. Richtsteig). Die religiösen Vorstellungen der Griechen ins Wort und damit ins wache Bewusstsein gerufen zu haben, ist in der Tat Hesiods und Homers unsterbliches Verdienst. Dieses Verdienst schmälert auch nicht die moderne Erkenntnis, dass Hesiods Werk alte Göttergesänge der kretisch-minoischen, hethitischen und vorderasiatischen Hochkultur des 2. Jahrtausends vorausgehen, wie das *Lied von Ullikummi* oder der Sukzessionsmythos von Alalu, Anu, Kumarbi und dem Wettergott Teschub, die in ähnlicher Weise wie die *Theogonia* über eine Folge von Göttergenerationen berichten, die in Sieg und Königtum eines erhabenen Herrn des Himmels und der Welt gipfeln.
EGIDIUS SCHMALZRIEDT / HEINZ-GÜNTHER NESSELRATH

Archilochos

* um 680 v. Chr. in Paros (Griechenland)
† um 630 v. Chr. (Ort unbekannt)

Führte, nach dem in der Dichtung Mitgeteilten, ein abenteuerliches Leben als Mitglied einer Schutztruppe für Kolonisten auf der Insel Thasos (vor dem thrakischen Festland), als symposiastischer Dichter und als wichtiger Bürger seiner Polis; als Verteidiger seiner Heimatinsel Paros soll er den Tod gefunden haben; das Historische ist jedoch schwer abzugrenzen; eine Kult- und Musenstätte (Archilocheion) auf Paros zeugt von der Hochschätzung des Dichters.

Gedichte / Poiēmata

Als Schöpfer von um 650 v. Chr. entstandenen Gedichten ist Archilochos von der Kykladeninsel Paros die erste historisch greifbare Dichterpersönlichkeit der Antike: Er erwähnt König Gyges von Lydien und eine Sonnenfinsternis, wohl die vom 6. April 648 v. Chr. Sein Werk ist nur fragmentarisch erhalten, dennoch ergibt sich dank seiner kraftvoll-lebendigen Ausdrucksweise ein Gesamteindruck.

Archilochos ist der erste Dichter, der das eigene Erleben beschreibend und reflektierend in den Mittelpunkt stellt und der Lyrik damit den Charakter einer Selbstaussage gibt. Als Sohn eines adligen Vaters und einer unebenbürtigen Mutter war ihm eine hochrangige Stellung verwehrt, er war Offizier in einer Söldnertruppe. Sein scharfer, illusionsloser Blick auf seine Umwelt mag von dieser Randstellung geprägt sein. Gern gebraucht er den Jambus, einen Sprechvers, der Realitätsnähe ermöglicht. Selbstbewusst bekennt er sich zu seiner widersprüchlichen Existenz als Mann der Leier und des Schwertes: »Diener des Ares bin ich, des Herrschers im Schlachtengetümmel, / kenne auch gründlich zugleich lieblicher Musen Geschenk.« (Fragment 1) Unbekümmert um den adligen Ehrenkodex erklärt er, bei einem Gefecht seinen Schild verloren, aber sein Leben gerettet zu haben. »Was soll mich der Schutzschild noch kümmern? / Fort! Ich schaffe mir bald einen nicht schlechteren an.« (Fragment 5)

Mit seinen Gedichten wendet er sich an die Kriegergemeinschaft, in der er lebt. Angesichts des steten Wechsels im Leben spricht er sein

Herz, seinen ›thymós‹, an und ermuntert sich zu standhaftem Ausharren: »über Freuenswertes freu dich – über Schlimmes klag / nicht zu sehr. Erkenne lieber, welcher Rhythmus Menschen hält.« (Fragment 128)

Mit seinen Versen über das »gliederlösende Liebesverlangen« führt Archilochos, als Vorläufer Sapphos, das Thema der Liebe als einer überwältigenden Daseinsmacht in die Dichtung ein. Ein Papyrusfragment, die sogenannte ›Kölner Epode‹ (Fragment 196a), zeigt den Dichter in einer Dialog- und Liebesszene mit einem jungen Mädchen, vielleicht der Schwester der einst geliebten Neobule. Deren Hand hatte ihm der Vater Lykambes verweigert, wofür ihn Archilochos bitter schmähte.

In seiner Verbindung von elementarem Ausdruck, reicher Formensprache und hohem Kunstwillen wurde der Dichter hoch geschätzt, so von Catull und Horaz. In seiner Kritik überkommener Wertvorstellungen nahm er Positionen moderner Lyriker vorweg.

MARION GIEBEL

Sappho

* um 630 v. Chr. in Mytilene/Eresos auf Lesbos (Griechenland)
† um 570 v. Chr. in Mytilene/Eresos auf Lesbos (Griechenland)

Leiterin eines aristokratischen Mädchenkreises; 603–595 Exil in Sizilien; ihre Liebe zu Phaon und daraus resultierender Selbstmord sind Legende.

Lieder / Melē

Mit ihrem im späteren 7. und frühen 6. Jh. v. Chr. entstandenen Werk repräsentiert die frühgriechische Dichterin zusammen mit Alkaios die äolische, nach dem heimischen Dialekt benannte Lyrik. Obwohl sie als ›zehnte Muse‹ und als ›die‹ Dichterin hochberühmt war, sind von ihrem in neun Bücher eingeteilten Werk nur einzelne Gedichtteile und Fragmente erhalten, das meiste in indirekter Überlieferung.

Sappho war mit ihrer adligen Familie auf Lesbos in die gleichen Parteikämpfe verwickelt wie ihr Landsmann und Zeitgenosse Alkaios, mit dem sie auf einer Vase abgebildet ist. Wie Alkaios musste sie mit ihrer Familie in die Verbannung gehen. Nach ihrer Rückkehr lebte sie – verwitwet und Mutter einer Tochter – in Mytilene und scharte dort junge Mädchen aus vornehmen Familien um sich, die von ihr in Poesie, Musik und Tanz unterrichtet wurden, aber wohl auch in praktischen Tugenden: Wir hören vom Weben und dem Winden von Kränzen aus Heilkräutern. Der Charakter dieses Kreises – Kultgenossenschaft (Thiasos), Mädchenpensionat oder privater Zirkel? – wird am ehesten vom damaligen soziokulturellen Umfeld her zu bestimmen sein. Es gab auf Lesbos mehrere solcher Mädchenkreise, dort fand auch ein jährliches Fest statt, bei dem die Mädchen im heiratsfähigen Alter im Stammesheiligtum der Hera Hymnen sangen und den Kultreigen tanzten. Sie wurden damit der großen Mutter- und Frauengöttin vorgestellt und anvertraut – eine Form der Initiation, der rituellen Einführung in die Erwachsenenrolle. In Sapphos Dichtung ist vielfach die Rede von Auftritten bei Festen zu Ehren der Hera und Aphrodite, bei denen sich die Gruppe im Wettbewerb mit anderen präsentierte. Auch beim Eintritt ins Frauendasein war Sappho zugegen: Sie war wegen ihrer Hochzeitsgedichte berühmt, die sie mit ihrer Gruppe vortrug.

Der Sapphokreis kann also gesehen werden als eine kultisch geprägte, aus alten Stammestraditionen erwachsene Form des Zusammenlebens einer weiblichen Gruppe, wie sie auf männlicher Seite im Kriegerbund des Alkaios fassbar ist. Zur Einführung in die Erwachsenenwelt gehörte auch der Eros, die Einweisung in die Geschlechterrolle durch eine ältere Person des eigenen Geschlechts. So ist auch der sapphische Eros zu verstehen, analog zu der bis hin zu Platon bekannten Knabenliebe im männlichen Bereich.

Sapphos Gedichte sind, auch wenn sie persönliches Fühlen ausdrücken, ebenso wie bei Alkaios an die Gruppe gerichtet, mit deren Vorstellungen sich die Dichterin einig weiß. Selbstbewusst stellt sie die Ideale ihrer Frauenwelt denen der Männerkreise gegenüber: »Manche sagen: von Reitern ein Heer, und manche: von Fußsoldaten, / manche: von Schiffen – *das* sei auf der schwarzen Erde / das Schönste – ich aber: stets das, was / einer sehr gern hat!« Und so muss Sappho an ein Mädchen ihres Kreises denken: »Von der möcht' ich lieber ihren Gang voll Anmut, / das helle Glänzen ihrer Wangen sehen / als diese Lyder-Kriegskarossen – und in voller Rüstung / Kämpfer zu Fuße.« (16 V., Übers.: J. Latacz)

Die Ideale der Frauenkunst entfalten sich im Dienst der Musen, die die Menschen das Schöne lehren und sie am Glanz des Göttlichen teilhaben lassen. Sappho spricht von ihrem »musenpflegenden Haus«, und wer Anteil hat an den »Rosen Pieriens«, wo die Musen wohnen, der wird nicht gänzlich untergehen: »Erinnern wird sich einer, sag' ich, auch ein andrer noch an uns!« (147 V., Übers.: J. Latacz)

Sappho spricht in ihren Gedichten von gemeinsamer Teilnahme an Götterfeiern, aber auch von ihrem Bruder und von ihrer Tochter: »Hab' ein schönes Kind – den goldnen Blumen / ähnlich ist ihr Wuchs: Kleis, die vielgeliebte. / Gegen die würd' ich ganz Lydien nicht, das liebe / Lesbos auch nicht tauschen – niemals!« (132 V., Übers.: J. Latacz)

Ihr großes Thema aber ist die Liebe. Sie nennt Eros, wie vor ihr Archilochos, »den gliederlösenden« und »den bittersüßen, ein unüberwindliches Ungetüm«. Die Ode an Aphrodite kündet von inniger Vertrautheit mit der Liebesgöttin, die ihr das Herz einer Geliebten zuwenden soll. Ihre Hymnen auf den Vegetationsheros Phaon führten zu der Legende, Sappho habe sich aus Liebe zu dem schönen Jüngling ins Meer gestürzt. Zu ihren Bewunderern und Nachahmern gehörte Catull, der seine Geliebte Lesbia nannte. MARION GIEBEL

Aischylos

* um 525 v. Chr. in Athen (Griechenland)
† um 455 v. Chr. in Gela/Sizilien (Italien)

Ab etwa 500 v. Chr. Aufführung von Dramen (insgesamt 90, davon 73 Titel überliefert); 484 v. Chr. erster Wettkampfsieg (insgesamt 13); Teilnahme an den Schlachten von Marathon, 490, und Salamis, 480; um 470 und nach 458 mehrere Reisen nach Sizilien.

Die Orestie / Oresteia

Die 458 v. Chr. uraufgeführte Tragödientrilogie besteht aus den Stücken *Agamemnōn*, *Choēphoroi* (*Die Opfernden am Grab*) und *Eumenides* (*Die Eumeniden*) und wurde einst ergänzt durch das verlorene Satyrspiel *Prōteus*.

Die Geschichte von der Ermordung des aus dem Trojanischen Krieg heimkehrenden Königs Agamemnon durch seine Frau Klytaimestra und den Usurpator Aigisthos, Agamemnons Vetter, sowie von der blutigen Rache, die Agamemnons Sohn Orest an den Mördern seines Vaters nimmt (was ihn der Verfolgung durch die Fluch- und Rachegöttinnen, die Erinnyen, aussetzt), ist ein seit den Anfängen der griechischen Literatur oft behandeltes Thema (*Odysseia*, *Nostoi* im *Epikos kyklos*). Mörder Agamemnons ist im Epos Aigisth; Klytaimestra ermordet in der *Odysseia* nur Kassandra, die von Agamemnon als ›Beutefrau‹ aus Troja mitgeführte Tochter des Priamos. Auch die Chorlyriker nahmen sich des Stoffes an, vor allem Stesichoros in seiner *Oresteia*, ebenso Pindar (11. Pythische Ode): Bei Stesichoros tötet Klytaimestra ihren Mann mit eigener Hand, als Rache für die Opferung ihrer Tochter Iphigenie durch Agamemnon, und der Muttermord Orests wird zur gerechtfertigten Rachetat für den Gattenmord (der Gott Apollon erteilt selbst den Befehl dazu und gibt Orest den Bogen zur Abwehr der Erinnyen). Das Bemühen der Lyriker um eine größere Plausibilität im Ablauf des Geschehens (mit schuldhafter Verstrickung und zwangsläufig folgender Bestrafung und Sühnung als zentralen Komponenten) bildet den Ansatzpunkt für die dramatische Behandlung des Stoffes durch Aischylos.

Im Zentrum des Eingangsstücks *Agamemnōn* steht die Ermordung des Protagonisten. Zu Beginn erspäht ein von Klytaimestra auf das Dach des Königspalastes von Argos postierter Wächter das Feuerzeichen, das vom Fall Trojas kündet, womit die Handlung beginnt: Der Chor (alte Männer von Argos) betritt die Bühne und nach ihnen Klytaimestra selbst, die ihnen die Bedeutung des Feuerzeichens erklärt. Danach kommt bereits ein Bote von Agamemnons Schiff, um die baldige Ankunft des Königs zu melden. Klytaimestra schickt ihn, seinen Herrn schleunigst zu holen, und dann – nach schon fast 800 Versen – tritt der Heimkehrer Agamemnon endlich selbst auf. Bei sich hat er die (zunächst noch stumme) trojanische Seherin Kassandra. Die Begrüßung der Ehepartner fällt übertrieben schmeichelhaft von Seiten Klytaimestras und ausgesprochen kühl von Seiten Agamemnons aus. Dieser lässt sich dazu überreden, über kostbares Purpurgewebe ins Haus (und damit in seinen Tod) zu gehen. Seine Bühnenpräsenz dauert weniger als 200 Verse.

Nach seinem Abgang erwacht die bisher reglose Kassandra zum Leben und verkündet dem entsetzten Chor, dass Agamemnons Ermordung die Fluchgeschichte des Hauses fortsetzen wird. Danach geht auch sie ins Haus, um getötet zu werden. Nur wenig später präsentiert eine triumphierende Klytaimestra die beiden Leichen auf der Bühne. Schließlich gesellt sich ihr Komplize Aigisth dazu, und beide gehen als Herren der Lage zusammen in den Palast ab.

Zu Beginn des Folgestücks *Choēphoroi* steht Orest – nach langen Jahren der Abwesenheit – mit seinem Freund Pylades am Grab seines Vaters und versteckt sich, als er den Chor (alte Sklavinnen des Königshauses) zusammen mit Elektra herannahen sieht. Als die Frauen aus ihrer Trauer über die Herrschaft von Klytaimestra und Aigisth keinen Hehl machen, gibt sich Orest seiner Schwester zu erkennen. Nach freudigem Wiedersehen planen beide die Rache an Agamemnons Mördern. Sie wird in der zweiten Hälfte des Stücks von Orest – freilich mit einigen unvorhergesehenen Änderungen – durchgeführt: Klytaimestra selbst führt Orest in den Palast, ohne ihn zu erkennen. Dort tötet Orest zunächst den herbeigeholten Aigisth. Danach kommt es zu einer packenden Konfrontation von Klytaimestra und Orest auf der Bühne. Fast gerät Orests Racheentschluss noch ins Wanken, da erinnert ihn Pylades an den Auftrag Apollons, woraufhin der Muttermord im Palast vollbracht wird. Nur kurz kann Orest danach die beiden Leichen auf der Bühne präsentieren, weil ihn die vom Muttermord aufgeweckten Erinnyen zur Flucht treiben.

Das Stück *Eumenides* schließt fast unmittelbar an diesen Stand der Dinge an: In Apollons delphischem Heiligtum findet Orest kurze Rast, bevor er weiterfliehen muss, und zwar auf Apollons Rat nach Athen. Klytaimestras Geist hetzt ihm die Erinnyen auch dorthin nach, und die Göttin Athene muss zwischen den Verfolgten und seine Verfolgerinnen treten. Athene überträgt die Entscheidung dem neu gegründeten Areopag-Gerichtshof, und hier kommt es nach einer packenden Gerichtsverhandlung zu Orests Freispruch dank Stimmengleichheit. Durch das Versprechen besonderer Ehrungen in Athen kann Athene schließlich auch die durch den Freispruch verbitterten Erinnyen besänftigen und zu »Wohlwollenden« (Eumeniden) machen.

54 Die *Orestie* erhält in der Geschichte der griechischen Tragödie ihren besonderen Rang dadurch, dass sie die einzige vollständig erhaltene Trilogie darstellt, das einzige Beispiel also, an dem sich direkt ablesen lässt, wie und in welchem Ausmaß griechische Dramatiker versuchten, das einzelne Stück in eine übergreifende dramaturgische Einheit einzufügen, ohne dabei dessen eigene dramaturgische Geschlossenheit zu sprengen. Als wichtigstes Mittel hierfür weist sie ein Grundgerüst teils offener, teils verdeckter kompositorischer Korrespondenzen auf. So sind *Agamemnōn* und die *Choēphoroi* genau parallel strukturiert: Jeweils treten zwei Paare gegeneinander auf den Plan – Klytaimestra und Aigisth gegen Agamemnon und Kassandra hier, Orest und Elektra gegen Klytaimestra und Aigisth dort –; zweimal werden die unterliegenden Paare von ihren Hauptgegnern (Klytaimestra hier, Orest dort) in den Palast (das Bühnenhaus in der Mitte der Szene) gelockt und dort ermordet, und zwar in derselben Reihenfolge (erst der Mann, dann die Frau); beide Male wird den Mördern im nachfolgenden Stück der Prozess gemacht (Klytaimestra und Aigisth fallen der Rache Orests zum Opfer; der von den Erinnyen verfolgte Orest muss sich dem Blutgericht des Areopag stellen), und beide Male wird diese Wendung am Ende des vorangehenden Stücks vorbereitet – hier durch das Streitgespräch Aigisths mit dem Chor,

der auf die Rückkehr Orests hofft, dort durch Orest selbst, der der Erinnyen ansichtig wird.

Dieses Neben- und Gegeneinander paralleler Figurationen und Handlungsstränge lässt sich in den *Eumenides* nicht fortführen. Letztere haben eine individuellere Struktur, so dass die gesamte Trilogie dem in Literatur und Musik häufig anzutreffenden Kompositionsprinzip ›a-a-b‹ folgt. Dennoch wird auch in den *Eumenides* die kompositorische Einheit der Trilogie dadurch gewahrt, dass allen drei Stücken ein von Aischylos immer wieder durchgespieltes vierteiliges Handlungsschema zugrunde liegt. Am Anfang steht jeweils ein Bild ängstlicher Erwartung: Wann erscheint das Flammensignal, das Agamemnons Sieg in Troja verkündet? Ist es wahr, dass Troja gefallen ist? Was soll bei Agamemnons Rückkehr geschehen? (*Agamemnōn*) – Was ist aus Orest geworden? Wird er seinen Vater rächen? (*Choēphoroi*) – Wird Orest den Erinnyen entkommen können? (*Eumenides*) Im zweiten Teil fällt dann jeweils eine erste Vorentscheidung: Ein Bote bestätigt den Untergang Trojas und die bevorstehende Rückkehr des siegreichen Feldherrn (*Agamemnōn*); Orest bekennt sich erneut zu der vom Gott Apollon befohlenen Rachetat und entwickelt den Plan zu ihrer Durchführung (*Choēphoroi*); die Göttin Athene erklärt sich bereit, im Ringen Orests mit den Erinnyen zu vermitteln und den Gerichtshof einzuberufen (*Eumenides*). Der mehrgliedrige dritte Abschnitt bringt jeweils die endgültige Entscheidung, und zwar in unmittelbarem Bühnengeschehen (nicht mehr, wie in *Hepta epi Thēbas* und *Hiketides*, in Form von Berichten): Agamemnon und Kassandra (*Agamemnōn*), Klytaimestra und Aigisth (*Choēphoroi*) werden gezwungen, den Palast zu betreten, wo sie der Tod erwartet, Orest wird dank der durch Athenes Votum erzielten Stimmengleichheit bei der Gerichtsverhandlung freigesprochen (*Eumenides*). Der Schlussteil der Dramen führt jeweils die Lage nach der Entscheidung vor Augen, interpretiert die Konsequenzen und gibt einen Ausblick in die Zukunft, wobei jedoch – wiederum im Gegensatz zum frühen Aischylos – zugleich neue Handlungsimpulse auftauchen können: Klytaimestra und Aigisth suchen sich vor dem Chor der Alten von Argos zu rechtfertigen (*Agamemnōn*), ebenso Orest vor dem Chor der Argiverinnen (*Choēphoroi*); Athene besänftigt den Chor der Erinnyen, die nach dem Wunsch der Göttin künftig als wohlgesinnte Segensgöttinnen über Athen und seinen Bürgern walten sollen (*Eumenides*).

Eine besondere Eigenart dieses ausgereiften Spätwerks liegt darin, dass sich Aischylos bemüht, die Starre dieses vierteiligen Schemas aufzulösen. So werden immer wieder entscheidende Augenblicke des Geschehens vorweggenommen: Klytaimestra zwingt Agamemnon, den blutroten Purpurteppich vor dem Palast zu betreten (damit ist sein Schicksal bereits besiegelt), und Kassandra erlebt die Morde in visionärer Verzückung bereits vorweg (auch den Muttermord Orests). Klytaimestras Traumgesicht von dem Drachen, der ihr mit der Muttermilch das Blut aus der Brust saugt, ist ebenso ein antizipiertes Schreckensbild ihres bevorstehenden Untergangs.

Die Trilogie ist ferner von Reflexionen über das Geschehen durchzogen. Bereits im ersten Chorlied des *Agamemnōn* mit seinem Rückblick auf die Ereignisse in Aulis werden die zentralen Leitmotive genannt, die das Drama bestimmen: von außen verhängter Zwang und innere Schuld, verblendetes Überschreiten göttlicher Rechtsnormen, Notwendigkeit der Unterwerfung des Menschen unter dieses Recht. Höchster Vertreter dieser Rechtsnorm ist Zeus, doch auch die anderen Götter, Apollon und Athene, ja selbst die Erinnyen wirken daran mit, die von den Menschen schuldhaft verletzte Ordnung wiederherzustellen. Zwar stehen die Gestalten des Dramas unter dem Fluch, der in jeder Generation neue Gräuel zeitigt (Tantalos schlachtet seinen Sohn Pelops und bietet ihn den Göttern als Mahl an; Atreus setzt dem Bruder Thyestes dessen ermordete Kinder als Mahl vor; Agamemnon schlachtet den Göttern die eigene Tochter als Opfer), aber die Menschen handeln auch in eigener Verantwortung. Das gilt auch für Orest, der von Apollon den Befehl zum sühnenden Muttermord erhält: Der Dichter lässt keinen Zweifel daran, dass Orest sich zugleich der wiederum Sühne heischenden Schuld bewusst ist, die er auf sich lädt. Diese Schuld wird denn auch am Schluss nicht getilgt – Orest kommt nur durch einen göttlichen Gnadenakt frei (dramaturgische Chiffre: Athenes Votum führt zur Stimmengleichheit, was Freispruch bedeutet); doch ist durch diesen Gnadenakt endgültig der auf dem Atridenhaus lastende Fluch getilgt. Unter diesem Aspekt enthüllt sich die Grundstruktur der Trilogie als ein gewaltiger Dreischritt: breit ausgeführte Demonstration der Atridengräuel (die Länge des *Agamemnōn* beruht vor allem auf den ausgedehnten Chorpartien, die die unheilvolle Vorgeschichte reflektieren) – Sühne des Mordes an Agamemnon durch eine erneute, trotz des göttlichen Befehls immer noch dem Familienfluch verhaftete Mordtat – endgültige Entsühnung und Wiederherstellung der Rechtsnormen durch das Eingreifen der Gottheit.

Dass dieser Ausgleich am Ende sich gerade mit Hilfe Athenes und vor einem athenischen Gericht vollzieht, macht die *Oresteia* zu einer Reverenz des Dichters vor seiner Heimatstadt. Doch dürfte diese Werbung um die Gunst des Publikums nur eine der Ursachen für den Sieg der Trilogie im Wettstreit gewesen sein; gewiss konnten sich schon damals die Zuschauer der Wucht des Werkes nicht entziehen. Das dokumentiert auch die nachhaltige Wirkung der *Oresteia* auf die beiden jüngeren großen Tragiker: Die *Ēlektra* des Sophokles sowie die *Ēlektra*, der *Orestēs* und die *Iphigeneia hē en Taurois* des Euripides entstanden in zum Teil bis in motivische und dramaturgische Details reichender Auseinandersetzung mit den entsprechenden Teilen der *Oresteia*; ebenso großen Einfluss hatte Aischylos' Gestaltung des Stoffes auf die bildende Kunst. In Rom verfasste Livius Andronicus einen *Aegisthus*, Ennius *Eumenides*, Accius einen *Aegisthus* und eine *Clutemestra*; erhalten hat sich aus der römischen Literatur allerdings nur der *Agamemno* Senecas.

Die im 16. Jh. in Europa wieder einsetzende Bekanntschaft mit den antiken Originaldichtungen führte in den folgenden Jahrhunderten zu einer derartigen Fülle von Agamemnon-, Klytaimestra-, Elektra- und Orestdramen, dass der Atridenmythos zu einem der meistbehandelten antiken Stoffe wurde; vgl. etwa Crébillon Pères *Électre* (1708), Voltaires *Oreste* (1750), Bodmers *Elektra oder Die bestrafte Übeltat* (1760), Alfieris *Agamemnone* (1776) und *Oreste* (1781), Lemerciers *Agamemnon* (1789), Dumas Pères *L'Orestie* (1865) oder Leconte de Lisles *Les Érinnyes* (1873). In jüngerer Zeit gaben die von Jacob Burckhardt und Nietzsche inaugurierte antiidealistische Betrachtungsweise des Griechentums und die um 1900 aufblühende Psychoanalyse der Beschäftigung mit den Themen der Atridensage entscheidende neue Impulse und regten zu einer Reihe von dramatischen Schöpfungen an, die bei aller Freiheit in der Auseinandersetzung mit den Vorlagen ihren antiken Vorbildern zum Teil ebenbürtig zur Seite stehen; vgl. Hofmannsthal, *Elektra* (1903); Robinson Jeffers, *The Tower beyond Tragedy* (1925); O'Neill, *Mourning Becomes Electra* (1931); Giraudoux, *Électre*, 1937; Hauptmann, *Atriden-Tetralogie* (1941–1948); Sartre, *Les mouches* (1943). EGIDIUS SCHMALZRIEDT / HEINZ-GÜNTHER NESSELRATH

Sophokles

* 497/496 v. Chr. in Kolonos Hippios/Attika (Griechenland)
† 406/405 v. Chr. in Athen (Griechenland)

443/42 Hellenotamias (Schatzmeister) des Attischen Seebundes, 441/40 und 428 (vielleicht auch 423/22) athenischer Stratege (General), 413–411 Probulos (Vorberater) in innenpolitischer Krisenzeit; 470 Beginn mit Tragödienaufführungen, 468 erster Wettkampfsieg (insgesamt 18 oder 24 Siege); Gesamtproduktion 113 (oder 123 bzw. 130) Stücke.

Antigone / Antigonē

Die Tragödie wurde wohl im Jahr 440 v. Chr. oder kurz vorher erstmals aufgeführt, denn Sophokles soll aufgrund dieser Tragödie zusammen mit Perikles zum Strategen im Samischen Krieg (440/39) gewählt worden sein.

Das Prolog-Gespräch zwischen den beiden Oidipus-Töchtern Antigone und Ismene exponiert die Situation: Nach dem schrecklichen Bruderkampf, in dem ihre beiden Brüder Eteokles und Polyneikes gefallen sind, hat König Kreon von Theben dekretiert, dass des Todes schuldig sei, wer den im Kampf gegen die eigene Vaterstadt gefallenen Polyneikes beerdige. Dieses Gebot – das scheinbar dem Staatsinteresse dient, zugleich aber die Hybris Kreons als ein Thema des Stücks einführt – will Antigone nicht hinnehmen.

Der weitere Verlauf des Stücks zeigt, wie Kreon sich – obwohl von Auftritt zu Auftritt neuem Widerspruch und neuer Mahnung ausgesetzt – immer tiefer in Hybris und Eigenwahn verstrickt. Nach dem Einzug (Parodos) des Chores thebanischer Greise wird berichtet, dass es trotz des Bestattungsverbots eine symbolische Bestattung der Leiche durch einen unerkannt gebliebenen Täter gegeben hat. Kreon ist – obwohl der Chor warnt, dass auch göttliches Eingreifen vorliegen könne – davon überzeugt, dass die Tat von inneren Staatsfeinden herrührt; der Chor aber quittiert die Nachricht mit dem berühmten Lied auf die allmächtige Erfindungskraft und den Wagemut des Menschen.

Inzwischen ist der Tote sogar ein zweites Mal bestattet worden; als Täterin wird Antigone vorgeführt. Dass sie sich mit ihren Pflichten gegenüber der Familie und mit göttlichen Geboten rechtfertigt, nimmt Kreon gar nicht zur Kenntnis, sondern sieht in der Tat nur eine Auflehnung, die die verkündete Strafe verdient. Als sich Ismene vor Kreon der Mithilfe bezichtigt, wird sie von Antigone schroff zurückgewiesen. An diesem Punkt des Dramas ist die eigentliche Antigone-Handlung beendet; das Folgende ist ganz um Kreon zentriert.

Diesem tritt erst der eigene Sohn, Antigones Verlobter Haimon, dann der Seher Teiresias entgegen, um ihn vom Frevlerischen nicht nur seines Gebots, sondern vor allem der Verdammung Antigones zu überzeugen; Kreon aber bleibt verstockt. Hier wird nicht nur das Handeln des Königs als Unrecht und Gottesfrevel gebrandmarkt, sondern Haimon entlarvt auch Kreons Staatsräson als bloßen Egoismus eines tyrannischen Herrschers. Die Szenenfolge wiederholt das Strukturprinzip von indirekter Andeutung und anschließender Darstellung: Wie sich Eingangsszene und erster Auftritt Kreons entsprechen und wie gegenüber der Kreon-Antigone-Szene die Kreon-Haimon-Szene eine dramatische Verdichtung darstellt, so wird im Verhalten Kreons gegenüber Teiresias jene egozentrische Gottlosigkeit plastisch vorgeführt, die Haimon zuvor als Kern von Kreons Handeln enthüllte; der grausige Fluch des Sehers ist die Klimax eines sich konsequent vollziehenden Geschehens. Jetzt endlich wird Kreon schwankend; doch sein Versuch zur Umkehr kommt zu spät: Antigone hat sich erhängt, sein Sohn ersticht sich neben der Leiche der Geliebten, und seine Gemahlin nimmt sich auf die Nachricht vom Tod des Sohnes hin ebenfalls das Leben; Kreon bleibt als gebrochener – zwar endlich einsichtiger, aber nun völlig vereinsamter – Mann zurück.

Die ungeheure Wirkung dieses Stücks beruht vor allem auf der Gestalt der jungen Titelheldin und ihrer unbedingten Hingabe an göttliches Gebot und menschliche Pflicht. Sie erscheint als Idealbild hingebungsvoller Liebe zum Bruder und als Urverkörperung von Humanität (»Mitlieben, nicht mithassen ist mein Teil«, V. 523). Ihr krasses Gegenbild ist Kreon: ein unbeugsamer Vertreter von Macht und Staatsräson, ein verblendeter, überheblicher Egoist, der das höhere Gesetz dem eigenen Recht unterwerfen will. Aufgrund dieser klaren und harten Antithetik der Fronten hat man jedoch die Gestalten des Dramas oft zu einseitig gesehen und das Geschehen simplifizierend missdeutet: hier das irdisch-begrenzte, dort das göttliche Gesetz; hier das Verdammenswerte, dort das Absolute und Höchstgültige; oder, wie Hegel in seiner *Ästhetik* meinte, hier das an sich absolut gültige Recht des Staates, dort das gleichermaßen absolute Recht der Familie, die – weil miteinander unvereinbar – aneinander zerbrechen. Bei dieser Sichtweise bleibt der eigentlich tragische Vorgang außer Acht: die sich stetig steigernde – selbstverschuldete – Vereinzelung, das Wechselspiel von verblendeter Selbstüberschätzung und vermeintlicher Wahrheitssuche, der Umschlag von Hybris in – zu späte – Einsicht, ein zur Katastrophe führendes Verlassen gesetzter Grenzen. Diese Tragik der einseitigen Unbedingtheit erfüllt sich sowohl in Kreon wie in Antigone; im Aufbau des Dramas ist die zentrale Gestalt nicht so sehr die Titelheldin, sondern der Herrscher, der das Maß seines irdischen Amtes verkennt und daran scheitert. Ihrerseits zeigt aber auch Antigone Merkmale von Hybris, indem sie – in ihrem abweisenden Verhalten gegenüber der sanfteren Schwester und in ihrer Todesklage, in der sie das harte Wort spricht, sie hätte ihre Tat nie für Mann oder Kinder, sondern nur für den unersetzlichen Bruder getan – den ihr von der Natur gesetzten Rahmen sprengt; auch Antigones Unbedingtheit ist von jenem Übermaß, das in den Tod führt.

Neben *Oidipus tyrannos* und *Elektra* ist *Antigonē* Sophokles' bekannteste Tragödie, die bis heute immer wieder Autoren etwa zur Variation des Stoffes angeregt hat (Anouilh, Brecht, Hochhuth, Fugard).

EGIDIUS SCHMALZRIEDT / HEINZ-GÜNTHER NESSELRATH

König Oidipus / Oidipus tyrannos

Die Tragödie ist wahrscheinlich zwischen 436 und 433 v. Chr. entstanden (so C. W. Müller). Der Mythos von Oidipus, der wegen eines bedrohlichen Orakels als Kind ausgesetzt wird und später dennoch unwissend seinen Vater erschlägt und seine Mutter heiratet, wurde auch von Aischylos und Euripides dramatisiert; ihre Stücke gingen jedoch wohl vor allem wegen des überragenden Ruhms des Sophokles-Stücks verloren. Dessen Wirkung beruht dramaturgisch auf einer doppelten Beschränkung: Alle wesentlichen Handlungsimpulse liegen dem Stück voraus – die Bühnenhandlung spielt sich als reiner, meist stark inquisitorischer und am Ende die Vergangenheit schonungslos enthüllender Dialog ab –, und die Struktur des Stückes ist bewusst einfach gehalten: sechs Epeisodien (einschließlich Eingang und Exodos) – dazwischen Lieder des Chors thebanischer Bürger – bilden sechs Schritte, in denen Oidipus durch unablässiges Fragen seine bis dahin unbekannte Vergangenheit aufdeckt und so seinen eigenen Sturz herbeiführt.

Erster Schritt: König Oidipus will die Stadt Theben von einer schweren Seuche befreien; gemäß dem delphischen Orakel muss dazu der Mörder des vorigen Königs Laios gefunden und bestraft werden. Zweiter Schritt: Die Wahrheit, die der Seher Teiresias in einer heftigen Streitszene dem König bereits jetzt ins Gesicht schleudert, findet, weil zu unwahrscheinlich, noch keinen Glauben. Dritter Schritt: Zwei frühere Orakelsprüche (an Laios: sein Sohn werde ihn töten; an Oidipus: er werde seine Mutter heiraten und seinen Vater erschlagen) führen zu einer Schein-Beruhigung (Laios wurde von einer Räuberbande getötet, sein Sohn nach der Geburt ausgesetzt; Oidipus aber verließ auf das Orakel hin sein vermeintliches Vaterhaus, den korinthischen Königshof), doch Oidipus erinnert sich nun, wie er auf seinem damaligen Weg im Streit einen Mann und sein Gefolge erschlug, und nur ein Indiz – dass eine Räuberschar Laios getötet haben soll – spricht noch dagegen, dass der von Oidipus Getötete Laios war. Vierter Schritt: Ein Bote aus Korinth meldet den Tod des dortigen Königs Polybos und enthüllt, dass Oidipus ein von Polybos an Kindes Statt angenommener Findling ist. Dies führt bei Oidipus zu einer zweiten (Schein-)Beruhigung, aber seiner Gemahlin Iokaste, der früheren Gemahlin des Laios, wird aus den erzählten Einzelheiten von Oidipus' Auffindung bereits jetzt die schreckliche Wahrheit klar, dass Oidipus dieser einst ausgesetzte Sohn ist. Fünfter Schritt: Das Hinzukommen des zweiten Zeugen der damaligen Aussetzung bringt auch Oidipus die endgültige Gewissheit. Der Hirte, der vor Jahren das Kind des Laios aussetzen sollte und es statt dessen einem korinthischen Hirten (demselben, der jetzt als Bote gekommen ist) übergab, ist zugleich der einzige Überlebende des Kampfes, in dem Oidipus Laios und seine Begleiter erschlug. Der sechste Schritt zeigt die grausige Konsequenz der Enthüllung: Der Inquisitor, der sich durch sein bohrendes Forschen selbst als Täter entlarvt hat, blendet sich und verlässt seine Stadt; Iokaste hat sich schon zuvor erhängt.

Der *Oidipus tyrannos* ist nicht nur das erste Kriminalstück der europäischen Literatur, sondern vor allem ein Spiel über Sein und Schein mit abgründiger Ironie. Anfang und Ende sind genau spiegelbildlich: zu Beginn der strahlende Herrscher auf dem Gipfel der Macht, die Stadt dagegen am Rande des Untergangs; am Schluss ist die Stadt gerettet, der Herrscher gestürzt. Iokaste ist unfähig, die grausige Erkenntnis zu ertragen, und gibt sich den Tod; Oidipus, der um jeden Preis Erkenntnis will, ist immerhin stark genug, mit ihr weiter zu leben. Auch das Verhältnis des Menschen zur Gottheit, hier verkörpert in den delphischen Orakeln, ist ein großes Spannungsfeld dieses Stücks: Die Menschen versuchen, ihrem prophezeiten Geschick zu entkommen und die Weisheit des Gottes als Schall und Rauch zu entlarven; doch gerade als sie die Nichtigkeit des göttlichen Wissens beweisen zu können glauben, steht die Offenbarung der Gültigkeit dieses Wissens unmittelbar bevor. Dennoch ist der Mensch weder Spielball der Götter noch einfach einem über ihn hereinbrechenden ›Schicksal‹ ausgeliefert; ohne sein eigenes unnachgiebiges Nachforschen hätte Oidipus die schreckliche Wahrheit nicht erfahren. Er hat aber auch nicht aufgrund einer individuellen moralischen ›Schuld‹ den Untergang verdient; er ist vielmehr in einen ›objektiven Schuldzusammenhang‹ verstrickt, den er erst spät erkennt. Zentrale Begriffe in diesem Drama sind ›Blindheit‹ und ›Sehen‹: Am Anfang wirft der scheinbar umsichtige König dem physisch blinden Seher »Blindheit an Ohr, Verstand und Auge« vor (V. 371), am Ende ist der nun selber physisch Geblendete in übertragenem Sinn sehend geworden.

Zwar kam dieses exzeptionelle Stück bei seiner Erst-Aufführung nur auf den zweiten Platz im Dichterwettstreit, doch erkannte ihm die Nachwelt bald einen besonderen Rang zu, wie etwa die zahlreichen Zitate des Aristoteles in seiner *Poetik* beweisen. Seneca formte es zu einem philosophisch inspirierten, effektgeladenen Schauerdrama um. Sein Ruhm blieb auch in Byzanz lebendig und erreichte in der Humanistenzeit mit vielen Übertragungen und Übersetzungen einen neuen Höhepunkt. In Frankreich bearbeiteten unter anderem Corneille (1659) und Voltaire (1718) den sophokleischen Stoff;

die deutsche Dramatik von Schiller bis Grillparzer zog aus ihm ihre Vorstellung von der ›Schicksalstragödie‹. Kleist gestaltete sein Grundmuster im *Zerbrochnen Krug* (1811) zu einer Komödie um. Auch im 20. Jahrhundert hat die Oidipus-Gestalt nichts von ihrer Anziehungskraft eingebüßt (vgl. Hofmannsthals *Oedipus und die Sphinx*, Cocteaus und Strawinskijs *Oedipus rex*, Gides *Œdipe*, Cocteaus *Machine infernale*); der von Freud geprägte Begriff »Ödipus-Komplex« beruht freilich auf einer eklatanten Umdeutung des Stücks.

EGIDIUS SCHMALZRIEDT / HEINZ-GÜNTHER NESSELRATH

Herodotos von Halikarnassos

* um 485 v. Chr. in Halikarnassos (Bodrum, Türkei)
† um 424 v. Chr. vielleicht in Thurioi (Italien)

Zeitweilig auf Samos im Exil; Mitwirkung am Sturz des Tyrannen Lygdamis von Halikarnassos; ausgedehnte Reisen; Vorlesungen in Athen; Freundschaft mit Sophokles; um 444 Übersiedlung nach Thurioi, dessen Ruinen nahe dem heutigen Terranova di Sibari in Kalabrien vermutet werden.

Historien / Historiēs apodexis

Das wahrscheinlich zwischen 445 und 425 v. Chr. niedergeschriebene Werk ist die erste erhaltene historische Darstellung des Abendlandes und die literarische Hauptquelle für die Geschichte des östlichen Mittelmeerraums und des Vorderen Orients im späteren 6. und frühen 5. Jh. v. Chr., vor allem der Perserkriege. Die Einteilung in neun Bücher stammt nicht vom Autor; sie wurde von den alexandrinischen Philologen vorgenommen, auf die wohl auch die Benennung dieser Bücher nach den neun Musen zurückgeht.

Der Eindruck des gewaltigen Xerxes-Zuges, laut dem sogenannten »zweiten Prooimion« (7,20) der größte aller bekannten Kriegszüge, hat in diesem Werk die beiden Dimensionen des Raumes und der Zeit zum ersten wirklichen Geschichtsgefüge verschmelzen lassen. Herodot fragt zunächst nach der Vorgeschichte der Auseinandersetzung zwischen Griechen und Barbaren; er weist dabei Hinweise auf den Raub der Io durch die Phoiniker und den Raub der Europa durch die Griechen bis zum Trojanischen Krieg zurück und setzt stattdessen bei dem Lyderkönig Kroisos ein, da man erst bei ihm auf wirklich historischen Grund gelange. Herodot versucht auch, sich und seinem Publikum die Völker und Landschaften zu vergegenwärtigen, die in dem für griechische Verhältnisse so immensen Perserreich zusammengeschlossen sind. Der Aufbau des Gesamtwerks folgt im Wesentlichen dem Wachsen des Perserreiches: Die äußeren Haupteinschnitte für den zeitlichen Verlauf liefert die genealogische Abfolge der Perserkönige, von Kyros (Buch 1) über Kambyses (2,1–3,66) und Dareios (3,86–7,4) bis zu Xerxes (7,4–9,122).

Die Tiefe des historischen Raumes mit seinen Schauplätzen und handelnden Völkern durchmisst Herodot in der Reihenfolge, in der diese mit dem expandierenden Perserreich in Berührung kommen. So erscheinen in Exkursen die Lyder, Meder, Perser, Ionier, Babylonier, Massageten im ersten, Ägypten im zweiten, Äthiopien im dritten, Skythen, Kyrene, Libyen im vierten, Thrakien und Makedonien im fünften Buch. In Buch 6 rückt, nach Schilderung der Niederschlagung des ionischen Aufstandes, mit der Strafexpedition nach Marathon das griechische Mutterland endgültig ins Zentrum, nachdem die wichtigsten Punkte der dortigen Entwicklung schon vorher immer wieder berührt wurden, so vor allem die Hauptakteure Athen und Sparta (besonders 1,59–68, und 5,39–96). Die abschließenden Bücher 7 bis 9 schildern zusammenhängend den Verlauf des Xerxes-Krieges mit den Schlachten von Thermopylai (7,201–234), Salamis (8,40–96) und Plataiai (9,15–85). Mit dem Übergang der Griechen zur Offensive – Eroberung von Sestos am Hellespont – und einer bedeutsamen Anekdote über die frühere Anspruchslosigkeit der nun aus Habsucht so tief gefallenen Perser klingt das Werk aus. Der Gedanke einer allmählichen Entwicklung Herodots vom Perihegeten zum Historiker, die man aus diesem Aufbau herauslesen wollte, hat sich ebenso wenig aufrechterhalten lassen wie die These, die Darstellung sei Fragment geblieben.

Für die gedankliche Konzeption und Ausgestaltung seines Werks verdankt Herodot (der selbst teils dorischer, teils karischer Abstammung und in seiner Bildung ionisch geprägt ist) offenbar sehr viel dem damaligen politischen, aber noch mehr geistigen und kulturellen griechischen Zentrum – und neben Sparta einem der griechischen Hauptgegner der Perser – Athen, wo er zum Kreis um Perikles und Sophokles in Beziehung trat. Noch in den Jahren vor dem Peloponnesischen Krieg, dessen Ausbruch (431 v. Chr.) er noch erlebt hat, sagt er den anderen, damals meist anti-athenisch eingestellten Griechen: »Hier muss ich eine Meinung vorbringen, die die meisten übel aufnehmen werden. Dennoch werde ich, was mir wahr zu sein scheint, nicht unterdrücken.« Es geht um die Rolle Athens im Xerxes-Krieg, und hier kommt Herodot nach einer ausführlichen Begründung zu dem Schluss: »Wenn man also die Athener Griechenlands Retter nennt, so dürfte man die Wahrheit nicht verfehlen.« (7,139)

Zwar hat dieses Eintreten für Athen ihm später den Vorwurf der Parteilichkeit eingetragen, so in Plutarchs Schrift *Peri tēs Hērodotu kakoētheias* (Über die Böswilligkeit Herodots), aber dessen ungeachtet trägt er schon bei Cicero (*De legibus* 1,5) den Ehrentitel »Vater der Geschichtsschreibung«, auch wenn Cicero im gleichen Satz auf die unzähligen dem historischen Bericht beigemischten Fabelgeschichten hinweist. Die in solchen Geschichten zum Ausdruck kommende Neigung zu unterhaltsamem Erzählen lehnte der im Anschluss an Herodots Werk schreibende Thukydides ab, als er seine Darstellung des Peloponnesischen Krieges als »Besitz für immer« abhob von einem bloßen »Prunkstück, für den Augenblick zu hören«. Gleichwohl hat Herodots Werk die Zeiten überdauert, während eine als Ersatz gedachte Kurzfassung des 4. Jh.s v. Chr. verschwunden ist – ein Hinweis darauf, dass nicht nur der besondere Gegenstand, sondern gerade die Art der Darbietung seinen Wert ausmacht.

In ionischem Dialekt und einem anmutigen, klar erzählenden Stil, der mit kurzen Sätzen und vielen Wiederaufnahmen zugleich höchste Verständlichkeit und den Eindruck behaglicher Breite erzielt, der Personen und Szenen anschaulich vor Augen führt und doch in Reden und Reflexionen auch Monumentalität und gedankliche Tiefe erreicht, breitet Herodot die Ergebnisse seiner auf weiten Reisen angestellten Forschungen in zunächst verwirrender Buntheit aus. Die Naturgeschichte der Elche, Krokodile und Fettschwanzschafe, Rezepte für künstliche Befruchtung und Einbalsamierung, Schönheits- und Abführmittel, Schädelkult und Leichenverzehrung, Weibergemeinschaft und Witwentötung, Tischsitten, Thronfolgeordnungen und die verschiedene Art der Griechen und Ägypter, ihr Wasser zu lassen, hält er für ebenso interessant und mitteilenswert wie die Träume des Xerxes vor dem Zug nach Griechenland und die Kriegslist des Themistokles bei Salamis.

Besonders einprägsame Gestalt gewinnen historische Grundsituationen in den scharf pointierten Anekdoten und Geschichten, die man, etwas unglücklich, Novellen zu nennen pflegt. Vor allem um die großen Gestalten der Vorzeit, die Lyder Gyges und Kroisos, die Perser Kyros und Dareios, die Griechen Solon, Periander, Kypselos und Polykrates ranken sich Erzählungen von märchenhafter Prägung und ethischer Eindringlichkeit, die, zum Teil von Schiller, Hebbel und anderen neu gefasst, noch bis in unsere Schullesebücher weiterwirken. Für den modernen Historiker, der Motivanalyse treibt und Herodot als Quelle wertet, wird diese Buntheit leicht zum Ärgernis. Daneben stört den historischen Analytiker der »alte, ganz naive Glaube – Herodot sucht nicht einmal historische Motive und Erklärungen, wo ihm theologische zur Verfügung stehen« (F. Jacoby). Nur mühsam hat man sich in der Moderne dazu durchgerungen, den ersten Historiker auch selbst historisch zu verstehen.

Von zwei Seiten aus hatte sich der griechische Geist vor Herodot den historischen Phänomenen genähert. Da war zum einen die uralte, besonders im Orient verbreitete Methode, über Abstammungsreihen (Genealogien) von Königen und Helden in die Vergangenheit – meist einzelner Städte – zurückzuschreiten und so die Zeit in den Griff zu bekommen. Daneben entwickelte sich im Zeitalter der großen

griechischen Kolonisation das Bedürfnis, auch den immer weiter sich dehnenden Raum zu gliedern. Dem Bedürfnis der Schifffahrt nach Angaben über Untiefen, Klippen, Küstenverlauf, Inseln, Häfen, Wasserstellen entsprachen die Reisejournale (›periploi‹) einzelner Seefahrer, die schließlich, systematisch ausgeweitet, zu detaillierten Erdbeschreibungen (›perihēgēseis‹) wurden. Dieses Streben nach räumlicher und zeitlicher Wissenserweiterung lässt sich mit dem ionischen Wort ›historiē‹ (Erforschung) zusammenfassen. Im kleinasiatischen Ionien war solche Forschung besonders lebendig, parallel zum großen Aufstieg der vorsokratischen Philosophie. Noch weithin unvereint nebeneinander erscheinen Genealogie und ›perihēgēsis‹ bei Hekataios von Milet, dessen selbstbewusster, dem Anfang von Heraklits philosophischem ›Logos‹ vergleichbarer Eingangssatz erhalten ist: »Hekataios von Milet spricht so: Dies schreibe ich, weil es mir wahr zu sein scheint. Denn die Reden der Griechen sind nach meiner Meinung ebenso zahlreich wie lächerlich.«

Herodot, der seinerseits wieder die Erdkarte des Hekataios belächelt (4,36), ist demgegenüber schon in seinen ersten Worten sachbezogener: »Dies ist der Bericht über die Forschungen des Herodot aus Halikarnassos [...].« Sein Ziel ist es, die menschlichen Geschehnisse und die großen Taten der Griechen und Barbaren vor Vergessen und Ruhmlosigkeit zu bewahren, vor allem aber den Grund ihrer kriegerischen Auseinandersetzung aufzuzeigen. Er tut dies aufgrund von Autopsie (›opsis‹), eigenem Denken und Urteil (›gnōmē‹) sowie Nachforschung (›historiē‹); im Übrigen sieht er sich auf die Aussagen der Mitwelt angewiesen: »Ich bin verpflichtet zu erzählen, was erzählt wird; es auch zu glauben, bin ich nicht immer verpflichtet, und dieses Wort soll gelten für mein ganzes Werk.« (7,152,3) Nach diesem Prinzip der getreuen Wiedergabe der Überlieferung (›legein ta legomena‹) stellt Herodot oft mehrere Versionen eines Tatbestandes nebeneinander, ohne selbst eindeutig Stellung zu beziehen, so an der gerade zitierten Stelle die verschiedenen Gründe für die Neutralität der Argiver im Kampf gegen Xerxes. Seine Unvoreingenommenheit, die ihn auch die Barbaren objektiv, ja sympathisch darstellen lässt, erlaubt auch Zweifel an Orakeln und Wundergeschichten. Das Allgemein-Menschliche steht im Vordergrund seines Interesses, wie sehr der Mensch auch geradezu bestimmt ist durch seine Hilflosigkeit gegenüber dem undurchschaubaren Wirken des Göttlichen.

Die moderne Geschichtswissenschaft hat sich meist mehr für die politischen Zusammenhänge interessiert. Unsere eigene Gegenwart, der die rein rational-historische Wahrheit in manchem suspekt geworden ist, vermag eine unmilitärische Geschichtsschreibung neu zu würdigen. Herodots Werk zeigt, wie ein frühzeitlicher Denker diese Wahrheit in aller Unschuld ›naiv‹ erlangen oder sie doch zumindest viel weniger als der Rationalist völlig verfehlen kann – nicht zuletzt durch »die unendliche Weltumfassung, die sich in diesem Grundbuch des historischen Wissens ausgeprägt hat« (Ranke).

DIETRICH MANNSPERGER / HEINZ-GÜNTHER NESSELRATH

Aristophanes

* um 450 v. Chr. in Athen (Griechenland)
† um 385 v. Chr. in Athen (Griechenland)

Bühnendebüt 427 v. Chr.; machte sich bald darauf den athenischen Politiker Kleon zum Feind (bis zu dessen Tod 422 v. Chr.); führte bis in das Jahr 388 v. Chr. Stücke auf; 45 Titel (mit Zweitfassungen und Unechtem) sind erhalten; bekleidete im frühen 4. Jh. v. Chr. das Amt eines Prytanen seiner Phyle.

Die Wolken / Nephelai

Die Komödie, aufgeführt bei den Städtischen Dionysien des Jahres 423 v. Chr., erreichte im Wettkampf nur den dritten Platz, was der Dichter als schmerzliche Niederlage empfand. Eine Umarbeitung des Stücks (etwa zwischen 421 und 417) kam nicht zur Aufführung. Der überlieferte Text enthält Materialien beider Versionen; aus der Neufassung stammen vor allem der Agon des »besseren« und des »schlechteren Logos«, Teile der Parabase und die Brandstiftungsszene am Schluss.

Den aktuellen Hintergrund des Stücks bilden die vom Dichter als verderblich dargestellten neumodischen Erziehungsideale, die durch die sophistische Aufklärung und die mit ihr verbundene Rhetorik in Athen immer mehr Resonanz fanden. Der Handlung liegt ein in der Volksliteratur beheimatetes Schwankmotiv zugrunde: der betrogene Betrüger, dessen vermeintliche Schläue sich am Ende gegen ihn selbst kehrt.

Der Bauer Strepsiades steht, da sein Sohn Pheidippides nichts als Pferde und Wagenrennen im Kopf hat, am Rande des finanziellen Ruins. Um seine Gläubiger loszuwerden, sieht er nur einen Ausweg: Der Sohn soll im Phrontistērion (Denkerbude) der beiden Weisen Sokrates und Chairephon die Kunst erlernen, vor Gericht »die schlechtere Sache zur besseren zu machen«. Doch weil der verwöhnte Spross wenig Lust zum Studium zeigt, muss Strepsiades sich selbst ans Studieren machen.

Obwohl man in der Denkerhöhle allseits von der Gelehrsamkeit in Beschlag genommen ist – der Meister Sokrates schwebt in einer Hängematte, um die Sonne zu beobachten, die Schüler kriechen am Boden und treiben mit Augen und Nase Erdkunde – lässt man sich doch herbei, den Bittsteller anzuhören. Sokrates liefert Proben seines neumodischen Wissens und stellt die Götter der neuen Zeit vor: den Chor der Wolken (»Die himmlischen Wolken sind's, der Müßigen göttliche Mächte, / [...] die uns Dialektik verleihen und Logik / und den Zauber des Worts und den blauen Dunst [...]«). Der neue Schüler erregt freilich durch seine tollpatschige Art mehr Ärger als Bewunderung.

Nach der Parabase, in der sich der Dichter über die schlechte Aufnahme der ersten Fassung des Stücks beklagt, zeigt sich endgültig, dass Strepsiades zu dumm fürs Studium ist und nicht einmal die einfachsten Grundlagen der höheren Bildung begreift – da muss nun doch der Sohn sich zum Unterricht bequemen. Um sich den rechten Lehrer selbst wählen zu können, werden der »bessere« und der »schlechtere Logos« höchstpersönlich herbeizitiert, um in einem Redewettkampf ihr Können zu zeigen. Die Rabulistik des »schlechteren Logos« siegt, und so wird Pheidippides zu ihm in die Lehre gegeben – mit durchschlagendem Erfolg, denn mit Hilfe der vom Sohn neu erlernten Künste gelingt es dem Vater, zwei besonders aufdringliche Gläubiger abblitzen zu lassen.

Doch das dicke Ende lässt nicht auf sich warten: Als es wegen der Euripides-Begeisterung des Sohnes zum Streit kommt, verprügelt der Sohn den Vater und weist ihm dann sogar noch nach, dass er damit gerechterweise genau die handfest-liebevolle Behandlung erwidert, die der Vater vor Jahren ihm angedeihen ließ. Das scheint dem Alten denn doch zuviel an neuer Bildung, und so zieht er zur Denkerbude und steckt sie kurzerhand in Brand – dies der einzige düstere Schluss in einem Aristophanes-Stück.

Dass die Komödie zu einem der bekanntesten Werke der europäischen Literatur wurde, beruht nicht zuletzt auf der Aktualität, die sie 24 Jahre nach ihrer Entstehung erlangte: 399 wurde Sokrates wegen Gottlosigkeit und Verderbung der Jugend zum Tod verurteilt und hingerichtet. In der *Apologie*, die ihm sein Schüler Platon in den Mund gelegt hat, wird als erster Anlass des Prozesses eben diese aristophanische Karikatur bezeichnet: Sie habe den Philosophen im Volk der gehässigen Verachtung preisgegeben und so schließlich die Anklage hervorgerufen. Im Jahr 423 war Sokrates für Aristophanes nur der Kristallisationskern, in dem er die ganze Philosophie und Aufklärung der Zeit attackieren konnte; der aristophanische Sokrates hat nur wenig historisch Sokratisches an sich und vertritt statt dessen alle möglichen Gedanken von Männern wie Anaxagoras, Protagoras, Prodikos und Diogenes aus Apollonia.

Im Gegensatz zur Einschätzung durch die Zeitgenossen des Dichters haben die *Nephelai* bei der Nachwelt ungeheure Resonanz gefunden: In der weiteren Antike gehörten sie zu den beliebtesten Aristophanes-Stücken, in Byzanz waren sie Schullektüre, und auch die Renaissance rechnete sie nach der Wiederentdeckung durch Melanchthon zu ihren Lieblingswerken. In der teils adaptierenden, teils kritischen Auseinandersetzung mit dieser Komödie begegnen so erlauchte Namen wie Rabelais, Voltaire, Moses Mendelssohn, Wieland, Lessing, Hamann, Goethe, Lenz, Voß, August Wilhelm von Schlegel, Hegel, Tieck und Platen.

EGIDIUS SCHMALZRIEDT / HEINZ-GÜNTHER NESSELRATH

Die Frösche / Batrachoi

Das reife Meisterwerk des Autors – im Altertum wie im byzantinischen Mittelalter eines seiner beliebtesten Stücke – wurde am Lenäenfest 405 v. Chr. auf die Bühne gebracht und gewann den ersten Platz. Es wurde sogar – was in der Geschichte der alten attischen Komödie einmalig ist – ein zweites Mal aufgeführt (wohl am folgenden Dionysienfest). Dikaiarch, der diese Nachricht überliefert, nennt als Grund den mächtigen Eindruck, den die Parabase (die direkte Ansprache des Chors an das Publikum) hinterlassen habe.

In der Tat ist die Chorparabase das Zentrum der Komödie, zum einen, weil die beiden um sie herum gelagerten Teile ungefähr gleichgewichtig sind, vor allem aber, weil hier der Grundton angeschlagen wird, unter dem das ganze Geschehen steht: die Sorge um das Wohl der Stadt. Als das Stück entstand, zeichnete sich die endgültige Niederlage Athens gegen Sparta bereits ab. Vor diesem Hintergrund muss man die Aufforderung der Parabase – der letzten, die Aristophanes geschrieben hat – zu Besonnenheit und Verzicht auf blindwütige Demagogie hören: »Wohl geziemt's dem heil'gen Chore, was dem

Staate frommen mag, / anzuraten und zu lehren. Und vor allem, meinen wir, / sollten gleich die Bürger werden und verbannt die Schreckenszeit.« Nicht lange danach wurde tatsächlich eine Amnestie beschlossen.

Gleichwohl ist das Medium, in dem Aristophanes seine Paränese entfaltet, ein zutiefst komödiantischer Stoff: Hadesfahrt und Tragikerparodie, vermischt mit deftig dargebotener Dichterkritik. Dionysos, der Theatergott, zieht höchstpersönlich aus, um aus der Unterwelt »einen guten Dichter« heraufzuholen, weil die tragische Bühne nach dem Tod des Euripides und des Sophokles verwaist ist.

Der erste, possenhafte Teil des Stücks schildert in lockerer Episodenfolge den turbulenten Weg des Gottes und seines Dieners Xanthias hinab zum Hades: Dionysos' Verkleidung als Herakles, seine Angst vor den Schrecken des unbekannten Reiches – als ein besonders gräuliches Ungeheuer auftaucht, flüchtet er gar von der Bühne und versteckt sich hinter dem Ehrenplatz seines eigenen Priesters –, der mehrfache, aber immer eine Phase hinter den Erfordernissen nachhinkende Kleiderwechsel von Herr und Diener, der handfeste Prügelwettstreit, den die beiden Abenteurer bestehen müssen. Aber die derb-vitale Clownerie wird poetisch gebändigt durch einen echt aristophanischen Kontrast: den zum Ende dieses Teils immer mehr in den Vordergrund tretenden Chor der Mysten, dessen Iakchos-Hymnos zu den schönsten Zeugnissen der Lyrik des Dichters zählt.

Den zweiten Teil bildet der monumentale Wettkampf zwischen Aischylos und Euripides um die Krone des besten Dichters. Mit immer neuen, oft witzig verdrehten Zitaten aus ihren Tragödien versuchen sie sich wechselseitig ihren Sprachstil, ihre Themen und Gestalten, ihre dramatische Technik in Prolog, Chorlied und Monodie madig zu machen. Dionysos soll diesen Streit entscheiden; dabei verflicht sich seine eigene Suche nach dem besten Dichter mit der Suche des Hadesgottes nach einem Schiedsrichter in dem Zank, der zwischen den beiden Tragikern um den Ehrensitz in der Unterwelt ausgebrochen ist. Aber Dionysos vermag den Streit nicht zu entscheiden – sein Herz spricht für den Jüngeren, sein Verstand für den Älteren. Dass die Entscheidung schließlich doch zugunsten des Aischylos fällt, den Dionysos am Ende mit zur Oberwelt nimmt, ergibt sich aus den politischen Ratschlägen, die beide Tragiker schließlich äußern sollen.

Weshalb macht der Dichter gerade Aischylos und Euripides zu den antipodischen Trägern des Dramas und lässt Sophokles, der den Zuschauern viel vertrauter war, aus dem Spiel? Zum einen scheint Sophokles zu einem Zeitpunkt gestorben zu sein (406), als Plan und Konzept der Komödie schon ziemlich weit gediehen waren; zum andern dürfte Sophokles kaum einen so starken komisch verwertbaren Kontrast zu Euripides gebildet haben wie der weit archaischer anmutende Aischylos. Vielleicht waren auch für Aristophanes Eigenart und Größe des Sophokles in einer Weise unantastbar, die es ausschloss, ihn zu verspotten; als einzige der auftretenden und genannten Gestalten erfährt Sophokles nur Lob.

Erstaunlich bleiben wird der Umstand, dass der Masse des athenischen Publikums eine derart profunde Kenntnis und Präsenz literarischer Werke zuzutrauen war, wie sie der zweite Teil mit seinen zahllosen Zitaten und Anspielungen voraussetzt. Nicht weniger auffällig wirkt das Verhältnis, in dem der Komiker zu seinen Göttern steht: Mit der Gottheit so wild zu scherzen, ohne das Gefühl der Blasphemie haben zu müssen, ist eine nur schwer nachvollziehbare Form der Religiosität, und doch steckt darin derselbe Kern wie in der Zeus-Gläubigkeit eines Aischylos oder Sophokles.

EGIDIUS SCHMALZRIEDT / HEINZ-GÜNTHER NESSELRATH

Euripides

* zwischen 485 und 480 v.Chr. auf der Insel Salamis, vor Attika (Griechenland)
† 406 v.Chr. in Pella/Makedonien (Griechenland)

455 v.Chr. erste Theateraufführung, 441 v.Chr. erster Wettkampfsieg (insgesamt vier zu Lebzeiten, einer postum); Gesamtproduktion 90 Stücke; 408 Übersiedlung von Athen an den Hof des Makedonenkönigs Archelaos in Pella.

Herakles / Hēraklēs

Die Tragödie entstand zwischen 421 und 416 v.Chr. Im traditionellen Mythos stellen die bekannten zwölf Arbeiten, die Herakles verrichten muss, die Sühne für den Mord an den eigenen Kindern dar, den er in einem Anfall von Wahnsinn beging; in diesem Stück löst Euripides diese kausale Verknüpfung des Geschehens und lässt die siegreichen Taten der Mordtat vorausgehen, um erst die triumphale Größe des Helden und dann seinen Sturz in erniedrigende Demütigung zu zeigen.

Das Drama beginnt mit dem für eine Hikesie (das Flehen um Schutz) typischen Bild: Es zeigt Herakles' Vater Amphitryon und Herakles' Frau Megara sowie seine Kinder an einem Altar, an dem sie vor dem thebanischen Usurpator Lykos Schutz gesucht haben. Das Prologgespräch zwischen Amphitryon und Megara macht die Ausweglosigkeit der Situation klar, wobei Amphitryon Hoffnung auch in hoffnungslosester Lage ausdrückt, Megara dagegen Opferbereitschaft als den einzigen Weg, sich selbst treu zu bleiben, bekundet. Mit dem Auftritt des Lykos im ersten Epeisodion verschärft sich die Situation so sehr, dass es für Megara und Amphitryon unausweichlich wird, einem baldigen gewaltsamen Tod ins Auge zu sehen. Das zweite Epeisodion zeigt zunächst Megara, Amphitryon und die Kinder in Totenhemden auf ihrem letzten Weg, dann aber, auf dem Höhepunkt ihrer Not, die einsetzende Gegenbewegung, die mit dem unerwarteten Auftritt des gerade aus der Unterwelt zurückkehrenden Herakles die Möglichkeit zur Rettung bringt. Nach kurzer Begrüßung wird Herakles in die gegenwärtige Situation eingeführt, woraus unmittelbar der Racheplan gegen Lykos entspringt: Herakles wird den Tyrannen im Haus erwarten. Da Lykos bei seinem Auftritt im dritten Epeisodion von Herakles' Ankunft noch nichts weiß, kann im folgenden Dialog zwischen ihm und Amphitryon, der allein aus dem Hause tritt, die Dialektik von Wissen und Nichtwissen wirkungsvoll ausgespielt werden. Lykos will, da Amphityron sich weigert, selbst die Todgeweihten aus dem Hause holen und läuft so dem wartenden Rächer direkt in die Arme.

Statt des an dieser Stelle zu erwartenden Botenberichts über die Rachetat erfolgt im vierten Epeisodion eine pointierte Umkehrung: Herakles wird seinerseits Rache angedroht von seiner ihm immer noch grollenden Stiefmutter Hera; auf ihr Geheiß tritt die Götterbotin Iris zusammen mit dem Wahnsinnsdämon Lyssa auf, die Herakles in Wahn versetzen soll, damit er umnachtet Frau und Kinder umbringt. Ironischerweise wünscht Lyssa selbst gar nicht gegen den Helden

vorzugehen, wird aber von Iris dazu gezwungen. Durch diesen unerwarteten Umschwung wird der strahlende Sieger auf dem Höhepunkt seines Wirkens (direkt nach der Rettung der Seinen) selbst tragisches Opfer eines vernichtenden Anschlags. Herakles' Rache an Lykos und Heras Rache an Herakles werden in gewisser Weise zu einer Einheit verschmolzen; an die Stelle des erwarteten Siegesberichts über Lykos' schmähliches Ende tritt die Klage über Herakles' grausame Mordtat, die zuerst durch Entsetzensschreie des im Haus befindlichen Amphitryon – aufgegriffen vom verstörten Chor – und dann durch einen packenden Botenbericht dargestellt wird.

Der Schlussteil des Stücks schildert die Hilflosigkeit des vernichteten Helden, der aus seinem Wahn erwacht und von seiner Tat erfährt. Bevor er sich, überwältigt von Scham und Horror vor sich selbst, umbringen kann, tritt Theseus auf, den er vor kurzem aus der Unterwelt gerettet hat. Im Gespräch mit ihm findet Herakles zu sich selbst zurück: Er begreift, dass größerer Mut dazu gehört, nach einer solchen Tat weiterzuleben, als Entkommen im Tod zu suchen, und er nimmt Theseus' Einladung an, mit ihm nach Athen zu gehen und dort ein neues Leben zu beginnen; zusammen mit Theseus, der wie in den *Hiketides* als der strahlende athenische Helfer erscheint, verlässt er die Bühne.

Welchen Eindruck das Stück bei seiner Aufführung hervorrief, ist unbekannt; es wurde aber in hellenistischer Zeit noch mehrfach gespielt. Anders als der harsche Herakles der *Trachiniai* des Sophokles ist der Herakles des Euripides nicht nur Held, sondern auch Mensch; erst Euripides wohl hat ihm die Gloriole eines ›Zivilisationsheros‹ und eines Dulders verliehen, und vor allem der Dulder wurde dann für die Kyniker zu einem idealen Vorbild. In seinem *Hercules furens* hat Seneca den *Hēraklēs* nachgedichtet; diese Version hat die Kenntnis des Stoffes lebendig erhalten.

JOSEF KOPPERSCHMIDT / HEINZ-GÜNTHER NESSELRATH

Die Troerinnen / Trōades

Die 415 v. Chr. aufgeführte Tragödie, das letzte Stück einer sonst bis auf Fragmente verlorenen Troja-Trilogie, ist zum Teil verständlich aus der historischen Situation, in der sich die Heimatstadt des Dichters damals befand: Das Werk enthält eine deutliche Warnung an die Athener, die sich im Jahr der Aufführung gerade zur sizilischen Expedition rüsteten – eine Warnung vor dem unberechenbaren Risiko eines Krieges.

Das Stück demonstriert die Schrecken der Niederlage am Jammer der den Siegern ausgelieferten Troerfrauen, aber sein Prolog zeigt zugleich die Vorläufigkeit jedes noch so triumphalen Sieges: Die Götter Athene und Poseidon beschließen, die hochmütig frevelnden Sieger auf der Heimfahrt zu vernichten. Die folgende ›Handlung‹ besteht nicht, wie zu erwarten, aus Aktionen und Gegenaktionen der einander gegenüberstehenden Griechen und Troer, sondern aus einer Reihe von Klageszenen, in denen bedeutende troische Frauen ihr persönliches Schicksal mit der Katastrophe Trojas verknüpfen: Zuerst beschwört die alte Königin Hekabe – die wichtigste Symbolfigur des troischen Untergangs – zusammen mit dem Chor der gefangenen Frauen, die wie sie auf die Verschleppung in die Knechtschaft warten, die traurige Vergangenheit Trojas und ihre eigene düstere Zukunft. Dann erscheint der Herold der griechischen Sieger; er nennt in einer Art Exposition des Kommenden das Schicksal der Kassandra, verschleiert jedoch den Tod der Hekabetochter Polyxena und kündigt die Bestimmung der Hektorgattin Andromache sowie der Hekabe an.

Kassandra, die Konkubine des Agamemnon werden soll, leistet zwar keinen Widerstand gegen den griechischen Befehl, aber in ihren zum Teil visionär-aberwitzigen, zum Teil ›vernünftig‹ klingenden Äußerungen prophezeit sie, in Fortführung der Prologszene, den Siegern den Untergang. Eine erneute Klagerede der Hekabe beschließt das erste Epeisodion.

Wenn nun Andromache, die zur Sklavin von Achills Sohn Neoptolemos ausersehen ist, der Hekabe von dem Tod berichtet, den Polyxena als Menschenopfer am Grab des Achilleus erlitten hat, und wenn dann der Herold die Auslieferung von Hektors Sohn Astyanax fordert, der gerade zur tröstlichen Zukunftshoffnung der Andromache zu werden begann, den die Griechen jedoch auf Anraten des Odysseus vorsichtshalber töten wollen, dann zeigt sich hier nicht nur die allgemeine Unmenschlichkeit der Griechen, sondern auch die ganz persönliche, diese noch weit übersteigende Bestialität des

Odysseus.

Den einzigen Zusammenprall zweier gleichstarker Gegner bildet der Rede-Agon zwischen Hekabe und Helena vor Menelaos als Schiedsrichter. Dabei geht es um die Frage, ob Helena am Elend der Troer und an den Verlusten der Sieger schuldig sei und somit die Hauptstrafe verdient habe – oder ob nicht vielmehr Hekabe als Mutter des Paris und überdies die Göttin Aphrodite als seine Gönnerin die wahren Schuldigen seien. Die Art der wechselseitigen Beweisführung zeigt sehr viel sophistische Eristik und ironische Mythenbehandlung, wie andererseits die Warnung an Menelaos, sich nicht wieder den erotischen Reizen der Helena auszusetzen, für große psychologische Einsicht spricht.

Wenn in der Schluss-Szene Hekabe, die in Zukunft dem Odysseus als Dienerin gehören soll, daran gehindert wird, sich in die Flammen des brennenden Troja zu stürzen, dann fallen hier – wie oft – bühnentechnische Erfordernisse (im Exodos verlassen Schauspieler und Chor die Bühne) mit überkommenen Elementen der Handlung – Hekabe und die Troerinnen werden zu den Schiffen der Griechen geführt – zusammen.

Von der Wirkung des Stücks auf die Zeitgenossen des Euripides ist nichts bekannt, das sizilische Abenteuer jedenfalls fand trotz der warnenden Worte des Dichters statt – und endete in einer totalen Katastrophe, von der sich Athen lange nicht erholte.

Die antike Literaturästhetik hatte an dem handlungsarmen Werk manches auszusetzen; die Bearbeitung des Stoffs durch Seneca fand durch viele Jahrhunderte mehr Anerkennung. Erst im 19. und besonders im 20. Jh. – durch Werfel (1913) und Sartre (1965) – stieß die Tragödie als *Die Troerinnen des Euripides* auf neue Beachtung und Bearbeitung. Bei Sartre ruft Poseidon, in Fortführung des Prologs, den abfahrenden Siegern nach: »Führt nur Krieg, ihr blöden Sterblichen, verwüstet nur die Felder und die Städte, schändet nur die Tempel und die Gräber und foltert die Besiegten: Ihr werdet dran verrecken. Alle!«
KLAUS JOERDEN

Iphigenie in Aulis / Iphigeneia hē en Aulidi

Die Tragödie entstand kurz vor Euripides' Tod und wurde 405 v. Chr. postum zusammen mit den *Bakchai* und dem verlorenen *Alkmeōn en Korinthō* aufgeführt.

Das griechische Heer wird auf dem Zug gegen Troja durch eine von Artemis gesandte Windstille in Aulis festgehalten und kann nur durch die Opferung von Agamemnons Tochter Iphigenie die Weiterfahrt erlangen. Euripides hat die Version des Mythos, der zufolge Artemis Agamemnon zürnte, weil er eine Hirschkuh erlegt und sich gerühmt hatte, auch die Göttin könne nicht besser treffen, entscheidend verändert, indem er Agamemnons Vergehen eliminiert und die Windstille wie ein Fatum hereinbrechen lässt. Hier gibt es also keine vorherige Schuld Agamemnons; vielmehr rückt die Bewertung des kommenden Trojakrieges ins Zentrum, und die unschuldige Iphigenie tritt der Ehebrecherin Helena gegenüber. Alle Personen des Dramas müssen sich für oder gegen das Opfer entscheiden: Iphigenies Vater Agamemnon (seinem Bruder Menelaos durch Eid verpflichtet), Menelaos (Helenas Gemahl und Agamemnons Bruder), Iphigenies Mutter Klytaimestra, der jugendliche Held Achill (Iphigenies Bräutigam wider Willen), besonders aber Iphigenie selbst. Dabei stellt Euripides – was schon Aristoteles tadelt – zwei völlig verschiedene Entscheidungen Iphigenies dar, ohne zwischen ihnen eine psychologische Brücke zu schaffen.

Im (vielleicht unvollendeten) Prolog wird ein informierender Monolog Agamemnons, der möglicherweise ursprünglich das Drama eröffnete, eingerahmt von einem der Charakterzeichnung dienenden Dialog zwischen dem König und einem alten Diener seiner Gemahlin. Agamemnon hat (vor Beginn des Dramas) angeordnet, Iphigenie unter dem Vorwand ihrer Vermählung mit Achill nach Aulis zu holen; jetzt möchte er dies durch einen Brief, den der Alte überbringen soll, rückgängig machen. Das aber wird im ersten Epeisodion verhindert: Menelaos hat den Brief abgefangen und kommt mit dem Alten zusammen auf die Bühne geeilt. Es entwickelt sich ein Streit der beiden Brüder; als Menelaos bereits unterlegen abgehen will, meldet ein Bote, Klytaimestra mit ihren Kindern Iphigenie und Orest werde gleich im Lager eintreffen. Daraufhin verkehren sich plötzlich die Fronten zwischen den Brüdern: Jetzt rät Menelaos, von Mitleid bewegt, Iphigenie nicht zu töten, Agamemnon dagegen fühlt den Zwang des Schicksals; man beschließt, das geplante Opfer Iphigenies vor Klytaimestra zunächst geheim zu halten.

Im zweiten Epeisodion führt Euripides Agamemnon, Klytaimestra und ihre Kinder zusammen: Dem freudigen Ungestüm Iphigenies begegnet Agamemnon traurig und verstört; auch als Klytaimestra sich nach ihrem künftigen Schwiegersohn erkundigt, weicht Agamemnon aus und versucht – vergeblich – seine Gattin zur Rückkehr nach Argos zu bewegen. Im dritten Epeisodion trifft Achill, der sich bei Agamemnon über den Verzug der Ausfahrt beschweren will, auf Klytaimestra und erfährt erst durch sie von der geplanten Vermählung. Der alte Diener der Königin wiederum enthüllt beiden, was Iphigenie in Wahrheit bevorsteht; daraufhin verspricht Achill, der sich von Agamemnon in seiner Ehre gekränkt sieht, Iphigenie zu retten.

Im (wohl nur zum Teil von Euripides stammenden) Schlussteil des Dramas trifft Klytaimestra erneut mit ihren Kindern auf Agamemnon; weder die Argumente der Gattin noch die Bitten der Tochter vermögen Agamemnon umzustimmen. In einer zweiten Begegnung mit Klytaimestra und Iphigenie berichtet Achill von der Unruhe im Heer; er ist bereit, den drohenden Mord unter Einsatz seines Lebens zu verhindern. In diesem Moment wächst Iphigenie über sich hinaus: Sie hat sich entschlossen, für Hellas zu sterben. Möglicherweise bildete ihr geradezu jubelnder Abgang das ursprüngliche Ende des Stücks; handschriftlich überliefert sind noch ein Botenbericht, der Iphigenies wundersame Ersetzung bei der Opferung durch eine Hirschkuh schildert, sowie ein Fragment aus einer Alternativfassung, in dem Artemis als ›dea ex machina‹ mit der Verheißung zu trösten scheint, sie werde das Mädchen entrücken und statt seiner eine Hirschkuh schlachten lassen. In beiden Fällen handelt es sich wohl um nach-euripideische Versuche, die Handlung mit der *Iphigeneia hē en Taurois* in Einklang zu bringen.

Schon auf die Zeitgenossen scheint das Stück seinen Eindruck nicht verfehlt zu haben: Die Trilogie, zu der es gehörte, errang bei ihrer postumen Aufführung den ersten Preis; an den Dionysien des Jahres 341 gab es eine Wiederaufführung. Euripides' Darstellung von Iphigenies Opfertod hat auch bedeutende Werke der bildenden Kunst angeregt (ein Gemälde des Timanthes um 400 v. Chr.; das bekannte Wandgemälde aus der ›Casa del poeta tragico‹ in Pompeji, das bis auf frühhellenistische Vorbilder zurückgeht). Rhinton von Tarent schuf eine parodistisch-possenhafte Nachbildung, der Römer Ennius eine tragische Bearbeitung. Für die Neuzeit hat Racine das Thema wiederentdeckt; seine *Iphigénie* (1674) übertrug Gottsched 1732 ins Deutsche.

HANS W. SCHMIDT / HEINZ-GÜNTHER NESSELRATH

Thukydides von Athen

* um 460/455 v. Chr. in Athen (Griechenland)
† nach 400 v. Chr. vermutlich in Athen (Griechenland)

Aus adliger Familie mit Beziehungen zu und Besitzungen in Thrakien; 430 Erkrankung an der in Athen wütenden Seuche; 424 als athenischer Stratege im Nord-Ägäis-Raum tätig; aufgrund seines dortigen Misserfolges verbannt; weitere Aufenthaltsorte unbekannt (vielleicht: Thrakien, Korinth, Sizilien oder wieder Athen nach 404).

Geschichte des peloponnesischen Krieges / Ho polemos tōn Peloponnēsiōn kai Athēnaiōn

Das zwischen 431 und etwa 400 entstandene Werk behandelt den als Peloponnesischen Krieg (431–404 v. Chr.) bekannt gewordenen langwierigen Konflikt zwischen Athen und Sparta sowie deren Bundesgenossen. Da das Werk unvollendet blieb, bricht die Schilderung der Ereignisse bei der Darstellung des Jahres 411 mitten im Satz ab; auch die Einteilung in acht Bücher stammt nicht vom Autor selbst, sondern von einem späteren Editor.

Thukydides erblickt im Ringen zwischen Athen und Sparta die gewaltigste und folgenschwerste Auseinandersetzung innerhalb der hellenischen Welt und sucht dies am Beginn seiner Darstellung (1,2–19) mit Hilfe eines Abrisses der griechischen Geschichte von ihren Anfängen bis zu seiner Zeit zu erhärten. Diese »Archäologie« stellt nicht nur die Ereignisse von der Zeit noch vor dem Trojanischen Krieg bis zu den Perserkriegen sehr komprimiert dar – wobei sie prähistorische Verhältnisse mit teilweise modern anmutenden methodischen Mitteln durchleuchtet –, sondern lässt auch schon wichtige Zentralgedanken und Leitprinzipien des Werks sichtbar werden. Ferner werden im ersten Buch die Ursachen und vorbereitenden Ereignisse des großen Ringens präsentiert; dabei unterscheidet Thukydides zukunftsweisend die aktuellen Anlässe – Streit zwischen Korinth und Kerkyra, darauf die Auseinandersetzung Korinths mit Athen, die Versammlung der peloponnesischen Bündnerstaaten in Sparta mit ihren Anklagen gegen Athen – von der eigentlichen Ursache, dem Unbehagen der Spartaner über die zunehmende Machtentfaltung Athens.

Bei der Schilderung des Kriegsgeschehens, die am Anfang des zweiten Buches einsetzt, stehen neben Episoden, die in schlichtem, chronikartigem Stil abgehandelt werden, Ereignisse, die der Autor ihrer Bedeutung wegen breit ausführt, wobei er die Voraussetzungen und Vorbereitungen in den beratenden Gremien der beteiligten Staaten jeweils ebenso gründlich darstellt wie die Auswirkungen auf den Verlauf des Krieges selbst. In solcher Weise werden jedoch nicht nur die faktisch zentralen Geschehnisse – etwa die athenischen Erfolge auf dem peloponnesischen Kriegsschauplatz (Besetzung von Pylos, Isolation und Überwältigung der spartanischen Hopliten auf Sphakteria im Jahr 425: 4,2–41) oder das große, aber zum Scheitern verurteilte sizilische Unternehmen Athens (Buch 6 und 7) – ausführlich vorgeführt, sondern ebenso Ereignisse, die zwar den Ausgang des Ringens nicht entscheidend beeinflussten, aber dem Historiker Thukydides bedeutsam genug erschienen, um an ihnen symptomatische, paradigmatische Züge zu demonstrieren, die das menschliche Wesen und die politische Haltung der führenden Persönlichkeiten beider Lager beleuchten oder das Kräftespiel und die Konstellationen im Inneren der einzelnen Staaten sichtbar machen.

Solche typischen Episoden ›präludieren‹ oft die entscheidenden Situationen, etwa das grausame Strafgericht der Athener über die vom Seebund abgefallene Stadt Mytilene (3,2–50), besonders aber die noch drastischeren Sanktionen gegenüber der Insel Melos, die, weil sie sich dem Zugriff der athenischen Macht widersetzt hatte, für ihren Wunsch nach Neutralität mit einem grauenvollen Blutbad an den Männern und mit der Versklavung der Kinder und Frauen bestraft wurde (5, 84–116). Die als Dialog gestaltete Verhandlung der Abgesandten Athens mit Melos' offiziellen Vertretern, der sogenannte ›Melierdialog‹, zeigt exemplarisch den totalitären Anspruch der athenischen Machtpolitik; aber auch das brutale Vorgehen der Spartaner gegen die nach dreijährigem Widerstand eroberte Stadt Plataiai, in dessen Folge der durch die Perserkriege ruhmreiche Ort geschleift wurde, ist extensiv dargestellt (3,52–68), ebenso das Ende des Bürgerkriegs auf Kerkyra, dem ein ungeheures Blutvergießen der siegreichen Demokraten an den gestürzten Oligarchen folgte (3,70–85).

Thukydides, der als athenischer Stratege selbst am Kriegsgeschehen beteiligt war und nach spartanischen Erfolgen bei Amphipolis (424) für 20 Jahre die Heimat meiden musste, steht den komplexen Ereignissen in und um diesen Krieg mit beeindruckender Objektivität gegenüber. Parteiliche Schwarz-Weiß-Zeichnung der Charaktere ist seiner Darstellung von Grund aus fremd. Den dominierenden Persönlichkeiten beider Seiten nähert er sich mittels einer gründlichen Analyse der Voraussetzungen ihres Handelns und lässt ihr Denken und Wollen sich in insgesamt über 40 Reden plastisch entfalten. So lehrt er uns etwa Perikles durch drei Reden – darunter die berühmte Leichenrede für die athenischen Gefallenen des ersten Kriegsjahres (2,35–46) – sowie einen Nachruf, der seine Fähigkeiten und politischen Ziele eingehend würdigt (2,65), verstehen. Den lauteren, gottesfürchtigen Nikias (7,86) und den genialen, aber zwielichtigen Alkibiades lässt er vor Beginn der sizilischen Expedition in einem großen Redeagon aufeinandertreffen, der zu den eindrucksvollsten Partien des Werks zählt (6,9–23). Aber auch der Exponent der sizilischen Seite, Hermokrates, und der Spartaner Brasidas kommen mehrmals als Redner zu Wort und prägen sich dem Gedächtnis des Lesers als markante Gestalten ein.

Treibender und auslösender Faktor des geschichtlichen Geschehens ist für Thukydides immer und überall die Macht und das Streben nach ihr, die sich im Mittelmeerraum natürlicherweise als Herrschaft zur See manifestiert: Die Herrschaft zur See macht Athens überragende Stellung zu Beginn des Krieges aus, das gescheiterte Seeunternehmen nach Sizilien führt die entscheidende Wende herbei. Von einem Wirken der Götter erfahren wir in diesem Spiel der Kräfte nichts, und wo von ›tychē‹ (Schicksal) die Rede ist, handelt es sich bloß um das Moment des Zufalls, dem alles Planen und Wagen ausgesetzt bleibt.

Thukydides' Anspruch, sein Werk weniger für einen Augenblickserfolg vor zeitgenössischem Publikum denn als »Besitz für alle Zeit« (»ktēma es aiei«) geschaffen zu haben, ist wohlbegründet: Allenthalben transzendiert er die individuelle Situation in Richtung auf das Allgemeingültige und Typische; in allen Phasen des beschriebenen konkret-zeitlich fixierten Kräftemessens kehrt er die zeitlosen Konstellationen und ihre Folgen hervor, die sich für ihn mit der Notwendigkeit eines Naturgesetzes ergeben. So begreift er im politischen Bereich die Fülle der Phänomene weitgehend als Produkt von konstanten Grundkräften, deren variantenreiches Zusammenspiel die schillernde, sich ständig verändernde Oberfläche des Geschehens gestaltet. Entfaltungsbereich dieser konstanten Kräfte und zugleich Garant ihres regelmäßigen Wirkens ist das Wesen des Menschen (»to anthrōpinōn«), in der Geschichtsauffassung des Thukydides geradezu ein Schlüsselbegriff. Hat der Geschichtsschreiber durch solche Analysen des Einzelereignisses die diagnostischen Fähigkeiten seines Lesers geschärft, wird dieser imstande sein, auch neue Situationen in ihrem Kern zu durchschauen und ihnen wohlgerüstet zu begegnen.

Methodischer Ausdruck der Objektivität des Thukydides ist sein Bemühen, die Darstellung auf das erreichbare Höchstmaß authentischer Zeugnisse zu gründen. Dazu gehören für die Gegenwart Autopsie und Augenzeugenberichte; für die Vergangenheit gewinnen urkundliche Texte an Bedeutung, doch muss in den weiter zurückliegenden Epochen zumeist mit dem »Wahrscheinlichen« vorlieb genommen werden, das Thukydides für die älteste Zeit mittels einer selektiven Methode etwa aus den Epen Homers erschließt.

Zwar ist die Gesamtkomposition des Werks an die Abfolge der kriegerischen Ereignisse gebunden, doch wird das nach Sommern und Wintern ausgerichtete annalistische Schema durch eingelegte Reden, Exkurse über die Vergangenheit oder Reflexionen, die immer wieder ins Prinzipielle vorstoßen, vielfach durchbrochen und verdeckt. Die stilistische Formung des Werkes richtet sich nach der inhaltlichen Linie aus: In den Partien, die einfach Fakten aneinanderreihen, herrscht der schlichte Tonfall von Chroniken vor; an den Schwerpunkten der Darstellung hingegen verdichtet sich die Sprache zu schweren, antithetisch geformten und mit gehäuften Nominalbildungen befrachteten Sätzen, in denen das fast ängstliche Vermeiden einer ebenmäßigen Gliederung und paralleler Ausdrucksweise bereits dem antiken Leser erhebliche Schwierigkeiten bereitete und auch dem heutigen das Verständnis erschwert.

Obwohl Thukydides in der nachfolgenden Periode erst von Aristoteles namentlich erwähnt wird, ist sein rasch einsetzender weitreichender Einfluss unverkennbar. Die *Hellēnika Oxyrhynchia (Hellenika von Oxyrhynchos)* und die *Hellēnika (Griechische Geschichte)* des Xenophon wie auch die des Theopompos schließen dort an, wo Thukydides' Werk aufhört. Andere Schriftsteller wie Isokrates verraten durch literarische Polemik, die sich nur auf Thukydides beziehen kann, eine intime Kenntnis seines Werkes. Um die Mitte des 1. Jh.s v. Chr. genoss Thukydides auch in Rom hohe Anerkennung, u. a. als Stilist – man denke etwa an den Historiker Sallust –, was wiederum die polemischen Reaktionen des Dionysios von Halikarnassos und auch Ciceros hervorrief. Unter den römischen Historikern der Kaiserzeit lassen besonders Tacitus und Ammianus Marcellinus den Einfluss des Thukydides erkennen, der mittlerweile zum Schulautor geworden war (wie die reiche philologische Kommentierung seines Werks bezeugt).

Im Mittelalter war Thukydides in Westeuropa unbekannt, aber die lateinische Übersetzung des Lorenzo Valla (1452) verschuf ihm neue Resonanz. Machiavellis *Principe* (1513) trifft sich in so wesentlichen Punkten mit der Geschichtsauffassung des Thukydides, dass man an direkte Einwirkung gedacht hat (etwa durch die erwähnte lateinische Übersetzung). Im England des 17. Jh.s spiegelte sich die Begeisterung für den Autor in mehreren Ausgaben seines Werks sowie in dem überschwänglichen Lob aus dem Mund von Hobbes oder David Hume. Die deutsche Geschichtsschreibung Barthold Georg Niebuhrs oder Leopold von Rankes im 19. Jh. stellte sich sogar explizit in die direkte Nachfolge dieses größten Historikers des klassischen Altertums.

OSWALD PANAGL / HEINZ-GÜNTHER NESSELRATH

Platon

* 428/427 v. Chr. in Athen (Griechenland)
† 348/347 v. Chr. in Athen (Griechenland)

Angehöriger einer hochadligen Familie; ab etwa 408 v. Chr. Schüler des Sokrates; nach Sokrates' Hinrichtung 399 kurzer Aufenthalt bei Eukleides von Megara; ab 399 auch schriftstellerische Tätigkeit; 398–388 Reise nach Ägypten, Kyrene, Unteritalien, Syrakus (zu Dionysios I.; Dion); 388/87 Gründung der Akademie (bedeutendste Universität der antiken Welt); 366–365 zweite Reise nach Syrakus (zu Dionysios II.), 361–360 dritte Reise; im letzten Lebensjahrzehnt öffentliche Vorlesung »Über das Gute«.

Phaidon / Phaidōn

Der dem Mittelwerk (etwa 387–367 v. Chr.) zugehörige Dialog gilt neben *Symposion* und *Politeia* als Kronzeuge für die platonische Ideenlehre. Sowohl die einleitende Rahmenszenerie – Phaidon und Echekrates unterhalten sich über den Tod des Sokrates – als auch die sich daraus ergebende Schilderung von Sokrates' letzten Stunden im Gefängnis im Kreis seiner Freunde sind mit großer Freude am Detail ausgeführt. Aus der erzählten Handlung (Tod des Sokrates und seine Vorbereitung) ergibt sich als natürliches Gesprächsthema »das Verhältnis des wahren Philosophen zum Sterben«. Das bleibt dabei nicht auf den Tod des Sokrates beschränkt, sondern spiegelt die Polarität von Leben und Sterben schlechthin und zeigt die Bewährung der ›Sokratischen Existenz‹ im Angesicht des Todes. Das Biographische wird vom Typischen verdrängt; »der Tod des Sokrates« wird ohne Umschweife interpretiert als »das Verhältnis des wahren Philosophen zu Leben und Sterben«.

Wie das *Symposion* besteht der *Phaidōn* aus einem Kranz von Erörterungen, die alle um ein Thema kreisen: Ein Philosoph solle sich geradezu auf den Tod freuen, denn dann sei die Seele der lästigen Fesseln des Körpers ledig. Sokrates zeigt sich als unmittelbare Verkörperung dieser These, indem er diesen seinen letzten Lebenstag in unerschütterlich-heiterer Gelassenheit durchlebt. Er muss seine Freunde freilich vor allem davon überzeugen, dass die menschliche

Seele wirklich den Körper überlebt. So legt er in einer Reihe von ›Unsterblichkeitsbeweisen‹ aus immer neuen Blickwinkeln dar, dass die Seele sowohl vor der Geburt eines Menschen schon existierte als auch nach seinem Tod weiterlebt. Die beiden ersten Gedankengänge gehören eng zusammen: Da nach alter Weisheit alles aus seinem Gegenteil entsteht, also auch Leben und Tod, müssen die Seelen nach dem Tod der Menschen weiterbestehen, um wieder ins Leben eingehen zu können. Dies wird am Phänomen der Wiedererinnerung (›anamnēsis‹, vgl. *Menōn*) gezeigt: Der Mensch hat vor aller Erfahrung bereits ein Wissen von den unwandelbaren ›Begriffen‹ und ›Gestalten‹ der Dinge in sich. Kann man aber, wird eingewendet, aus der damit erwiesenen Präexistenz der Seele folgern, dass sie auch nach dem Tod weiterlebt? Anhand verschiedener Analogieschlüsse zeigt Sokrates in einem dritten Gedankengang, dass dies in der Tat so sei: Im menschlichen Erkenntnisprozess befasst sich die Seele mit dem Unsichtbaren, immer Bleibenden, während der Körper der wandelbaren Welt der Sinne zugehört. Beide aber sind dem ähnlich, womit sie sich befassen (also die Seele dem Unvergänglichen, Göttlichen), und beiden wird mit dem Tod das ihnen gemäße Schicksal zuteil: Die Seele geht in die Welt des Göttlichen ein, der Körper vergeht. Seelen, die sich im Leben zu sehr mit dem Körper eingelassen haben, fällt es freilich schwer, sich beim Tod endgültig von ihm zu lösen. Nur wer wahrhaft als Philosoph gelebt hat, dessen Seele wird sich am Ende als des Göttlichen würdig erweisen. Mit dieser protreptischen Mahnung schließt der erste Teil des Dialogs.

Der zweite dient der kritischen Überprüfung und nochmaligen Begründung des in der ersten Hälfte Dargelegten. Abermals nämlich gibt es gewichtige Einwände gegen die von Sokrates behauptete Unsterblichkeit der Seele: Könnte man sich die Seele nicht als eine Art Harmonie des Körpers vorstellen, die wie die Harmonie einer Leier dem Untergang geweiht ist, wenn die Leier bzw. der Körper vernichtet wird? Und wäre es nicht denkbar, dass die Seele zwar viel dauerhafter ist als ein Körper, am Ende aber doch auch selbst untergeht? Während Sokrates den ersten Zweifel u.a. unter Hinweis auf die nicht bestrittene ›anamnēsis‹ rasch beheben kann, muss er bei dem zweiten Einwand weiter ausholen: Enttäuscht von den Lehren der

Naturphilosophen bis hin zu Anaxagoras, habe er selbst die Ursachen des Entstehens und Vergehens ergründen wollen, unter der Annahme, dass man die Wahrheit über die Dinge nur im Denken, nie mit sinnlicher Erfahrung fassen könne. Dabei habe er entdeckt, dass alle Dinge bestimmte Eigenschaften vermöge einer Teilhabe am Wesen dieser Eigenschaften haben (etwas ist schön, weil es an der ›Schönheit selbst‹ teilhat). Dies leitet in den vierten und letzten Anlauf zum Nachweis der Unsterblichkeit der Seele über: Es gibt Wesenheiten, die niemals miteinander eine Verbindung eingehen (so wie Schnee nie mit Feuer oder Wärme); genauso ist die Seele immer mit der Wesenheit ›Leben‹ verbunden, kann aber nie eine Verbindung mit deren Gegenteil ›Tod‹ eingehen, ist also unsterblich.

Phantasmagorisch krönender Abschluss des zweiten Teils ist – wie in *Gorgias* und *Politeia* – ein großer eschatologischer Schlussmythos, in dem Sokrates ein Bild vom Aufbau der ›wahren‹ Welt und der Unterwelt entwirft und die Schicksale beschreibt, die Seelen darin entsprechend ihrem jeweiligen Lebenswandel zu erleiden haben. Mit einer Schilderung der letzten Lebensstunden des Sokrates endet der Dialog.

Was dem *Phaidōn* zu allen Zeiten immense Wirkung verlieh, ist die abgeklärte Rationalität, mit der sich Sokrates hier die in seinen pythagoreisch-mystisierenden Elementen (Seelenwanderung, Jenseitsvorstellung) enthaltenen ethischen Postulate zu eigen machte. Die unerschütterliche Ansicht vom absoluten Vorrang des Geistes gegenüber dem Körper, mit der er vor Gericht (*Apologia*), in der Haft (*Kritōn*) und noch in der Todesstunde daran festhielt, im Recht zu sein und das Rechte zu tun, ließ ihn zu einer der Modellgestalten des Griechentums werden.

EGIDIUS SCHMALZRIEDT / HEINZ-GÜNTHER NESSELRATH

Politeia / Politeia

Der Dialog gehört zum Mittelwerk (etwa 387–367 v. Chr.) des Autors. Sein erstes Buch erinnert in manchem (sorgfältige Rahmengestaltung, Hinführung zum Gesprächsthema ›Gerechtigkeit‹, die mehrfach ergebnislosen Versuche einer Begriffsdefinition, die Feststellung der Aporie am Ende) an eine Reihe von Frühwerken (vgl. *Prōtagoras*, *Iōn*, *Euthyphrōn*, *Lachēs*, *Charmidēs* oder *Lysis*). Die von dem ›Radikalsophisten‹ Thrasymachos vertretene These von der Gerechtigkeit als dem Recht des Stärkeren erinnert sehr an die Worte des Kallikles im *Gorgias*. Doch ist diese die *Politeia* eröffnende Diskussion auch sorgfältig in das Gesamtgespräch integriert. Vielleicht hat Platon hier bewusst eine Einleitung im ›Frühstil‹ konzipiert. Die Funktion des ersten Buches besteht jedenfalls in dem Nachweis, dass eine rein elenktische Analyse in der Manier eines ›Sophistendialogs‹ bei der Frage nach dem Wesen der Gerechtigkeit nicht genüge, sondern dieses Problem nur in gründlicherer Aufarbeitung zu bewältigen sei.

Der Übergang dazu vollzieht sich zu Beginn des zweiten Buchs im Gespräch des Sokrates mit Glaukon und seinem Bruder Adeimantos, die nunmehr zu den Hauptgestalten des Dialogs werden. Die folgende Diskussion soll nicht nur die Überlegenheit der Gerechtigkeit über die Ungerechtigkeit aufweisen, sondern auch ihre Bedeutung für das menschliche Streben nach ›eudaimonia‹ (Glück) darlegen. Um eine

derartige Untersuchung überhaupt durchführbar zu machen, schlägt Sokrates vor, dem Phänomen der Gerechtigkeit zunächst nicht beim Einzelmenschen nachzuspüren, sondern es an einem exemplarischen Modell zu untersuchen, an dem es sich in viel größerem Maßstab zeige und deshalb leichter ablesen lasse: am Modell einer ›polis‹, eines (Stadt-)Staates. In der Konstruktion des Idealmodells einer solchen ›polis‹ sollen Werden und Wesen der Gerechtigkeit sichtbar werden.

Das Gemeinwesen, das Sokrates dann im Gespräch mit Glaukon und Adeimantos entstehen lässt, ist ein Staat mit drei Ständen: den Arbeitenden, d.h. Bauern, Handwerkern usw. (›dēmiurgoi‹), den Wächtern (›phylakes‹) sowie den Herrschern (›archontes‹). Beim untersten Stand gehen die Gesprächspartner nicht weiter ins Detail. Die Hauptursache dafür liegt in der Ansicht, dass bei idealer Vollendung des gesamten Staatsgebäudes auch der unterste Stand automatisch das höchste ihm erreichbare Glück finde. Um eine einsichtige Lenkung und Führung dieses Staates zu gewährleisten, müssten die dazu Bestimmten richtig erzogen werden. Damit rückt die Frage der rechten Erziehung (›paideia‹) – zunächst des Wächterstandes – ins Zentrum. Wichtigstes Moment der Erziehung der Wächter sei eine angemessene musische Bildung; besondere Aufmerksamkeit wird dabei der Literatur gewidmet: Die traditionelle Literatur mit ihren

Göttermärchen und unwahren Heroengeschichten, die nur zu Unbeherrschtheit und Leichtfertigkeit verleiteten, sei für die Erziehung der Wächter – aber auch der künftigen Herrscher, die sich aus den talentiertesten Wächtern rekrutieren – unbrauchbar und solle aus dem geplanten Gemeinwesen ausgeschlossen bleiben.

Im vierten Buch wird eine erste Anwendung des Modells versucht, um die Gerechtigkeit beim Einzelmenschen zu bestimmen. Für jeden der drei Stände sei eine der vier Kardinaltugenden charakteristisch: für die Herrscher die Weisheit, für die Wächter die Tapferkeit, für die ›dēmiurgoi‹ das besonnene Maßhalten. Die vierte Kardinaltugend aber, die Gerechtigkeit, herrsche dann, wenn jeder der drei Stände »das Seine« täte, d.h. die ihm zukommende Tugend vollkommen erfülle. Die Gerechtigkeit ermögliche dann die harmonische Einheit, die das Ganze funktionsfähig mache. Überträgt man dies auf die Seele des Einzelmenschen, treten an die Stelle der drei Stände die drei Seelenteile (vgl. noch das Seelenmodell des *Phaidros*): den Herrschern entspricht die Vernunft (›logistikon‹), den Wächtern das emotional geprägte »Muthafte« (›thymoeides‹), dem dritten Stand der Bereich der Triebe (›epithymētikon‹).

Der Beginn des fünften Buches erörtert zwei staatspolitische Idealforderungen, die ebenso spektakulär wie revolutionär klingen und daher zu den berühmtesten und meistdiskutierten Theoremen der *Politeia* geworden sind: zum einen die Beseitigung jeden Privatbesitzes bis hin zur Sozialisierung des ›Besitzes‹ an Frauen und Kindern, d.h. bis zur Frauen- und Kindergemeinschaft; zum anderen die absolute Gleichstellung von Mann und Frau aufgrund der prinzipiellen Gleichwertigkeit ihrer natürlichen Anlagen. Die Frage, ob ein solches Gemeinwesen überhaupt real existieren könne, wird unter einer Voraussetzung bejaht: Einen solchen Staat werde es nur geben können, wenn die Philosophen die Herrscher seien oder wenn die jetzt Herrschenden zu Philosophen werden.

Die Begründung dieser These schafft die Gelegenheit, nun in einem breit ausgeführten Mittelteil (vom Ende des fünften bis zum siebten Buch) – dem Höhepunkt des ganzen Werkes – das nachzutragen, was bisher noch völlig außer Betracht geblieben war: die Erziehung der Herrscherphilosophen, die eine gründliche, sich bis zum

50. Lebensjahr erstreckende Einweisung in die Wissenschaft der Dialektik und der von ihr abhängigen propädeutischen Wissenschaften (Arithmetik, Geometrie, Stereometrie, Astronomie, Harmonielehre) umfasst. Anhand des Sonnengleichnisses werden Grundlage, Maßstab und Ziel dieser ›paideia‹ erörtert, nämlich die höchste Erkenntnis in der Schau der reinen ›Gestalt des Guten‹ (›idea tu agathu‹). Danach gibt das Liniengleichnis einen ersten Einblick in die Struktur des von der höchsten Einsicht abhängigen Wissenskomplexes, und das Höhlengleichnis beschreibt den Weg des Aufstiegs von den minderen Erkenntnisstufen hin zur Erkenntnis der ›idea tu agathu‹. Von diesem Höhepunkt führt die Darlegung dann spiegelbildlich über eine Erörterung des Charakters der vom Höchsten abhängigen propädeutischen Wissenschaften und eine Erläuterung des Wesens der höchsten Wissenschaft, d. h. der ›dialektikē‹, wieder zurück zu allgemeinen Hinweisen zur ›paideia‹ der Philosophenherrscher.

92 Die Bücher 8 und 9 mit ihrem völlig anderen Thema bilden ein genaues Pendant zum ersten Hauptteil: Wurden dort in der ideellen Konstruktion eines Staatsgebildes Wesen und Werden der Gerechtigkeit analysiert, wird nun anhand der vier nach Platons Ansicht schlechten Staatsformen Timokratie, Oligarchie, Demokratie und Tyrannis sowie der ihnen entsprechenden Seelenzustände des Individuums das Wesen der Ungerechtigkeit und ihr Verhältnis zur angestrebten Glückseligkeit untersucht. Diese kompositorische Umkehrung setzt sich im zehnten Buch fort: Auch die nochmalige Diskussion der Ausschließung der Dichtkunst aus dem idealen Staatswesen – jetzt neu durch die im Mittelteil explizierte Ideenlehre begründet – ist eine Spiegelung, die die im zweiten und dritten Buch erörterten Fragen vertieft. Am Ende des Werks markiert der Preis der Gerechtigkeit und ihres Lohnes im Leben wie im Tod, gekrönt von einem Schlussmythos über das Schicksal der Seele nach dem Tod (vgl. *Gorgias* und *Phaidōn*), den extremen Kontrapunkt zum einleitenden Gespräch mit seinem Preis der Ungerechtigkeit durch Thrasymachos.

Dass man den in der *Politeia* entwickelten Staatsentwurf nicht als reine Utopie abtun darf, gibt Platon selbst an verschiedenen Stellen des Dialogs zu verstehen: Die Freundschaften, die er auf seiner ersten Reise nach Sizilien (388/87 v. Chr.) schloss – besonders mit Dion, dem Schwager des Tyrannen Dionysios I. von Syrakus –, könnten dazu geführt haben, dass ihm die Verwirklichung seiner staatspolitischen Vorstellungen möglich erschien (vgl. den 7. *Brief*). Auf jeden Fall begründete die *Politeia* die Tradition des große theoretische Staatsentwürfe präsentierenden ›Staatsromans‹, die mit Thomas Morus' *Utopia* (die sich in ihrem Einleitungsgedicht explizit als Rivalin der *Politeia* einführt) ihren Namen erhielt.

EGIDIUS SCHMALZRIEDT / HEINZ-GÜNTHER NESSELRATH

Das Gastmahl / Symposion

Der zum Mittelwerk (etwa 387–367 v. Chr.) gehörende Dialog gilt allgemein als Platons literarisches Meisterwerk.

Der einleitende Rahmendialog führt eine komplexe Schachtelung vor: Apollodoros erzählt von einem Gespräch, das er vor kurzem mit Glaukon über das berühmte Gelage führte, das der Dichter Agathon nach seinem ersten Tragödiensieg (am Lenäenfest 416 v. Chr.) veranstaltet und an dem auch Sokrates teilgenommen hatte. Gegenüber Glaukon hat Apollodor jedoch eine sichere Quelle für alle Einzelheiten des Festes: Aristodemos, der zusammen mit Sokrates dort war. Eine weitere Erzählebene wird in der Rede des Sokrates konstitutiert, der das in seiner Jugend von der weisen Diotima Gehörte berichten wird. Die ganze Verschachtelung spiegelt literarisch die in dieser Sokrates-Rede vorgetragene zentrale philosophische These: dass der Mensch Einsicht in die Wahrheit nur in langsamer, schrittweiser Annäherung gewinnen könne.

Wie Aristodem erzählte, bewegte ihn Sokrates an jenem Tag unter mancherlei Scherzen dazu, auch ohne Einladung zu Agathons Feier mitzukommen, doch unterwegs blieb Sokrates plötzlich gedankenversunken stehen und traf erst ein, als das Festessen schon halb vorüber war. Auf dem Fest beschloss man, einen Wettstreit in Lobreden auf Eros zu veranstalten. Die wichtigsten davon – die des Phaidros, Pausanias, Eryximachos, des Komödiendichters Aristophanes, des Tragikers Agathon, des Sokrates und schließlich (nach einem turbulenten Intermezzo) die des Alkibiades – kann Aristodem noch berichten.

Die Rede des Phaidros preist wie eine traditionelle Götter-Aretalogie die Größe und die Macht des Liebesgottes. Die differenziertere

Rede des Pausanias entfaltet einen doppelten Eros: den nur der Lust frönenden »Erōs pandēmos« (den »Allerweltseros«) und den »Erōs uranios« (den »himmlischen«), der Liebende wie Geliebte dazu bringe, sich wetteifernd um immer größere Vollkommenheit und Erkenntnis zu bemühen. Laut Eryximachos hält der gute Eros alles im All im rechten Gleichgewicht. Aristophanes entwirft einen phantasmagorisch-großartigen Mythos von der kugelförmigen Urgestalt des Menschen mit vier Armen, vier Beinen und zwei Gesichtern. Dieser Urmensch wurde von den Göttern zur Strafe für seinen Hochmut entzweigeschnitten, und nur Eros lässt die ursprünglich zusammengehörenden Hälften sich in der Liebe wieder vereinigen und so zu ihrem ursprünglichen Wesen zurückfinden. Danach stimmt der Gastgeber Agathon einen musikalisch-rhythmisierten Prosahymnos von gorgianischer Brillanz über Wesen und Gaben des Eros an.

Der von Agathon geerntete Beifall bringt Sokrates in Verlegenheit: Er habe geglaubt, es komme nicht darauf an, in möglichst schönen Worten Schönes, sondern nur die Wahrheit zu sagen. Als man ihm konzediert, auf seine Weise zu sprechen, beginnt er einen Dialog mit Agathon, der dann in den mit der weisen Seherin Diotima aus Mantineia übergeht, in dem er selbst einst die gleichen Fragen über sich ergehen lassen musste wie jetzt. Da zeigt sich, dass alles von Agathon und seine Vorrednern über Eros Gesagte falsch war: Eros ist weder schön noch gut, sondern etwas zwischen schön und hässlich; auch ist er kein Gott, sondern ein Daimon, ein Wesen zwischen Gott und Mensch, ein Vermittler zwischen Göttlichem und Menschlichem. Die Menschen lässt er durch die Liebe zum Schönen an der Unsterblichkeit der Götter teilhaben, indem er über Stufen von der Liebe zum schönen menschlichen Körper bis hin zur »mystischen Erkenntnisschau« des reinen Göttlich-Schönen führt.

Kaum hat Sokrates geendet, stürmt in ausgelassener Trunkenheit der schöne Alkibiades in den Saal, muss aber nun auch eine Lobrede halten und wählt sich als Thema – Sokrates; doch werden auch seine Worte zu einem Hymnos auf Eros, denn es zeigt sich, dass Eros die ganze Zeit leibhaftig unter den Symposiasten war – in Gestalt des Sokrates: Dieser ist selbst ein solches von Diotima beschriebenes dämonisches Mittelwesen zwischen Gott und Mensch, zwar von außen hässlich, innen aber wunderbar schön, immer auf der Jagd nach Schönem und Schönen, andere mit unwiderstehlicher Liebe an sich ziehend und mit seinen Reden und seinem Verhalten zu ganz anderen Dingen bewegend, nämlich zur Philosophie. Dabei ist er keineswegs ein Feigling oder Kostverächter, sondern zeigt bei Strapazen wie Trinkgelagen immer größere Ausdauer als alle anderen. Das beweist er auch am Ende dieses Gelages: Als die übrigen längst vom Wein und Schlaf überwältigt sind, erhebt sich Sokrates als einzig Wachgebliebener, um wie gewohnt seinen Tag zu verbringen.

Der Zauber dieses Dialogs beruht auf der spielerischen und zugleich raffinierten Komposition der sieben Reden, auf der spezifisch platonischen Sprache, die hier in ihrer souveränen Mischung von Ernst und Heiterkeit auf dem Höhepunkt ihrer Ausdrucksmöglichkeiten angelangt ist, auf der – didaktisch und literarisch – bestechenden Weise, mit der abstrakte philosophische Theoreme in poetische Bilder verwandelt werden und schließlich auf der besonderen Art von Erotik, die zumal in der Figur des Sokrates auf unnachahmliche Weise Plastizität gewinnt. – Für die Antike war das *Symposion* das unerreichte Modell der sehr beliebten Gattung Symposienliteratur. Als in Florenz die große Platon-Renaissance der Neuzeit einsetzte, war wiederum das *Symposion* eines der am meisten begeisternden Vorbilder, wie vor allem Marsilio Ficinos Symposionkommentar *De amore (Über die Liebe oder Platons Gastmahl)* belegt.

EGIDIUS SCHMALZRIEDT / HEINZ-GÜNTHER NESSELRATH

Timaios / Timaios

Als eines der letzten Werke des Autors (entstanden zwischen 360 und 350 v. Chr.) galt der Dialog bis zum Beginn der Neuzeit als sein Hauptwerk. In Raffaels *Schule von Athen* ist es der *Timaios*, den Platon den *Ēthika* des Aristoteles entgegenhält. Lange war er die einzige im lateinischen Westen bekannte Schrift des Philosophen, dank einer Teilübersetzung Ciceros und einer kommentierten Ausgabe des christlichen Neuplatonikers Chalcidius aus Cordoba (um 400 n. Chr.). Im *Timaios* äußert sich ein Philosoph, dessen ganzes Forschen auf das unveränderliche Sein der Ideen ausgerichtet ist, bemerkenswerterweise über die Natur des ständigem Wechsel unterworfenen Kosmos.

Nach einem Eingangsgespräch zwischen Sokrates, Kritias, Timaios und Hermokrates, das an eine angebliche Vortagsdiskussion über den besten Staat anknüpft und mit einer vorwegnehmenden Skizze der Atlantis-Erzählung den anschließenden Dialog *Kritias* vorbereitet, beginnt der Pythagoreer Timaios aus Lokroi in Unteritalien eine zusammenhängende Darlegung über die Entstehung der sichtbaren Welt, die drei etwa gleichlange Abschnitte umfasst, von denen jeder mit grundsätzlicheren methodischen und ontologischen Überlegungen beginnt.

Am Anfang erbittet sich Timaios in einem Götteranruf Unterstützung für seine schwierigen Darlegungen und etabliert eine grundlegende Unterscheidung zwischen Sein und Werden; der Kosmos gehört dem Werden an und ist daher sinnlich wahrnehmbar. Da Timaios über die Welt des Werdens sprechen wird, wird er nur eine »wahrscheinlich klingende Erzählung« bieten können. Der erste Teil stellt das Wirken der Vernunft (›nus‹), also des teleologischen Prinzips, in Gestalt des göttlichen Demiurgen dar. Dieser wendet sich zuerst dem Bau des Weltkörpers zu, der dann mit der Weltseele zusammengefügt wird (deren Aufbau anschließend nachgetragen wird). Auch die Erschaffung der Zeit und der Planeten durch den Demiurgen, der lebenden Wesen, des Menschen und seiner Seele durch die ebenfalls vom Demiurg geschaffenen Untergötter gehört noch dem Wirken des ›nus‹ an.

Das zweite Proömium enthält einen erneuten Götteranruf und weitere grundsätzliche Überlegungen: Nach der Vernunftursache (›nus‹) ist im Werden des Kosmos auch die Ursache der blinden Notwendigkeit (›anankē‹) darzustellen, also des rein kausalen Prinzips, das als Mit-Ursache (›synaition‹) schon in der Grundstruktur der vier Elemente wirksam ist. Ferner ist neben Sein und Werden eine schwierige und dunkle ›dritte Art‹ als Aufnehmerin und Amme des Werdens anzusetzen: der Raum (›chōra‹), erkenntnismäßig wie ontologisch in der Mitte zwischen Sein und Werden. Von der ›anankē‹ her werden die vier Elemente und ihre gegenseitigen Übergänge, die übrigen Grundstoffe und die Sinneswahrnehmungen erklärt. Die Behandlung des Gesichtssinns führt zurück zu der Würdigung des Auges vom teleologischen Standpunkt aus, die am Ende des ersten Hauptteils stand.

Zu Beginn des dritten Teils kehrt die Darstellung kurz zusammenfassend zum Anfang zurück, um sich dann bis zum Dialogende der gegenseitigen ›Verwebung‹ beider Ursachen (›aitiai‹) im Leben des Kosmos zuzuwenden. Der dritte Teil erklärt aus der Verbindung beider Prinzipien die Entstehung der sterblichen Seelenteile, des Körpers und der Körperteile, der Pflanzen, der physiologischen Vorgänge, der Krankheiten, der Frauen und der übrigen Lebewesen.

Der bedächtigen, mit Rückgriffen und Wiederholungen arbeitenden Gedankenführung entspricht der Sprachstil des *Timaios*, vielleicht die großartigste Ausprägung eines persönlichen Altersstils in der Weltliteratur. Hier steht knappe Deduktion neben hochtönender Mythographie; mit Wiederholungen, Neufassungen, Vergewisserungen, Parenthesen, Zwischenreflexionen und immer wieder übereinandergetürmten Bildern schreitet die »wahrscheinliche Darlegung oder Erzählung« (›eikōs logos‹, ›eikōs mythos‹) als die dem Seinsbereich der ›doxa‹ angemessene Darstellungsart voran. Gerade der Verzicht auf scheinbar exakte, gültige Aussagen schafft den Freiraum für umfassende Hypothesenbildung. Von der Empirie sind diese Hypothesen inzwischen weit überholt, von der metaphysischen Problematik jedoch immer noch aktuell und in ihrem methodischen Ansatz stets anregend. Nachzurechnen, was Platon richtig oder falsch gesehen habe (etwa dass er die zentripetale Wirkung der Schwerkraft und die Existenz von Antipoden richtig erkannte und vielleicht schon die Achsendrehung der Erde erwog), ist relativ belanglos; für eine philosophisch orientierte Naturwissenschaft bleibt der *Timaios* einer der tiefgründigsten Modell-Entwürfe, die Antike und Neuzeit hervorgebracht haben.

DIETRICH MANNSPERGER / HEINZ-GÜNTHER NESSELRATH

Aristoteles

* 384 v. Chr. in Stagira, Chalkidike/Thrakien (Griechenland)
† Oktober 322 v. Chr. in Chalkis/Euböa (Griechenland)

Sohn von Nikomachos, dem Leibarzt des Königs Amyntas III. von Makedonien; ab 367 Besuch der Akademie Platons in Athen; verließ die Stadt 347 nach dessen Tod aufgrund anti-makedonischer Spannungen; 345/44 Übersiedlung nach Mytilene auf Lesbos, Bekanntschaft mit Theophrastos, seinem bedeutendsten Schüler; 343/42 von König Philipp II. zum Erzieher seines Sohnes Alexander an den Hof in Pella berufen; 335/34 Rückkehr nach Athen, Lehrer am Lykeion; Gründung des Peripatos im juristischen Sinn erst durch Theophrast; 323 nach Alexanders Tod aufgrund der Auflehnung gegen die makedonische Vorherrschaft Umsiedlung nach Chalkis; seine durch Andronikos von Rhodos um 30 herausgegebene Schriften umfassen sämtliche philosophischen Disziplinen.

Die Ethiken

Im *Corpus Aristotelicum* sind drei inhaltlich eng verwandte, nicht näher datierbare Schriften zur Ethik überliefert: die *Nikomachische Ethik* (NE, *Ēthika Nikomacheia*, zehn Bücher), die *Eudemische Ethik* (EE, *Ēthika Eudēmeia*, acht Bücher) und die *Magna Moralia* (MM, *Ēthika megala*, Große Ethiken, zwei Bücher). Die *Eudemische Ethik* gilt oft als älter als die *Nikomachische Ethik*, die *Magna moralia* gelten oft als eine (eventuell nach-aristotelische) Zusammenstellung auf der Basis von *Nikomachischer Ethik* und *Eudemischer Ethik* von Hand eines Mitglieds der aristotelischen Schule. Die in den Titeln genannten Personen sind nicht sicher identifizierbar: Nikomachos könnte Aristoteles' Vater oder Sohn, Eudemos Aristoteles' Schüler gewesen sein. Ihre Funktion in Bezug auf die *Nikomachische Ethik* bzw. die *Eudemische Ethik* ist unklar. Die *Magna moralia*, das kürzeste Werk, verdanken ihren Titel wohl der größeren Länge der ursprünglichen Buchrollen. Wie die übrigen erhaltenen Werke des Aristoteles dürften auch die Ethiken in der vorliegenden Form nicht für eine Publikation vorgesehen gewesen sein.

In der Tradition spielte fast nur die *Nikomachische Ethik* eine Rolle. Großen Einfluss erhielt sie im lateinischen Westen ab dem 13. Jh., einen gewissen Einfluss in der Philosophie der Gegenwart u.a. in Verbindung mit der Diskussion zur Tugendethik. In ihrer scharfsinnigen und empirisch reichhaltigen Analyse zu allen Bereichen des Handelns, das als solches für Glück relevant ist, ist die *Nikomachische Ethik* in manchen Bereichen ein Gegenstück zu Platons *Politeia* (*Der Staat*) – der sie wichtige Anregungen verdankt – und eines der bedeutendsten Werke der westlichen Ethik überhaupt.

Gegenstand der *Nikomachischen Ethik* ist die Bestimmung der »eudaimonia« (Glück), d.h. des besten Guts, das für einen Menschen überhaupt durch eigene Aktivität erreichbar ist, sowie die Erörterung der wesentlichen Voraussetzungen dieses Guts, und hier insbesondere des Charakters (»ēthos«, daher ›Ethik‹). Die Erörterung erfolgt unter Blick auf die Perspektive von Personen, die in der Polis für die Verwirklichung von Glück tätig und vor allem für die Formung des Charakters verantwortlich sind.

In Abgrenzung gegen traditionelle Vorschläge (die Glück im Reichtum, in der Lust usw. sehen) verknüpft Aristoteles in NE I – nach dem Vorbild von *Politeia* I – die inhaltliche Bestimmung des besten Guts mit einer spezifischen Aktivität oder natürlichen Funktion (»ergon«) des Menschen. Diese besteht nach Aristoteles in der Verwirklichung der Vernunft (»logos«): Einem Menschen geht es genau dann gut (er ist genau dann glücklich), wenn er bestmöglich in der für ihn spezifischen Weise, nämlich dem »logos« nach, aktiv ist (NE I,6). Die neuere Diskussion darüber, ob Aristoteles zufolge die Aktivität des Menschen, die das Glück ausmacht, in der dominierenden Aktivität einer Art oder in einer Gesamtheit von Aktivitäten verschiedener Arten besteht, ist noch nicht abgeschlossen.

Für die inhaltliche Anreicherung dieser ersten, nur formalen Bestimmung unterteilt Aristoteles zunächst die Seele (welche allgemein für Lebensäußerungen aller Arten zuständig ist) in einen rationalen Bereich und einen arationalen Bereich (NE I,13). Letzterer kann seinerseits in einem Teil (dem der Affekte und Begierden) auf den »logos« hören. Beiden Bereichen wird eine je eigene ›Gutheit‹ (»aretē« – Tugend) zugeordnet, nämlich die Gutheit des »logos« (›dianoetische Gutheit‹, »dianoia« = Denken) und die Gutheit des Charakters (›ethische Tugend‹, ›Charaktertugend‹).

In NE II bis V geht es zunächst um die Charaktertugend, d.h. eine bestimmte Einstellung zu Affekten und Handlungen. Die relativ ausführliche Erörterung dieser Tugend verdankt sich wohl der Tatsache, dass die *Nikomachische Ethik* sich an Personen wendet, die für die Formung des Charakters verantwortlich sind, sowie der Tatsache, dass diese Formung von besonderer Schwierigkeit ist. In NE II bis III, 8 erörtert Aristoteles die Charaktertugend allgemein. Im Mittelpunkt stehen hier die Frage des Erwerbs dieser Tugend und ihre Definition (vgl. Platons *Menōn*). Der Erwerb erfolgt durch Gewöhnung (traditionell: ›Habituation‹): Die Tugend ist kein von Natur vorhandenes Vermögen, sie ist auch nicht mit einem Wissen gleichzusetzen, das durch entsprechendes Lernen zu erwerben wäre. Durch die Gewöhnung an einen bestimmten Umgang mit Affekten soll eine feste Einstellung oder Disposition (»hexis«, ›habitus‹) in Bezug auf Affekte gebildet werden, die uns situationsabhängig angemessen reagieren und agieren

lässt. Die Rede von der dispositionell verankerten Angemessenheit der Reaktion spiegelt sich in der Definition der ethischen Tugend wider, die auf die ›Mitte (»mesotēs«) in Bezug auf uns‹ als Charakterisierung der Disposition verweist (dieser Verweis mag in der Tradition der Populärphilosophie des rechten Maßes, der Medizin oder der platonischen Philosophie stehen). Gemeint ist, dass die Mitte keine absolute, sondern die jeweils angemessene Einstellung zwischen den Extremen des – mit Blick auf die je gegebene Situation – Übermaßes oder Mangels an aktualem Affekt ist. Als angemessen gilt, was der Kluge wählen und tun würde. In NE III, 9 bis V erörtert Aristoteles die wichtigeren einzelnen charakterlichen Tugenden (z. B. Tapferkeit, Mäßigkeit, die Gutheiten im Umgang mit äußeren Gütern und vor allem die Gerechtigkeit).

In der Behandlung der dianoetischen Gutheiten (z. B. Weisheit, Wissen, Intellekt; NE VI) liegt der Schwerpunkt auf der Erörterung der Klugheit (»phronēsis«), einer bestimmten Form der praktischen Rationalität. Aufgabe der Klugheit ist die Überlegung bzw. Planung, die sich auf die Mittel bezieht, die für die Verwirklichung des guten Lebens insgesamt und insbesondere für die Realisierung der theoretischen Aktivität erforderlich sind. Aristoteles erörtert hier insbesondere auch das Verhältnis von Klugheit und ethischer Tugend. Beide sind voneinander abhängig (vgl. NE VI,13): Die Klugheit zeigt der ethischen Tugend konkret, was für das Erreichen des Glücks zu tun ist (sie ist das »Auge der Seele«), die ethische Tugend formt oder »färbt« die Perspektive, die die Klugheit auf die für sie relevanten Dinge hat.

NE VII beginnt als Untersuchung zum Charakter und widmet sich dann zunächst der Analyse von Beherrschtheit (»enkrateia«) und Unbeherrschtheit (»akrasia«). Diese Analyse ist für die Erkenntnis der Binnenstruktur des Charakters ebenso wie für die aristotelische Handlungstheorie von besonderer Bedeutung. Aristoteles versucht unter anderem, der auf den ersten Blick unintuitiven sokratischen Auffassung, niemand handele gegen besseres Wissen oder gegen den eigenen Willen, zu begegnen. NE VII,12 bis 15 enthalten eine erste Abhandlung zu Lust (»hēdonē«) und Unlust, auf die Aristoteles hier als Bezugspunkt des Charakters zu sprechen kommt. Das Verhältnis dieser Abhandlung zur zweiten Lust-Abhandlung (NE X,1–5) ist unklar. Die Abhandlungen nehmen nicht Bezug aufeinander.

Unter dem Gesichtspunkt der Gutheit wird auch die Erörterung der Freundschaft (»philia«) und ihrer drei Arten (mit Nutzen, Lust und Tugend als Bezugspunkt) eingeführt (NE VIII–XI). Zu den besonders interessanten Fragen gehören die Frage nach dem eventuellen hierarchischen Gefälle zwischen Freunden, die Frage, ob Freundschaft zuerst selbst- oder auf den anderen bezogen ist, sowie die Frage nach der Rolle, die die Freundschaft zwischen Guten für das Glück hat.

Eine Wiederaufnahme der Bestimmung des Guts des Menschen beginnt mit NE X,6. Aristoteles wählt hier nun zwei mögliche Perspektiven auf den Menschen: Unter der Perspektive, die sich nur auf das Beste des Menschen beschränkt, ist die beste theoretische Aktivität der Inhalt des guten Lebens (NE X,7). Unter der Perspektive, die den Menschen als ein Ganzes aus Form und Materie sieht, ist die Aktivität praktischer Rationalität in Verbindung mit Charaktertugend jener Inhalt (NE X,8).

Allgemeine Besonderheiten der *Eudemischen Ethik* sind etwa das wesentliche Fehlen des politischen Adressatenkreises und eine zuweilen stärkere Verwendung der deduktiven Methode bzw. schematischen Darstellung. Die Bücher EE IV bis VI (wohl zu Gerechtigkeit, intellektuellen Gutheiten, Mangel an Selbstbeherrschung und Lust) sind verloren gegangen, die Lücke wurde durch Übernahme von NE V bis VII gefüllt. Ohne Parallele in der *Nikomachischen Ethik* ist EE VIII (in älteren Ausgaben VII,13–15; der inhaltliche Zusammenhang dieser Kapitel und ihr ursprünglicher Ort in der *Eudemischen Ethik* ist unklar). EE VIII,2 enthält eine ausführliche Erörterung zum vom Glück Begünstigtsein (»eutychia«): Dauerhaftes solches Begünstigtsein soll sich einer bestimmten Beschaffenheit der solcherart glücklichen Menschen und ihrer Antriebe verdanken. EE VIII,3 diskutiert die »kalokagathia« (Schön- und Gutheit), eine traditionelle Tugend, die der *Eudemischen Ethik* zufolge alle Tugenden umfasst oder in ihnen enthalten ist. Aristoteles diskutiert hier außerdem den Maßstab für die Wahl der glücksrelevanten externen Güter – einen Maßstab, der in der besten Unterstützung der theoretischen Aktivität besteht, die ihrerseits auf den besten Gegenstand, nämlich den aristotelischen Gott, bezogen ist.

Die *Magna moralia* lehnen sich teils an die *Nikomachische Ethik* an,

teils (und stärker) an die *Eudemische Ethik*. Gegenüber der *Nikomachischen Ethik* und der *Eudemischen Ethik* zeichnen sie sich dadurch aus, dass der Gedankengang oft einfacher und noch schematischer gehalten ist. Inhaltliche Besonderheit ist unter anderem, dass von vornherein ethische Tugend das Hauptthema ist und dass der Bezug auf die theoretische Aktivität als Hauptinhalt des guten Lebens fehlt. Wie die *Eudemische Ethik* behandeln die *Magna moralia* die »eutychia« und »kalokagathia« (MM II,8–9), im Unterschied zur *Eudemischen Ethik* jedoch vor der Behandlung der Freundschaft. Im Mittelalter war eine aus MM II,8 und EE VIII,2 bestehende Schrift unter dem Titel *De bona fortuna* im Umlauf. FRIEDEMANN BUDDENSIEK

Demosthenes

* 384 v. Chr. in Paiania/Attika (Griechenland)
† 322 v. Chr. in Kalaureia/Peloponnes (Griechenland)

Zunächst Redenschreiber und Gerichtsredner; 355 Einstieg in die Politik (Prozessreden); 343–338 führende Rolle in der athenischen Außenpolitik; 330 Sieg im Kranzprozess; 323 Verurteilung im Harpalos-Prozess und Exil; Selbstmord.

Philippische Reden / Philippikoi logoi

Die vier Reden stammen aus dem Jahrzehnt zwischen 351 und 342 v. Chr. und spiegeln verschiedene Stadien der Rhetorik und der Politik des Demosthenes. Der erste *Philippikos logos*, wohl im Frühjahr 351 v. Chr. gehalten und 349 publiziert, stellt Philipps ungehemmte Machtentfaltung als Gefahr für Athens Zukunft ins Zentrum. Was dagegen Not tue – so führt der erste Hauptteil aus –, seien die Bereitstellung einer schlagkräftigen Flotte und die Stationierung eines Heeres im Krisengebiet selbst. Dazu aber müsse sich das Volk aufraffen, notfalls auch selbst in den Krieg zu ziehen (zweiter Hauptteil).

In dieser Rede tritt zuerst Demosthenes' typische Leidenschaftlichkeit hervor; ebenso begegnen hier erstmals die zugespitzten Vergleiche, mit denen er Sachverhalte zu veranschaulichen weiß (etwa der Vergleich der bisherigen athenischen Kriegsführung gegen Philipp mit einem Boxer, der, statt auf seine Deckung zu achten, nach jedem erhaltenen Schlag an die schmerzende Stelle fasst und daher sogleich an einer anderen Stelle getroffen wird).

346 hatte Athen den sogenannten Philokrates-Frieden akzeptieren müssen, der Philipp Thessalien als Einflusssphäre auslieferte und die mit Athen verbündeten Phoker preisgab. Kurz vor dem zweiten *Philippikos logos* (344) hatte Demosthenes als Gesandter versucht, Argos und Messenien von Philipp abzuwerben; im Gegenzug schickten beide Staaten Gesandte, die eine Beschwerde wegen Athens gutem Verhältnis zu Sparta vortrugen. Diese Beschwerde ist der Anlass der Rede; ihr Tenor aber ist Philipps Stellung zu Athen: Der erste Teil weist seine andauernde Feindseligkeit nach; der zweite demonstriert den Gesandten, was ihre Staaten von Philipp zu erwarten haben; der Epi-

log rechnet mit denen ab, die in Athen Philipps angeblich friedliche Absichten beteuern.

Als Philipp im Jahr 342 an die von attischen Kolonisten besiedelte thrakische Chersones (Halbinsel Gallipoli) heranrückte und mit der Aufkündigung des Philokrates-Friedens drohte, nahm Demosthenes in zwei Reden vor der Volksversammlung Stellung zur Lage: in der Rede *Peri tōn en Cherronēsōi* (*Über die Angelegenheiten in der Chersones*) sowie im (in zwei verschieden langen Fassungen überlieferten) dritten *Philippikos logos*. Beide Reden weisen eine ähnliche Disposition auf: Wie in der Chersones-Rede wird im ersten Hauptteil des dritten *Logos* das Kardinalproblem ›Krieg oder Frieden mit Philipp?‹ diskutiert. Im zweiten Teil wird Philipps Vorgehen als Herausforderung aller Griechen dargestellt, auf die bisher völlig unzulänglich reagiert wurde. Abzuwenden sei die drohende Gefahr nur dadurch (dritter Teil), dass man nicht länger auf die von Philipp bestochenen Politiker höre, aufrüste und ein Bündnis mit den anderen griechischen Staaten anstrebe. Das alles wird in leidenschaftlicher Verve und meist ohne verklausulierte Argumentation vorgetragen; die Fakten sollen für sich sprechen. In der Tat kam im Frühjahr 340 ein Bündnis aller Griechen gegen Philipp zustande.

In dem – heute meist für echt gehaltenen – vierten *Philippikos logos* (wohl kurz nach der Abfassung der dritten Rede veröffentlicht) werden größere Stücke aus der Chersones-Rede zitiert (sowie ein kleinerer Abschnitt aus dem zweiten *Philippikos logos*). Im Zentrum steht der Vorschlag, in die Bündnisbemühungen auch den persischen Großkönig einzubeziehen. Der Rest sind antimakedonische Gemeinplätze; am Schluss wird ein sonst unbekannter Aristomedes heftig beschimpft. Das Ganze wirkt recht disparat (einer der Gründe für die Bezweiflung der Authentizität) und kann sich weder in Komposition noch in rhetorischer Stringenz und Brillanz mit dem dritten *Philippikos logos* messen.

Die Nachwelt sah im Demosthenes der *Philippikoi logoi* oft den enthusiastischen Patrioten, der seiner Stadt Athen die verlorene politische Größe zurückzugewinnen suchte, doch variieren gerade die späteren Philippischen Reden das frühere Konzept einer attischen Hegemonie entscheidend: Es geht Demosthenes jetzt nicht mehr um

Herrschaftsansprüche Athens, sondern um ein gemeinsames Vorgehen aller Griechen – unter Athens Führung – gegen die Bedrohung ihrer Freiheit. Diese Wendung zur panhellenischen Einheit verbindet ihn mit dem ganz anders gearteten Isokrates: Auch dieser denkt an griechische Einheit mit attischer Gloriole, doch heißt deren politischer Führer bei ihm Philipp, und der äußere Feind ist der Perserkönig (vgl. Isokrates' *Philippos*). Während der Traum des Demosthenes in der Schlacht von Chaironeia (338) endete, erfüllte sich der des Isokrates in der Person Alexanders des Großen.

EGIDIUS SCHMALZRIEDT / HEINZ-GÜNTHER NESSELRATH

Ueber die Trug-Gesandtschaft / Peri tēs parapresbeias

Die Anklagerede wurde 343 v. Chr. verfasst und vorgetragen. Demosthenes' und Aischines' Reden über die angeblich landesverräterisch geführte Gesandtschaft des Aischines – gemeint sind zwei Missionen zu König Philipp II. von Makedonien, die 346 v. Chr. zum sogenannten Philokrates-Friedens führten – zeigen, wie sowohl die makedonenfreundliche als auch die makedonenfeindliche Partei sämtliche von der demokratischen Verfassung Athens gebotenen Mittel, auch die Justiz, dazu nutzten, den Gegner aufs schärfste zu verfolgen und nach Möglichkeit zu vernichten.

In der Anklagerede des Demosthenes lassen die ausführlichen Berichte über die Ereignisse während der Gesandtschaften, die wiederholten Zurückweisungen der mutmaßlichen Rechtfertigungen des Aischines und die ständigen Hinweise auf dessen verhängnisvolle Schuld keinen Zweifel daran, dass der formelle Anklagepunkt – versäumte Rechenschaftslegung nach der Gesandtschaft – nur einen notdürftigen ›Aufhänger‹ für die Auseinandersetzung mit dem politischen Erzrivalen bildet. Die Hauptvorwürfe sind rein politischer Natur: Aischines soll schuld daran sein, dass Athen seine phokischen Bundesgenossen dem Untergang preisgeben musste und dass wertvolle thrakische Gebiete an Philipp fielen. Die Vorwürfe der passiven Bestechung und des Verrats athenischer Interessen sind lediglich deren juristisch belangbare Kristallisationskerne.

Aischines wurde mit knapper Stimmenmehrheit freigesprochen; das verdankte er seiner geschickten Verteidigung, der Fürsprache anderer Politiker (Eubulos und Phokion), aber auch dem Umstand – den Demosthenes vergebens zu verharmlosen und in günstiges Licht zu rücken suchte –, dass der Ankläger selbst beiden Gesandtschaften angehört hatte. Andererseits bekundet Aischines' knapper Freispruch aber auch, dass es Demosthenes gelang, den Makel seiner Beteiligung am Zustandekommen des ›Schandfriedens‹ allmählich abzustreifen und mit seiner antimakedonischen Kriegspolitik neuen Einfluss zu gewinnen.

EGIDIUS SCHMALZRIEDT / HEINZ-GÜNTHER NESSELRATH

Aischines

* 399 oder 390 v. Chr. in Athen (Griechenland)
† 322 oder 315 v. Chr. in Rhodos (Griechenland)

Theaterschauspieler, dann staatlicher Schreiber und (ab 348 v. Chr.) makedonenfreundlicher Politiker, Gegner des Demosthenes; verlor 330 v. Chr. den 336 v. Chr. begonnenen Prozess gegen einen Gefolgsmann des Demosthenes und musste ins Exil; starb als Rhetoriklehrer auf Rhodos.

Rede über den Gesandtschaftsverrath / Peri tēs parapresbeias

Die Verteidigungsrede gegen die Anklagerede gleichen Titels des Demosthenes entstand 343 v. Chr.

Nach der Unterwerfung der meisten athenischen Verbündeten in Nordgriechenland hegte Philipp II. von Makedonien den Wunsch, mit Athen Frieden zu schließen. Auf der ersten Gesandtschaft (346 v. Chr.) ließen sich Aischines und die übrigen Teilnehmer, bis auf Demosthenes, von Philipps einschmeichelnden Reden einnehmen. Nach Athen zurückgekehrt, gewannen die Gesandten das Volk – gegen den Einspruch der Demosthenes-Partei – für die makedonischen Friedensvorschläge: Der Status quo sollte sanktioniert werden, die Phoker aber, Athens Verbündete, vom Vertrag ausgenommen bleiben. Eine zweite Delegation machte sich auf den Weg, um den Frieden zu beeiden, obwohl Philipp inzwischen auch den Rest des thrakischen Gebiets erobert hatte. Noch im selben Jahr strengte Demosthenes gegen Aischines einen Hochverratsprozess wegen falscher Berichterstattung und passiver Bestechung an. Der Angegriffene konnte diesen Prozess – nicht zuletzt durch seine Rede *Kata Timarchu* – bis ins Jahr 343 v. Chr. verschleppen.

Aischines hatte sich gegen drei Vorwürfe zu verteidigen: Bestechung bei der ersten Gesandtschaft und Hintertreibung der athenischen Interessen bei der zweiten; Mitschuld am Untergang der Phoker; Preisgabe der nördlichen Bundesgebiete. Der Redner zieht sich sehr geschickt aus der Schlinge: Er mischt zwei der formalen Redeteile, Erzählung und Widerlegung der erwarteten Argumente der

Gegenseite, so, dass der fortlaufende Bericht gerade das erzählt, was entweder nicht zum Thema der Anklage gehört oder was ein unverfängliches Verhalten des Angeschuldigten bekunden kann, während die Widerlegung das Anklagegebäude in einzelne zusammenhanglose Argumente auflöst, die dann leicht zu zerpflücken sind. Hinzu kommt als durchgängiges Motiv, alle Verantwortung dem inzwischen geflohenen Philokrates aufzubürden und Demosthenes dadurch zu belasten, dass er immer wieder des Einverständnisses mit Philokrates bezichtigt wird.

Das Abstimmungsergebnis der Geschworenen fiel trotz dieser geschickten Argumentation nur knapp zugunsten des Aischines aus. Aischines konnte sich in den Augen der Bürger von dem üblen Ruf, in den er durch Demosthenes' Presbeiaklage geraten war, nie mehr ganz befreien.

EGIDIUS SCHMALZRIEDT / HEINZ-GÜNTHER NESSELRATH

Epikur

* 341 v. Chr. in Samos (Griechenland)
† 270 v. Chr. in Athen (Griechenland)

Schüler des Demokriters Nausiphanes; 323/22 Militärdienst in Athen, Gelegenheit, sich philosophisch umfassender zu bilden; um 310 Gründung eigener Schule in Mytilene, danach in Lampsakos; 306 Übersiedlung nach Athen und Einrichtung der Schule im ›Garten‹; galt in der Antike als nachlässiger Vielschreiber; Hauptwerk *Peri physeos* in 37 Büchern, bis auf wenige Fragmente verloren, erhalten sind nur drei Briefe und die *Kyriai doxai*; Epikur ist der bedeutendste antike Vertreter des philosophischen Hedonismus sowie einer der Hauptvertreter des Atomismus in der Antike.

Briefe

Eine Form der Lehre in Epikurs Schule, die Ableger in Kleinasien hatte, war der Brief. Von Epikurs Hand sind uns drei solcher Lehrbriefe bei Diogenes Laertios erhalten. Sie geben zusammengenommen einen sehr gedrängten Abriss der epikureischen Philosophie.

Der *Brief an Menoikeus* legt die Grundsätze der Ethik als der Lehre vom glücklichen Leben dar. Er zeigt, dass das Bild Epikurs als des haltlosen Genussmenschen falsch ist. Epikur lehrt vielmehr einen ›negativen‹ Hedonismus, der Lust als Freisein von Unlust interpretiert, so dass alles Luststreben mit völliger Unlustfreiheit seine absolute Grenze findet. Oberstes Ziel ist daher »die Gesundheit des Körpers und die Ruhe der Seele, weil dies die Vollendung des seligen Lebens ist. Darum nämlich tun wir alles, dass wir weder Schmerzen noch Aufregung haben«. Es ist also kein Widerspruch, wenn Epikur bald die Lust, bald die Seelenruhe, die Ataraxie, als »Telos« bezeichnet, da er beides gleichsetzt. Hauptunlustquellen sind die Furcht vor den Göttern und dem Tod, die Maßlosigkeit der Begierden und der körperliche Schmerz. Es kommt somit darauf an, diese Übel zu vermeiden, indem man sich durch »nüchterne Überlegung« klar macht, dass die Götter sich um die Welt nicht kümmern, dass »der Tod uns nichts angeht«, weil, »solange wir sind, der Tod nicht da ist, wenn aber der Tod da ist, wir nicht mehr sind«; dass die natürlichen Begierden leicht erfüllbar sind, den ›leeren‹ aber, die über die Unlustfreiheit hinausgehen, zu folgen, sinnlos ist; und dass beim Schmerz »entweder die Zeit oder das Leid klein ist«. Das Resultat ist eine unauffällige Lebensweise, die von den vermeintlichen Gütern unabhängig macht und sie genießt, wie sie kommen, ohne zu trauern, wenn sie vorübergehen. Die Ethik bildet die eigentliche Aufgabe der Philosophie, die übrigen Disziplinen haben sich ganz in ihren Dienst zu stellen.

Der *Brief an Herodotos* enthält zunächst einige Sätze zur (sensualistischen) Erkenntnistheorie und gibt dann einen Abriss der Naturphilosophie. Deren Aufgaben sind von der Ethik vorgegeben: Sie soll sicherstellen, dass die Götter nicht in das Weltgeschehen eingreifen, dass die Seele sterblich ist und dass Lust und Schmerz begrenzt sind, so dass das zur höchsten Lust Notwendige jederzeit vorhanden ist. Daraus folgen die Grundlinien des geforderten Weltbildes. Wenn keine transzendenten Mächte befürchtet werden sollen, dann muss das Naturgeschehen vollständig aus sich selbst erklärbar sein, d.h. die Ursachen aller Ereignisse müssen in der Natur selbst gesucht werden. Das schließt ein, dass jede teleologische Deutungsmöglichkeit ferngehalten wird; denn eine solche setzt stets einen Sinngeber des Ganzen voraus, und da ist die Befürchtung unwiderleglich, dass derjenige, der die Welt nach seinen Absichten entworfen hat, auch jederzeit in sie eingreifen kann, wenn sie von seinen Vorstellungen abweicht. Damit ist auch alle Anthropozentrik ausgeschlossen. Die Natur ist absolut zweck- und sinnlos und somit auch ohne jeden Bezug auf den Menschen. Wenn ferner die Seele nicht unsterblich sein soll, dann darf es in der Welt kein besonderes, immaterielles Sein geben, das vom allgemeinen Werden und Vergehen des Zusammengesetzten ausgenommen wäre, sondern die Natur muss durch und durch materialistisch dargestellt werden.

Schließlich, wenn wir darauf vertrauen sollen, dass das Notwendige immer vorhanden sein wird, dann müssen wir sicher sein, dass die Natur konstant ist, dass wir die gegenwärtigen Bedingungen immer und überall antreffen werden, so dass wir vor Überraschungen geschützt sind. Das bedeutet, dass das Naturgeschehen einer strengen Gesetzmäßigkeit unterliegt, die das letzte Prinzip aller Veränderung und daher selbst unwandelbar ist. Diese Bedingungen erfüllte unter den zeitgenössischen Theorien am besten die von Leukipp und Demokrit entwickelte Atomphysik, die Epikur im Wesentlichen übernommen und nur in einigen Punkten modifiziert hat, ohne freilich seine Abhängigkeit einzugestehen. Alle Erscheinungen werden erklärt aus den nach strengen Gesetzen verlaufenden Bewegungen unteilbarer Körperchen im leeren Raum, die selbst nur die Eigenschaften der Gestalt, Schwere und Größe haben. Durch ihre ständigen Kollisionen bilden sich die zusammengesetzten Körper, die eine Zeitlang stabil bleiben, bis sie durch innere oder äußere Ursachen sich wieder auflösen, einschließlich der menschlichen Seele.

Der *Brief an Pythokles* beschäftigt sich speziell mit den Himmelserscheinungen, die besonders geeignet waren, den Menschen Furcht vor den Göttern einzuflößen. Zu Beginn betont Epikur, dass der alleinige Zweck dieser Untersuchungen die Seelenruhe sei. Es kommt ihm nur darauf an, die mythologischen Erklärungen durch naturwissenschaftliche zu ersetzen. Dabei ist es auf diesem Gebiet – anders als bei den Grundlagen der Atomphysik – nicht wichtig, die wahre Erklärung herauszufinden. Entscheidend ist nur, dass es irgendeine natürliche Erklärung gibt. Daher soll man alternative Lösungen, die gleich gut mit den sinnlichen Erscheinungen übereinstimmen, gleichberechtigt nebeneinander stellen. Unter anderem werden Entstehung, Größe, Bewegung der Gestirne, Phasen des Mondes, Finsternisse, Gewitter, Orkan, Regenbogen und Sternschnuppen behandelt. Die Echtheit des Briefes ist freilich nicht unumstritten und wurde bereits in der Antike angezweifelt. Möglicherweise wurde er von einem Schüler aus dem Hauptwerk *Peri physeos* kompiliert, jedenfalls steht außer Frage, dass er genuines Gedankengut Epikurs wiedergibt.

Die Briefe Epikurs zählen zu den schwierigeren Stücken der griechischen Prosa, was zum Teil an der Überlieferung, zum Teil aber auch an der mangelnden stilistischen Sorgfalt Epikurs liegt. Dessen ungeachtet bilden sie die authentischste Quelle der epikureischen Philosophie. MALTE HOSSENFELDER

Theokrit von Syrakus

* um 300 v. Chr. vermutlich in Syrakus (Italien)
† um 250 v. Chr. (Ort unbekannt)

Zeitweilig vielleicht von Hieron II. von Syrakus, sicher von Ptolemaios II. von Ägypten gefördert; längere Aufenthalte auf der Insel Kos und in Alexandria; Beziehungen zu den Dichtern Aratos und Kallimachos.

Gedichte / Bukolika

Die Gedichte, die zwischen 280 und 250 v. Chr. entstanden, begründeten den Ruhm des Dichters. Theokrit ist vor allem durch diese bukolische Dichtung berühmt, die singende, sich unterhaltende und ›musisch‹ konkurrierende Rinder- Schaf- und Ziegenhirten darstellt, Hypotext für Vergils *Bucolica* war und über sie die europäische Hirtendichtung (kaiserzeitliche römische Bukolik, Hirtendichtung der Renaissance, Schäferdichtung des Barock) begründet hat. Von den 30 überwiegend hexametrischen Gedichten (*Eidyllia*: idd.) des ›corpus Theocriteum‹ sind jedoch nur elf, die idd. 1; 3; 4; 5; 6; 7; 8; 9; 11; 20; 27 unserer Ausgaben, bukolisch im eigentlichen Sinn. Hinzu kommt das unechte id. 10 (»Ergatinai ē theristai«, »Die Erntearbeiter«; vgl. id. 7,27–29).

Von den übrigen Gedichten des ›corpus‹ sind einige in der Antike ebenfalls Theokrits Bukolik zugeordnet worden, und Vergil, ecl. 8, verknüpft das bukolische erste und das nicht-bukolische zweite Eidyllion unserer Zählung. Sachlich fallen sie jedoch unter andere Kategorien, z. B.: (1) Kürzere epische Erzählungen (Epyllia): hierher gehören die drei Herakles-Eidyllia, id. 13; id. 24; id. 25; (2) Hymnen oder hymnische Erzählungen: id. 18; id. 22; id. 26; (3) zeitgeschichtliche Enkomien: id. 16 (»Charites ē Hierōn«) und 17 (»Enkōmion eis Ptolemaion«); (4) städtische Mimoi: id. 2 (»Pharmakeutria«, »Die Giftmischerin«): Liebesbeschwörung und Liebesklage weiblich; id. 14 (»Aischinas kai Thyōnichos«): Liebeskummer und Liebesklage männlich, und id. 15 (»Syrakosiai ē Adōniazusai«): zwei Syrakusanerinnen auf dem Weg zum Königspalast in Alexandria und als Zuhörer einer prominenten Adonis-Sängerin. Idd. 2 und 15 sind faszinierende Porträts städtischen

Lebens in hellenistischer Zeit aus der Perspektive weiblicher Zeitgenossen.

Über das ›corpus‹ hinaus werden Theokrit 24 Epigramme zugeschrieben, und das ›Figurengedicht‹ »Syrinx« nennt ihn in verschlüsselter Form seinen Verfasser (V. 12 »Paris [...] Simichidas«, vgl. Simichidas in id. 7, s. u.).

Schon dieser knappe Überblick zeigt eine auffällige Experimentierfreude. Dieser Eindruck verstärkt sich noch, wenn man sich die Themen und Strukturen näher ansieht, z. B. der als Rinderhirt auftritt (s. u.) – mit dem Ziegenhirten Lykidas; id. 3: Liebesklage eines anonymen Ziegenhirten vor der verschlossenen Grotte seiner angebeteten Amaryllis; id. 6: Liedwettstreit zweier Hirten über das Thema ›Liebesspiel Polyphem-Galatea‹ (Rollenspiel): Daphnis spielt einen Beobachter von Galateas Avancen, Damoitas antwortet als Polyphem; id. 11: die therapeutische Wirkung der Musen, illustriert durch den Gesang des verliebten Kyklopen Polyphem vor der unzugänglichen Meeresbehausung seiner angebeteten Galatea; id. 5: Streitgespräch und Streitsingen des Ziegenhirten Komatas gegen den Schafhirten Lakon. Das eigentliche Wettsingen, V. 80–137, ist so angelegt, dass jeweils Lakon ein Distichon des Komatas mit einem eigenen Distichon pariert. Dabei soll, so V. 22, Sieger sein, wer den längeren Atem hat. Als folglich nach einem Distichon des Komatas Lakon nicht antwortet, spricht der Schiedsrichter Morson Komatas den Sieg zu; id. 4: Geplauder der Hirten Battos und Korydon, u. a. über Gesang und Syrinxspiel.

Paris das Glück des Hochzeitspaares Helena – Menelaos aus der Sicht der spartanischen Brautjungfern, d. h. eine Vor-Paris-Perspektive, die für ihren illusionären Effekt mit dem Wissen des Rezipienten rechnet.

Rezeptionsgeschichtlich ist id. 11 (»Kyklōps«, »Der Kyklop«) hervorzuheben. Schon Kallimachos legt es seinem Epigramm 46 Pf. = 3 G.-P. zugrunde, Vergil (ecl. 2 und 7) und Ovid (Met. 13,750–899) greifen darauf zurück, und z. B. Lukian hat es im ersten seiner *Enhalioi dialogoi* umgesetzt. ADOLF KÖHNKEN

Kallimachos

* um 320 v. Chr. in Kyrene (bei Shahat/Kyrenaika, Libyen)
† nach 245 v. Chr. vermutlich in Alexandria (Ägypten)

Bereits als junger Page am Ptolemäerhof; jahrzehntelange produktive Tätigkeit (mehr als 800 Bücher) als Dichter, Bibliothekar und Gelehrter an der Bibliothek des alexandrinischen Museion; sein Streit mit Apollonios Rhodios ist wahrscheinlich Legende.

Aitien / Aitia

Die vier Bücher des Werks, die vor allem dank neueren Papyrusfunden wieder einigermaßen kenntlich sind und insgesamt wohl einmal 6000 Verse (in elegischen Distichen) umfassten, entstanden offenbar in zwei Etappen: die ersten beiden Bücher noch in den 270er Jahren, Buch 3 und 4 dagegen wohl erst nach 246 v. Chr., denn in ihnen spielt Berenike II., die Gemahlin des seit 246 regierenden Ptolemaios III., eine erhebliche Rolle. Den Rahmen von Buch 1 und 2 stellt ein Gespräch dar, das der Dichter – offenbar im Traum – mit den Musen auf dem Berg Helikon führte; dagegen umfassen Buch 3 und 4 eine nicht mehr in diesen Rahmen eingefügte Sammlung von Geschichten, die mit einem Gedicht zu Ehren Berenikes und ihres Wagensieges an den Nemeischen Spielen (wahrscheinlich 245 v. Chr.) beginnen und mit der berühmten »Locke der Berenike« am Ende von Buch 4 abschließen.

Im Prolog skizziert Kallimachos sein poetisches Programm: »[Oft] pfeifen Telchinen auf meinen Gesang, Ignoranten, die keiner Muse Freund geworden sind, weil ich nicht *ein* Lied, ein durchlaufendes [...] zustande gebracht habe in vielen tausend Versen [...], sondern mein Wort nur eine kleine Strecke [rolle] wie ein Kind [...] Fort mit euch, übles Neidergeschlecht! Mit Sachverstand lieber beurteilt, nicht mit dem persischen Meilenmaß, die Kunst!« (Übers.: Asper) Wie die Dichter Mimnermos und Philetas will Kallimachos die Eleganz weniger Verse, nicht vielzeilige Poeme, wie sie ihm die hier mit giftigen Kobolden (»Telchinen«) verglichenen Kritiker vorschreiben wollen; er hält es mit dem Zirpen der Zikade, nicht mit dem Eselsgebrüll, und »feiste, unfeine Gedichte« sind ihm verhasst.

Mit diesem Prolog will der Dichter von vornherein dem Eindruck entgegenwirken, er habe mit seinem Werk – das zumeist abgelegenes Material verwertet – selbst ein solch unförmiges Gebilde hervorgebracht. Noch in den erhaltenen Fragmenten zieht eine wirbelnde Fülle von Episoden am Leser vorüber; die im Werktitel angedeutete Erklärung von »Ursachen« (aitia) seltsamer Kultbräuche und Namen ist poetischer Vorwand für kleine mythische »Medaillons« und novellenartige Geschichtchen, die mit Witz und Phantasie, plastischer Schilderung und ironisch gebrochener Idyllik dargeboten werden. Buntheit und Abwechslung bestimmen die Anordnung; die mythische Geographie springt durch die ganze antike Welt: von Troja bis Rom, von Kolchis bis Alexandria, von Keos bis Messina. Weit gespannt wie die Lokalitäten sind auch die Themen: Bekanntes und Halbvertrautes (wie Szenen der troischen Sage, der Argonautenfahrt, Histörchen vom Prasser Herakles) steht neben Obskurem und Ausgefallenem. Auch in den gängigen Sagen wird das Geläufige und literarisch Abgegriffene gemieden; stattdessen rücken Nebenzüge ins Zentrum.

Vor allem drei Erzählungen enthüllen noch als Bruchstücke den ganzen Charme und Reiz dieser Poesie: 1. Mit dem am Ende des 4. Buchs stehenden und von Catull nachgedichteten »Berenikēs plokamos« (»Locke der Berenike«) huldigt der alte Kallimachos der jungen Königin Berenike II. Spielerisch-gelehrt entfaltet sich hier eine kleine Sternsage: Der jung vermählte König muss in den Krieg; die besorgte Gattin verspricht, der Aphrodite-Arsinoë (eine weitere Hommage des Kallimachos an das Herrscherhaus) ihre Locke zu weihen, wenn er gesund zurückkehrt. Plötzlich ist das kostbare Weihgeschenk aus dem Tempel verschwunden; der Hofastronom Konon entdeckt es als Sternbild am Himmel. Dabei erzählt die Locke selbst von ihrem eigenen Geschick, preist ihre alte Trägerin, beschreibt den Abschied des königlichen Paares und klagt über das eigene traurige Los mitten unter fremden Gestirnen. Doch wird das Melancholisch-Gefühlvolle durch ironische Distanz gleichsam gekühlt; der Dichter zeigt, dass er Stimmung hervorrufen, sie aber auch nach Belieben in Frage stellen kann. 2. Im Gastmahl bei dem reichen alexandrinischen Kaufmann Pollis tritt Kallimachos selbst auf und fragt einen Tischnachbarn über mythische Lokalsagen seiner Heimat aus. 3. Ein Höhepunkt für heutige Leser ist die zarte, dabei aber auch mit spielerisch-ironischen Nebentönen vorgetragene Liebesgeschichte von Akontios und Kydippe, die von Ovid in den *Epistulae Heroidum* 20/21 und im Corpus fiktiver Briefe des Aristainetos (5. Jh. n. Chr.) nachgeformt wurde.

Trotz des nur fragmentarischen Erhaltungszustandes sind stilistische Details noch zu erkennen: der im Unterschied zu Homer viel strengere Versbau sowie metaphorisch-einprägsame Umschreibungen von Details, die oft stellvertretend für ein Ganzes geschildert werden. Dagegen sind der ungeheure Erfindungsreichtum, der sich wohl vor allem in den mannigfaltigen Übergängen und Verknüpfungen äußerte, und die virtuose Kunst des Arrangements oft nur noch erahnbar.

Die *Aitia* waren nicht nur den römischen Dichtern der augusteischen und voraugusteischen Epoche Vorbild – namentlich der Prolog wurde den römischen Neoterikern und Elegikern verpflichtendes Programm –, sondern gelten auch heute wieder als das Opus, in dem sich die Kunst des wichtigsten Dichters der hellenistischen Zeit am deutlichsten zeigt. Das Werk ging 1204 bei der Erstürmung Konstantinopels verloren; seine Wiederentdeckung im 20. Jh. kam einer Neuentdeckung des Kallimachos gleich.

EGIDIUS SCHMALZRIEDT / HEINZ-GÜNTHER NESSELRATH

Apollonios Rhodios

* um 300 v. Chr. in Alexandria oder Naukratis (Ägypten)
† nach 246 v. Chr. in Rhodos (Griechenland) oder Alexandria (Ägypten)

Bibliothekar und Prinzenerzieher am Ptolemäerhof in Alexandria; vielleicht Schüler des Kallimachos; Berichte über eine ernsthafte Auseinandersetzung mit diesem sind wohl übertrieben, ebenso Nachrichten, er habe sich wegen ungünstiger Aufnahme seiner Dichtung nach Rhodos zurückgezogen.

Die Fahrt der Argonauten / Argonautika

Das um die Mitte des 3. Jh.s v. Chr. entstandene Werk ist das einzige erhaltene griechische Epos zwischen Homer und Quintus von Smyrna (3. Jh. n. Chr.) und die einzige vollständig überlieferte große Dichtung aus hellenistischer Zeit.

Die reiche Handlung verteilt sich auf vier Bücher: Bücher 1 und 2 berichten von den Vorbereitungen des Zuges und der Fahrt nach Kolchis, Buch 3 schildert die Erlangung des Goldenen Vlieses, Buch 4 ist der odysseisch verwickelten Heimfahrt gewidmet. Höhepunkt ist das dritte Buch, zum einen der mehrschichtigen Erzählweise, zum anderen der Medea-Gestalt wegen: Ihre Liebe zu Jason und ihr schwerer innerer Konflikt bis zur Verschwörung gegen den eigenen Vater werden minuziös dargestellt. In Buch 3 tritt auch das Kompositionsprinzip des Werks besonders deutlich hervor: Geraffter Bericht wechselt mit detaillierten Einzelszenen, wobei das dichterisch Reizvolle oft dem dramatisch Bedeutsamen vorgezogen wird. Auf diese Weise prägen sich dem Leser gerade Nebenepisoden ein, z. B. die Genreszene des Würfel spielenden kleinen Erosknaben, der mit seiner Mutter um einen versprochenen Ball feilscht, oder die unterbrochene Morgentoilette Aphrodites, die in Eile das Haar ungeflochten hochbindet.

Wo Apollonios exakte Beobachtung plastisch wiedergibt, zeigt sich seine große Begabung: »Wann vom Felde zurück der Ackermann [...] / froh seine Hütte erstrebt und auf das Nachtmahl begierig, / [...] ihm wanken die müden Knie [...]; auf seine verwitterten Hände / schaut er, wie sie voll Schwielen, er flucht dem begehrlichen Magen: /

derzeit kamen sie [...] zu der Mündung des Kios.« Dieses Zitat ist durchaus repräsentativ, weil es mit wenigen Strichen das harte Leben des mediterranen Kleinbauern umreißt; es ist auch ein Beispiel für das Eindringen des Alltäglichen in die hohe Poesie und ein Zeugnis des Bemühens um indirekte Darstellung: Innerhalb des Bildes wird das Psychische in den beschreibbaren äußeren Details ausgedrückt.

In all dem erweist sich Apollonios als echter Vertreter des Hellenismus, in dessen Dichtung das Erbe früherer Poesie, scharfsichtiger Realismus und neues wissenschaftliches Interesse eine bemerkenswerte Symbiose eingehen. Neben dem Erbe des ›Psychologen‹ Euripides steht die Reverenz vor der archaischen Katalogdichtung zu Beginn des Werkes: In reicher Fülle sind über die vier Bücher ›aitia‹ verstreut, Erklärungen zur Entstehung von Kulten und Namen. Oft steht hinter dem Aufpolieren des mythischen Stoffes der Impetus junger wissenschaftlicher Erkenntnisse: Es lässt sich genau verfolgen, bis zu welchem Punkt die aktuelle Geographie die alten mythischen Vorstellungen revolutioniert hat und von wo an Apollonios weiterhin mythisch-märchenhafter Spekulation folgt; so steckt hinter der streckenweise den Odysseus-Abenteuern folgenden Reiseroute des zweiten Teils eine komplette Theorie der *Odyssee*-Geographie.

Apollonios wurde mit dieser ersten Gesamtbearbeitung des Argonautenstoffs im Altertum außerordentlich geschätzt, wie zahlreiche Kommentare und die lateinischen Nachdichtungen des Varro aus Atax und des Valerius Flaccus sowie der Einfluss auf Vergil, auf Ovid und Nonnos bekunden. Bis in die Gegenwart findet das Werk als Versuch einer Erneuerung Homers aus dem Geist der eigenen Zeit Bewunderung.

EGIDIUS SCHMALZRIEDT / HEINZ-GÜNTHER NESSELRATH

Plautus

* um 240 v. Chr. in Sarsina (Italien)
† 184 v. Chr. (Ort unbekannt)

(d. i. Titus Maccius Plautus) – Römischer Komödiendichter umbrischer Herkunft; zunächst fahrender Schauspieler; kam später nach Rom; sein aus 21 erhaltenen Komödien bestehendes Werk erfreute sich bis ins Mittelalter großer Beliebtheit.

Komödien

Die Komödien des Plautus entstanden um die Wende vom 3. zum 2. Jh. v. Chr. in der archaischen Epoche der römischen Literatur, als Rom den Mittelmeerraum eroberte und kulturell hellenisiert wurde. Dramen waren zur Zeit des Plautus üblicherweise Auftragsdichtungen für öffentliche Feste. Das genaue Aufführungsdatum der plautinischen Stücke ist häufig unbekannt. Wie seine römischen Vorgänger nahm Plautus Werke griechischer Dichter zum Vorbild. Er ist der erste lateinische Schriftsteller, von dem vollständige Werke erhalten sind, und der erste römische Dichter, der sich nur in einer einzigen Gattung betätigte.

Die Bauelemente römischer Komödien und ihrer Vorlagen bestehen aus einem verhältnismäßig begrenzten Vorrat von Handlungselementen und stereotypen Figuren wie dem jungen Liebhaber oder dem listigen Sklaven. Grundelemente der Komödienhandlung sind Intrigen, Verwechselungen und Wiedererkennungen. Wie ihre Vorlagen spielen auch Plautus' Komödien im Leben bürgerlicher griechischer Familien. Ausgangspunkt der Handlung ist oft eine Liebesaffäre eines jungen Mannes mit einer Hetäre. Das Geld für deren Unterhalt oder Freikauf muss durch eine Intrige beschafft werden, die üblicherweise ein gerissener Sklave ausheckt. Die Hetäre stellt sich oft als freigeborene, verschollene Tochter einer der Handlungsfiguren heraus, wodurch die Liebenden dann die Möglichkeit bekommen, zu heiraten. Trotz der Dominanz des Unterhaltungsaspektes transportieren die Komödien auch popularphilosophische Gedanken, indem sie ethische Probleme thematisieren oder menschliche Schwächen entlarven.

Im ältesten Stück Plautus', *Asinaria*, 211 v. Chr. (*Die Eselskomödie*), unterstützt Demaenetus, der unter seiner herrischen Ehefrau Artemona leidet, eine Intrige, damit sein Sohn ohne Wissen Artemonas den Erlös aus dem Verkauf eines Esels bekommt und für seine Hetäre ausgeben kann. Dafür soll auch der Vater eine Nacht mit dieser verbringen, was jedoch durch Artemona verhindert wird. Die Komik dieses Stücks basiert vor allem auf der Umkehrung konventioneller gesellschaftlicher Rollen.

Auch bei *Miles gloriosus*, vor 204 v. Chr. (*Der prahlerische Soldat*), handelt es sich um eine Intrigenkomödie: Der Soldat Pyrgopolinices hat ein Mädchen entführt, das ihm durch die List eines Sklaven wieder abgenommen wird. Für das Gelingen der Intrige ist die Eitelkeit und Dummheit der Titelfigur, die auf jede Schmeichelei hereinfällt, entscheidend. Dieser Charakter wird besonders durch einen Parasiten hervorgehoben, dessen Dienste hauptsächlich darin bestehen, die

Taten des Pyrgopolinices zu rühmen.

Stichus (200 v. Chr.) enthält keine Intrige oder Wiedererkennung und hat eine moralische Tendenz: Ein Vater will seine Töchter, deren Ehemänner auf Handlungsreise sind, neu verheiraten. Diese wehren sich erfolgreich, bis ihre Männer zurückkehren. Ungewöhnlich ist die individuelle Charakterisierung der beiden Frauen sowie das Bankett der Sklaven, zu dem Stichus am Schluss einlädt.

Hauptfigur in *Poenulus*, ca. 195 v. Chr. (*Der kleine Karthager*), ist der Karthager Agorastocles, der seine geliebte Hetäre freibekommen will. Sein Sklave spinnt daher eine Intrige, bei der der Karthager Hanno sich als Vater der Hetäre ausgeben soll. Am Schluss stellt sich heraus, dass er tatsächlich ihr Vater ist. Besondere Komik erhält das Stück durch eine Szene, in der der Sklave Milphio das Punisch Hannos ins Lateinische übersetzt, obwohl er es in Wirklichkeit nicht versteht, und damit einige Verwirrung stiftet.

Anders als die meisten anderen Komödien des Plautus dreht sich *Aulularia*, 194 oder 190 v. Chr. (*Die Topfkomödie*), nicht vorrangig um Intrigen oder Verwechslungen, sondern um die Charakterdarstellung der Hauptfigur: In ständiger Angst, seinen Goldtopf zu verlieren, hält Euclio diesen geheim und trifft mit seinem Nachbarn eine Vereinbarung, ihm seine Tochter ohne Mitgift zu verheiraten. Sein Verhalten ist von Argwohn gegen alle anderen, die er fast ausschließlich als potenzielle Diebe seines Goldes betrachtet, geprägt. Am Schluss jedoch gibt er nach einem Sinneswandel den Topf seiner Tochter als Mitgift.

In *Menaechmi*, 190er Jahre v. Chr. (*Die Menaechmi*), sucht ein Mann seinen lange verschollenen Zwillingsbruder Menaechmus, der inzwischen in Epidamnus lebt. Als er dort ankommt, führt der Umstand, dass er selbst inzwischen den gleichen Namen wie sein Bruder trägt, zu Verwechselungen mit einem hohen Maß an Situationskomik.

In *Captivi*, 194–188 v. Chr. (*Die Kriegsgefangenen*), fehlen typische Komödiengestalten weitgehend. Ein Mann namens Hegio hat Kriegsgefangene gekauft, um seinen ebenfalls gefangenen Sohn Philopolemos durch einen Austausch zu befreien. Unter diesen Kriegsgefangenen befinden sich auch Philocrates und sein Sklave Tyndarus, die vor Hegio ihre Rollen tauschen. So entflieht Philocrates und kehrt, entgegen den Befürchtungen Hegios, mit Philopolemos zurück. Zum Schluss wird aufgedeckt, dass Tyndarus der zweite Sohn des Hegio ist, der vor längerer Zeit geraubt wurde. Wegen der untypischen, relativ ernsten Handlung dieser Komödie vermutete man, dass ihre Vorlage eine Tragödie war.

Mostellaria, 193 v. Chr. (*Die Gespensterkomödie*), ist eine Intrigenkomödie um eine Kette von Lügen, die sich ergeben, als der Sklave Tranio dem von einer langen Geschäftsreise heimkehrenden Theopropides erklärt, sein Haus werde von einem Gespenst heimgesucht und sei deshalb aufgegeben worden. In Wahrheit hält sich dort die Festgesellschaft von dessen Sohn Philolaches auf, der in der Zwischenzeit das Geld seines Vaters verprasst und Schulden gemacht hat.

Bacchides, 193–186 v. Chr. (*Die Bacchiden*), handelt von Zwillingsschwestern, die beide Hetären sind, den Namen Bacchis tragen und deren eine von ihrem Liebhaber Mnesilochus, der nichts von der Existenz der anderen Bacchis weiß, freigekauft werden soll. Diese Komödie enthält zahlreiche Elemente der Tragödienparodie, z. B. die Triumphrede des Sklaven Chrysalus, in der er das Gelingen seiner List und die damit verbundene Gefahr mit der Eroberung Trojas durch die Griechen vergleicht (925–978).

In *Pseudolus*, 191 v. Chr. (*Der Lügner*), wird ein Sklave gezeigt, der über das Gelingen seiner Intrigen Wetten abschließt. Da die am Stück beteiligten Figuren ihre Rollen bewusst reflektieren, kann es auch metaliterarisch gedeutet werden.

Persa, nach 190 v. Chr. (*Der Perser*), ist dadurch für eine antike Komödie untypisch, dass der Liebhaber, um den sich das Stück dreht, ein Sklave ist. Den Namen ›Persa‹ trägt das Stück, weil sich im Rahmen der Intrige zwei Personen als Perser verkleiden, darunter die freigeborene Tochter des Parasiten Sagaristio, die als Sklavin ausgegeben wird. Das Stück verwischt durch die Konstellation und Darstellung der agierenden Personen in besonders hohem Maße die Grenze zwischen Freien und Sklaven bzw. Hetären.

Casina (um 185 v. Chr.) zeigt einen Vater und seinen Sohn, die beide die Sklavin Casina lieben. Die Ehefrau des Vaters vereitelt dessen Erfolg; er selbst wird am Ende bloßgestellt. Dieses Stück bricht die

stereotypen Verhaltensmuster der Komödienfiguren auf, indem es dem alten Vater ebenfalls die Rolle des Liebhabers zuweist.

Die übrigen Komödien des Plautus, *Rudens*, vor 200 v. Chr. (*Das Schiffstau*), *Cistellaria*, vor 201 v. Chr. (*Die Kästchenkomödie*), *Epidicus* (195/194 v. Chr.), *Curculio*, 194–191 v. Chr. (*Der Kornwurm*), *Trinummus*, nach 189 v. Chr. (*Das Dreimünzenstück*), *Truculentus*, um 186 v. Chr. (*Der Grobian*), und die nur lückenhaft erhaltene und nicht datierbare *Vidularia* (*Die Kofferkomödie*) enthalten weitgehend konventionelle Komödienhandlungen um Hetären und ihre Liebhaber, Sklaven sowie Parasiten. Außergewöhnlich ist jedoch das Auftreten der allegorischen Figuren Luxuria (Verschwendung) und Inopia (Not) im *Trinummus*.

Ebenfalls nicht sicher datierbar ist *Amphitruo*. Es handelt sich um das ungewöhnlichste plautinische Stück, eine Tragikomödie, die einen mythischen Stoff, nämlich die Liebesverbindung Jupiters mit Alcumena, aus der Hercules hervorging, präsentiert. Die Gattungsmischung ist eine Neuerung gegenüber der griechischen Tradition. Die Komik des Stückes liegt vor allem in der Verwechselung, die sich dadurch ergibt, dass die Götter Jupiter und Merkur in der Gestalt von Menschen (des Amphitruo, des Gatten der Alcumena, und seines Sklaven Sosia) auftreten, durch die Feigheit des Sosia sowie durch Elemente der Tragödien- und Epenparodie. Tragisch ist dagegen das

Schicksal Alcumenas und Amphitruos, die Opfer der Willkür der Götter werden.

Charakteristisch für die Komödien des Plautus ist die auf Bühnenwirksamkeit ausgerichtete Komik, die durch eine derbe Sprache, turbulente Szenen und die Überzeichnung der Realität erzeugt wird. Auch durch die deutliche Differenzierung der Sprechweise der Figuren, die bis zur Stilparodie (z. B. des tragischen Stils oder der Amtssprache) gehen kann, sowie durch Wortschöpfungen und Wortspiele, wird eine komische Wirkung erzielt.

Die Komödien des Plautus wurden im 2. und 1. Jh. v. Chr. sehr geschätzt. Im 1. Jh. n. Chr. sank sein Ansehen bei den Kritikern zunächst. Ab dem 2. Jh. n. Chr. aber erfreute sich die vorklassische Sprache und Literatur, und somit auch Plautus, bis in die Spätantike neuer Beliebtheit. Seit dem 15. Jh. wurden Komödien des Plautus in Europa wieder aufgeführt und nationalsprachliche Neufassungen seiner Stücke gedichtet. Außerdem greifen verschiedene neuzeitliche Dichter (z. B. Molière, Shakespeare) auf Motive des Plautus zurück.

STEFANIE JAHN

Marcus Tullius Cicero

* 3. Januar 106 v. Chr. in Arpinum (Arpino, Italien)
† 7. Dezember 43 v. Chr. in Caieta (Gaeta, Italien)

Bedeutender römischer Staatsmann, Redner und Philosoph; 75 v. Chr. Kläger im Verresprozess; 63 v. Chr. Konsul; Niederschlagung der Catilinarischen Verschwörung; 58 v. Chr. Exil; 57 v. Chr. Rückkehr; ab 46 v. Chr. philosophische Tätigkeit; ab 44 v. Chr. erneut politisch aktiv; 43 v. Chr. Proskriptionsopfer der Triumvirn; sein umfangreiches Werk beinhaltet Lyrik, Prosa und Sachliteratur.

Reden

Bereits von Zeitgenossen und unmittelbar folgenden Generationen wurden Ciceros Auftritte als Redner und die publizierten Fassungen seiner Reden als Höhepunkt der römischen Beredsamkeit empfunden. Es besteht daher kein Grund, an dieser Einschätzung zu zweifeln, obwohl ein direkter Vergleich mit anderen Rednern aus der ›klassischen Epoche‹ der Rhetorik in Rom aufgrund der einseitigen Überlieferungslage nicht möglich ist: Die rund 50 größtenteils vollständig erhaltenen Reden Ciceros (von knapp 50 weiteren sind nur Titel oder einzelne Fragmente bekannt) stellen heute die einzigen Beispiele für die reiche rhetorische Produktion aus der Zeit der römischen Republik dar. Dieses Corpus wird entsprechend der verschiedenen Tätigkeiten seines Verfassers zu ungefähr gleichen Teilen von Gerichtsreden gebildet, in denen Cicero in der Regel als Verteidiger auftritt, und von politischen Reden, die er als Inhaber politischer Ämter vor dem römischen Senat oder in einer Volksversammlung gehalten hat. Allerdings handelt es sich auch bei den Gerichtsreden nur zu Beginn seiner Karriere um reine Privatfälle, während später häufig keine klare Grenze mehr zwischen seinen Auftritten als Anwalt und seiner politischen Betätigung zu ziehen ist.

Cicero hat seine Entwicklung als Redner selbst in einer späteren Schrift (*Brutus*, 46 v. Chr.) dargestellt und dabei neben seiner rhetorischen Ausbildung in Rom insbesondere die Bedeutung seines Studienaufenthaltes in Griechenland und Kleinasien betont (79–77 v. Chr.). Seine ersten beiden Auftritte als Anwalt lagen zu diesem Zeitpunkt allerdings schon hinter ihm. Dabei war ihm, nachdem er mit 25 Jahren erfolgreich debütiert hatte, bereits mit seinem zweiten Prozess (*Pro Sex. Roscio Amerino*, 80 v. Chr.), in dem er für seinen des Vatermordes beschuldigten Mandanten trotz politisch schwieriger Ausgangslage einen Freispruch erwirken konnte, der Durchbruch gelungen. Nach seiner Rückkehr aus Griechenland setzt er seine Tätigkeit als Anwalt fort und erklimmt zugleich die ersten Stufen der politischen Ämterlaufbahn. Seine hieraus resultierenden Kontakte verhelfen ihm auch zur Rolle als Anwalt der Sizilianer in einem Prozess gegen Gaius Verres, der sich als römischer Statthalter der Insel eine Reihe von Rechtsbrüchen hatte zuschulden kommen lassen (*In Gaium Verrem* I–II, 70 v. Chr.). Ciceros glänzender Auftritt in diesem viel beachteten Prozess (Verres geht nach dem ersten Verhandlungstag freiwillig ins Exil; die wesentlich umfangreichere zweite Rede wurde nur publiziert, aber nie gehalten) hat seinen endgültigen Aufstieg zum ›Staranwalt‹ der späten Republik zur Folge.

Zugleich gestaltet sich auch die politische Karriere überaus erfolgreich. Auf die Bekleidung der Praetur, aus deren Kontext Ciceros erste erhaltene Rede vor der Volksversammlung stammt (*De imperio Gnaei Pompei*, 66 v. Chr.), folgt schon bald der Höhepunkt der politischen Laufbahn, die Wahl zum Konsul für das Jahr 63 v. Chr. In dieser Amtszeit häufen sich naturgemäß die Auftritte als politischer Redner, wobei vor allem die vier Reden gegen Catilina, dessen Putschversuch Cicero abwehren konnte, seit jeher besondere Beachtung gefunden haben (*In Catilinam* I–IV, 63 v. Chr.). Daneben ist Cicero aber auch weiterhin als Anwalt tätig, allerdings weisen die von ihm in dieser Phase übernommen Fälle, bei denen es sich durchgängig um Strafsachen handelt, in der Regel deutliche politische Implikationen auf. Eine Ausnahme stellt in dieser Hinsicht die kulturhistorisch und bildungsgeschichtlich interessante Verteidigungsrede für den Dichter Archias dar, der als gebürtiger Grieche um sein römisches Bürgerrecht kämpfen musste (*Pro Aulo Licinio Archia poeta*, 62 v. Chr.).

Eine Zäsur in Ciceros Tätigkeit als Redner stellt das Exil dar, in das er aus innenpolitischen Gründen zwischen 58 und 57 v. Chr. gehen muss. Als Politiker steht er in den folgenden Jahren im Schatten des sogenannten Dreimännerbundes, aus der gleichen Zeit stammen aber einige der gelungensten Prozessreden, die zumeist auch einen engen politischen Bezug aufweisen, z. B. *Pro Publio Sestio, Pro Marco Caelio* (beide 56 v. Chr.) oder *Pro Tito Annio Milone,* (52 v. Chr.; eine der wenigen Niederlagen Ciceros vor Gericht). In seinen letzten Lebensjahren entstehen schließlich noch zwei relativ homogene Gruppen von Reden: Die eine wird von drei Reden gebildet, mit denen er versucht hat, bei Caesar die Begnadigung ehemaliger Bürgerkriegsgegner zu erreichen (46–45 v. Chr.). Die andere umfasst 14 Reden, mit denen er nach Caesars Ermordung in scharfem Ton Stellung gegen Marcus Antonius bezogen hat, der ihn daraufhin im folgenden Jahr beseitigen ließ (*In Marcum Antonium* I–XIV, 44–43 v. Chr.). Die Bezeichnung dieser in enger zeitlicher Folge entstandenen Reden als »Philippicae orationes« stammt von Cicero selbst und verweist auf die in der Antike sehr prominenten Reden, die Demosthenes gegen Philipp von Makedonien gehalten hatte.

Für die formale Gestaltung seiner Reden stand Cicero eine überaus differenzierte rhetorische Theorie zur Verfügung, die von Griechen entwickelt worden war und seit dem 2. Jh. v. Chr. auch in Rom rezipiert wurde. So wurde z. B. folgende Grobgliederung einer Rede empfohlen: Auf eine Einleitung (*exordium*), die den Gegenstand darstellen und die Sympathie der Zuhörer gewinnen sollte, folgten die Erzählung des Tathergangs oder der Vorgeschichte (*narratio*) und der im engeren Sinne argumentative Teil (*argumentatio*), während den Schluss gewöhnlich eine emotional gesteigerte, an die Gefühle der Zuhörer appellierende Passage bildete (*peroratio*). Solche Vorgaben der Rhetoriklehre waren einerseits eine wertvolle Hilfe für den Redner bei der Abfassung seines Vortrages, sie bestimmten andererseits aber auch die Wahrnehmung und die Bewertung des fertigen Produktes durch die zeitgenössischen Rezipienten. Vor diesem Hintergrund ist es umso bemerkenswerter, dass Cicero an vielen Stellen von den etablierten Normen abweicht und häufig einen individuellen, dem jeweiligen Gegenstand in hohem Maße angepassten Aufbau wählt.

Als ähnlich flexibel erweist sich Ciceros stilistische Gestaltung der Reden, in denen er je nach Anlass und Okkasion unterschiedliche ›rhetorische Register‹ zu ziehen versteht. Zwar lässt sich eine deutliche Vorliebe für eine volle und ausgewogene Diktion erkennen, doch bleibt die sprachliche Form immer dem jeweiligen argumentativen Ziel untergeordnet. Gerade die Angemessenheit des von Cicero jeweils gewählten Tons hat einen nicht unwesentlichen Anteil daran, dass sein Stil zu allen Zeiten als vorbildhaft empfunden wurde. Auch andere auffällige und in sich durchaus reizvolle Elemente der ciceronischen Reden – etwa der häufig zu beobachtende Humor oder vermeintliche Exkurse zu allgemeineren Themen – sind immer auf das eigentliche Ziel einer rhetorischen Performanz bezogen und dienen nicht zuletzt dazu, die Zuhörer von der Richtigkeit der vom Redner vertretenen Sicht der Dinge zu überzeugen. Die Aussagen in den Reden können daher auch nur mit entsprechender Vorsicht als Quelle zur Person Ciceros oder seiner Zeit herangezogen werden.

Cicero hat zu seinem großen Erfolg bei Mit- und Nachwelt selbst einen nicht unerheblichen Beitrag geleistet, indem er ausgewählte Teile seines rhetorischen Werkes (vor allem die Reden gegen Verres und zwölf Reden aus dem Konsulatsjahr) in einer wohl von Fall zu Fall unterschiedlich stark überarbeiteten Form publiziert hat. Die von seinem Privatsekretär Tiro postum veranstaltete Gesamtausgabe konnte sich gegen diese Einzeleditionen offenbar nicht durchsetzen, so dass die Überlieferungsgeschichte der Reden ein auf den ersten Blick eher unübersichtliches Bild bietet. Der immensen Wirkung Ciceros auf die gesamte Geschichte der abendländischen Rhetorik konnte dies jedoch keinen Abbruch tun. DENNIS PAUSCH

Philosophische Schriften

Das philosophische Œuvre des Autors umfasst über ein Dutzend, zum Teil recht umfangreicher und in der Regel gut erhaltener Werke, die der Staats- und Rechtsphilosophie, der Erkenntnistheorie, der Ethik sowie der Theologie gewidmet sind. Mit diesen innerhalb des kurzen Zeitraums von 54 bis 44 v. Chr. entstandenen Schriften ist es Cicero gelungen, große Teile der antiken Philosophie in lateinischer Sprache und literarisch ansprechender Form darzustellen. Als Verfasser philosophischer Schriften tritt er erst hervor, als in den letzten Jahren der römischen Republik die Möglichkeit zur politischen Betätigung für ihn stark eingeschränkt ist. Dabei lassen sich zwei getrennte Phasen der literarischen Produktion erkennen. Die erste erstreckt sich auf die Jahre 54 bis 51 v. Chr., in denen der sogenannte Dreimännerbund die Politik dominiert, während die zweite mit den Jahren 46 bis 44 v. Chr. die Dikatur Caesars und zugleich Ciceros letzte Lebensjahre umfasst.

Am Beginn der Reihe theoretischer Schriften aus der Feder Ciceros steht mit dem Dialog *De oratore*, 55 v. Chr. (*Über den Redner*, 5. Aufl. 2003, H. Merklin), allerdings die für ihn besonders naheliegende Beschäftigung mit der Redekunst. Doch ergibt sich durch seine Forderung von philosophischen Kenntnissen für den idealen Redner bereits eine inhaltliche Anbindung. Noch enger schließen sich die beiden in den folgenden Jahren (54–51 v. Chr.) entstandenen Werke *De re publica* (*Der Staat*, 1985, K. Büchner) und *De legibus* (*Die Gesetze*, 2. Aufl. 2002, R. Nickel) in formaler Hinsicht an *De oratore* an, denn in diesen drei Schriften entwickelt Cicero die für sein philosophisches Œuvre mit wenigen Ausnahmen bestimmende Form des Dialoges.

Dabei gilt insbesondere der in Titel und Aufbau an die berühmte Schrift Platons über den Staat (*Politeia*) angelehnte Dialog *De re publica*, in dem Cicero die römische Verfassung im Lichte der griechischen Staatstheorie als Idealform deutet, auch als ein literarisches Meisterwerk. Dennoch war lange Zeit nur das sechste und letzte Buch bekannt, ehe 1819 große Teile der ersten fünf Bücher als Palimpsest zum Vorschein kamen. Anhand der erhaltenen Teile lässt sich der Inhalt der gesamten Schrift folgendermaßen rekonstruieren: Im ersten Buch lässt Cicero die von ihm ausgewählten Gesprächspartner, bei denen es sich um den jüngeren Scipio und andere römische Aristokraten des 2. Jh.s v. Chr., also um zum Zeitpunkt der Abfassung bereits historische Personen handelt, die Vor- und Nachteile verschiedener Verfassungsformen diskutieren und schließlich die in Rom praktizierte Mischung aus monarchischen, aristokratischen und demokratischen Elementen als die beste Lösung definieren. Das zweite Buch zeichnet anhand eines Durchgangs durch die römische Geschichte die Entstehung dieser Mischverfassung nach. In den nur schlecht erhaltenen Büchern drei und vier wird offenbar die Rolle der Gerechtigkeit in einem solchen idealen Staat diskutiert, und die Bücher fünf und sechs widmen sich der Rolle des Politikers. Das sechste Buch beinhaltet das sogenannte »Somnium Scipionis«, in dem Scipio sein berühmter Vorfahr gleichen Namens erscheint, um ihm in einer kosmischen Vision den Lohn eines Lebens im Dienste des Staates vor Augen zu führen.

Cicero hat in Anlehnung an Platon auf den Dialog über den idealen Staat einen über die idealen Gesetze folgen lassen. Doch lässt sich weder eine enge Bezugnahme auf die vorausgegangene Schrift noch auf das platonische Vorbild beobachten. Dies zeigt sich bereits darin, dass Cicero dieses Gespräch in der Gegenwart ansiedelt und sich selbst sowie seinen Bruder Quintus und seinen Freund Atticus als Dialogpartner auswählt. Neben seiner Rolle als wichtiger rechtshistorischer Quelle haben die kunstvoll gestalteten Proömien, vor allem die Schilderungen der Landschaft um Ciceros Landgut bei Arpinum, auf dem das Gespräch spielt, den Rang dieses Dialoges begründet.

Auch die zweite, quantitativ ungleich produktivere Phase der Abfassung theoretischer Schriften beginnt mit drei eher rhetorisch ausgerichteten Werken (*Brutus, Orator, Paradoxa Stoicorum*; alle 46 v. Chr.). An diese schließt sich nach dem plötzlichen Tod der Tochter Tullia im Frühjahr 45 v. Chr. eine an sich selbst gerichtete »consolatio« (Trostschrift) an, die nicht überliefert ist. Bereits im vorangehenden Winter scheint Cicero jedoch den Plan zu einer Gesamtdarstellung der griechischen Philosophie in lateinischer Sprache gefasst zu haben, den er jetzt mit einer ganzen Reihe von in rascher Folge erscheinenden Schriften umsetzt. Den Anfang macht im Sommer 45 v. Chr. der in der Antike berühmte, heute aber verlorene Dialog »Hortensius«, der eine allgemeine Aufforderung enthielt, sich mit Philosophie zu beschäftigen. Um die gleiche Zeit arbeitete Cicero auch an den von ihm in zwei Fassungen veröffentlichten *Academici libri*, die eine Übersicht über die antike Erkenntnistheorie boten (erhalten sind das Ende der ersten und der Anfang der zweiten Fassung).

Nach diesen grundlegenden Arbeiten wendet sich Cicero noch im Sommer 45 v. Chr. dem philosophischen Teilbereich der Ethik zu und diskutiert in den fünf Büchern *De finibus bonorum et malorum* (*Das höchste Gut und schlimmste Übel*, 1989, H. Merklin) die verschiedenen antiken Lehrmeinungen zu den Zielen menschlichen Handelns. Dies geschieht in drei Gesprächen, die zu unterschiedlichen Zeiten und an verschiedenen Orten, aber alle in der jüngeren Vergangenheit spielen, so dass Cicero durchgehend als Hauptredner fungieren kann. Thematisch eng verwandt sind die im Herbst des gleichen Jahres entstandenen *Tusculanae disputationes* (*Gespräche in Tusculum*, 6. Aufl. 1992, O. Gigon), die in den ersten vier Büchern zunächst die Beherrschung verschiedener Gemütsbewegungen (Todesfurcht, Schmerz, Leiden bei Krankheit, sonstige Leidenschaften) behandeln, ehe im fünften Buch die These aufgestellt wird, dass zum glücklichen Leben allein die Tugend ausreiche. Das Gespräch ist noch näher an die Gegenwart herangerückt und die Rolle Ciceros als Hauptredner gegenüber dem nicht einmal mehr namentlich gekennzeichneten Dialogpartnern deutlich ausgeweitet.

Ebenfalls noch im Jahre 45 v. Chr. widmet sich Cicero mit der theologischen Schrift *De natura deorum* (*Das Wesen der Götter*, 1996, O. Gigon/L. Straume-Zimmermann) einem weiteren Teilbereich der antiken Philosophie. Das Gespräch ist in Ciceros Jugend angesiedelt und im Vergleich zu den letzten Schriften durch eine deutliche Zurücknahme seiner eigenen Person geprägt. Daraus ergibt sich ein der veränderten Fragestellung durchaus angemessener, offenerer Charakter des Gesprächs, dessen kontroverse Diskussion denn auch ohne verbindliches Ergebnis bleibt. Diesem umfangreichen Werk in drei Büchern (das letzte enthält größere Lücken) hat Cicero im folgenden Jahr noch zwei kleinere Schriften zu ergänzenden Themen an die Seite gestellt. Erhalten sind aber lediglich die beiden Bücher *De divinatione* (*Die Weissagung*, 1991, C. Schäublin), in denen Cicero mit seinem Bruder die Frage diskutiert, ob eine Vorhersage der Zukunft möglich ist, während die Darstellung des Gegensatzes zwischen Willensfreiheit und Vorherbestimmung in der Schrift »De fato« (Das Schicksal) als verloren gilt.

Im weiteren Verlauf des Jahres 44 v. Chr. beschäftigte sich Cicero wieder verstärkt mit ethischen Fragestellungen. Für sein letztes Werk, die drei Bücher *De officiis* (*Die Pflichten*, 4. Aufl. 1994, K. Büchner), deren Endredaktion er nicht mehr vornehmen konnte, wählte Cicero nicht mehr die Form des Dialogs, sondern – zumindest der Fiktion nach – die eines ›Lehrbriefes‹ an seinen in Athen studierenden Sohn. In Anlehnung an ein berühmtes Werk des Stoikers Panaitios behandelt das erste Buch das sittlich Ehrenvolle (»honestum«) und zweite

Buch das Nützliche (»utile«), das dritte Buch hingegen enthält mit der Diskussion des scheinbaren Konflikts zwischen diesen beiden Prinzipien Ciceros eigenen Beitrag. Gerade diese Schrift ist als Handbuch der praktischen Ethik von der Nachwelt besonders intensiv rezipiert worden.

Sein in der Vorrede zu *De natura deorum* formuliertes Ziel, »totam philosophiam pertractare« (»die gesamte Philosophie gründlich zu behandeln«), hatte Cicero damit bereits vor seinem gewaltsamen Lebensende zu weiten Teilen eingelöst. Seine besondere Leistung besteht dabei in der Adaptation der aus dem griechischen Kulturkreis stammenden Philosophie an die römische Lebenswelt des 1. Jh. v. Chr. Dies ist ihm in der Regel ebenso überzeugend auf der inhaltlichen Ebene gelungen wie in der Wahl von Ort, Zeit und Personen für die Szenerie der einzelnen Dialoge, die nicht nur oberflächlich römisches Kolorit enthalten, sondern für den zeitgenössischen Leser vielfach semantisch aufgeladen sind. In welchem Umfang er über die pädagogisch geschickte Präsentation des vorhandenen Wissens hinaus eigenständig philosophische Fragestellungen weiterentwickelt hat, ist wegen des fast vollständigen Verlustes seiner Vorlagen häufig nicht mehr abzuschätzen. Es besteht jedoch kein Grund, die lange Zeit von großer Geringschätzung geprägte Beurteilung von Ciceros eigener Leistung unhinterfragt zu übernehmen.

Der Erfolg von Ciceros philosophischen Schriften geht sicherlich nicht zuletzt auf ihren Rang als literarische Kunstwerke zurück. Allerdings dient die in Anlehnung an Platon und Aristoteles, aber auch an andere hellenistische Autoren (z. B. Herakleides von Pontos) entwickelte spezifische Form des Dialogs nicht nur der literarisch anspruchsvolleren Darstellung. Sie ist vielmehr zugleich der adäquate Ausdruck der Cicero bereits von seinem Lehrer Philon von Larissa vermittelten skeptischen Form des Philosophierens, die für die sogenannte neue Akademie charakteristisch war und in der das eigene Urteil mittels einer sorgfältig abwägenden »disputatio in utramque partem« (»Argumentation für und gegen eine These«) in der Schwebe gehalten wird. Mit diesem Verfahren kann, obwohl sichere Erkenntnis nicht zu gewinnen ist, immerhin das Wahrscheinliche (»probabile«) verdeutlicht werden. Daher fällt es in einigen Werken, vor allem aus der zweiten Schaffensperiode, auch schwer, Ciceros eigenen Standpunkt zu bestimmen.

Zur Wirkung von Ciceros Schriften hat neben ihrem Inhalt und der dialogischen Inszenierung nicht zuletzt auch ihre stilistische Perfektion beigetragen. Sein langjährig geschultes Sprachempfinden befähigte Cicero nicht nur, komplexe Sachverhalte in klarer und abwechslungsreicher Diktion darzustellen, sondern erlaubte es ihm auch, die Ausdrucksmöglichkeiten der lateinischen Sprache durch die Bildung neuer Wörter und die philosophische Ausdeutung vorhandener Ausdrücke erheblich zu erweitern. Gelungene Wortschöpfungen wie »qualitas« oder »individuum« haben sich nicht nur in der lateinischen und später der volkssprachlichen Literatur durchgesetzt, sondern wurden auch zu einem festen Bestandteil der Terminologie der gesamten abendländischen Philosophie. DENNIS PAUSCH

Gaius Valerius Catull

* um 87/85 v. Chr. in Verona (Italien)
† nach 55 v. Chr. (Ort unbekannt)

Römischer Dichter; gehörte dem Dichterkreis der Neoteriker an; sehr wenig Quellen zu Catull; die meisten Informationen stammen aus Catulls eigenen Gedichten; sein erhaltenes Werk umfasst 116 Gedichte; umfassende Rezeption seines Werkes, primär der Liebeslyrik.

Carmina – Gedichte. Lateinisch-deutsch / Carmina

Die Dichtungen Catulls sind im literarischen und sozialen Kontext der römisch-italischen Oberschicht anzusiedeln, die sich seit Ende des 2. Jh.s v. Chr. zunehmend auch poetischen Kleinformen zuwandte und sich speziell in der Gattung Epigramm versuchte. Besonders beliebt wurde in Rom die Nachahmung hellenistischer Poesie und die Anwendung ihres spezifischen poetischen Programms, das von formalem Perfektionismus und Artifizialität gekennzeichnet ist. In Anlehnung an Ciceros Benennung »neóteroi« (»Neuere«) werden die auch nach ihrem Selbstverständnis ›modernen‹ Dichter dieser Zeit als »Neoteriker« bezeichnet. Einzig von Catull als dem besten Dichter ist ein umfängliches Werk erhalten. In Catulls Werk spiegeln sich die engen sozialen Bezüge dieser neoterischen Dichtungsproduktion deutlich wider. In vielen Gedichten spricht Catull Personen direkt an, um so einen Raum literarischer Kommunikation zu inszenieren. Die meisten dieser Personen waren nicht nur Dichter, sondern als Redner (z. B. Licinius Calvus, Hortalus) oder Politiker (z. B. Asinius Pollio, Cornificius, Helvius Cinna) im öffentlichen Leben tätig. Nach Ausweis der Gedichte scheint Catull derselben sozialen Schicht angehört zu haben wie angesprochene Größen der Zeit (z. B. Cicero, Caesar), was ebenso wie der aus den Gedichten bezeugte Besitz mehrerer Güter für eine nobilitäre Herkunft und einen entsprechenden Wohlstand des Autors spricht. Insofern sind Catulls Gedichte trotz ihrer herausgehobenen poetischen Qualität auch typische Zeugnisse der aristokratischen Lebenswelt und ihrer Selbstdarstellung in poetischer Form.

Im Werk dominieren im weitesten Sinne epigrammatische Gedichte über freundschaftliche Beziehungen, Qualität von Dichtung, politische Invektive, Liebe und Erotik. Auffallend ist die Vorliebe für sexuelle Ausdrucksweise und die Darstellung sexueller Handlungen in einem beträchtlichen Teil der Gedichte. Charakteristikum des Werks ist eine große Experimentierfreude: Zum ersten Mal wird die ganze Vielfalt der lyrischen Versmaße aus der griechischen Dichtung in die römische Literatur eingeführt (z. B. Hendekasyllabus, Asklepiadeus, Sapphische Strophe); in der Darstellungs- und Erzählweise fallen Catulls Vorliebe für das Paradoxe sowie die vielfältigen ironisch-parodistischen Züge auf. Kennzeichnend ist auch die empathische Darstellung emotionaler Vorgänge (Trauer, Verliebtheit, Hass, Freundschaft). Hieraus schloss man in der Neuzeit vielfach, es handele sich bei diesen Gedichten im Sinne der ›Erlebnislyrik‹ um authentische Zeugnisse von Catulls Gefühlswelt.

Die vorliegenden 116 Gedichte mit ihren rund 2300 Versen Gesamtumfang lassen sich in drei Gruppen anordnen: 1. die in vielfältigen Metren abgefassten sogenannten »Polymetra« (c. 1–60); 2. die umfänglichen Gedichte des Mittelteils (c. 61–64); 3. die im elegischen Distichon abgefassten Elegien und Epigramme (c. 65–116), von denen allerdings c. 66 und 68 mit 94 bzw. 160 Versen ebenfalls zu den umfänglichen Gedichten gerechnet werden können. Die Anordnung der Gedichte stammt wahrscheinlich vom Autor selbst. Durch die Gruppierung ergeben sich drei Standard-Buchrollen mit jeweils ca. 800 bzw. gut 600 Versen.

Gleich das erste Gedicht kombiniert in nur zehn Versen die Themen Freundschaft, Poetologie und Selbstinszenierung: Angeredet wird der berühmte mit Catull befreundete Biograph und Geschichtsschreiber Cornelius Nepos, dem der Dichter sein Werk widmet. Sein eigenes Werk bezeichnet Catull als »nugae« (»Kleinigkeiten«), das konkrete »Buch« wird mit einem Deminutivum als »Büchlein« (»libellus«) charakterisiert, das ebenso wie die hellenistische Kleinpoesie nicht nur »klein und fein« (»lepidus«) ist, sondern auch sorgfältig ausgefeilt wurde (»expolitus«). Am Schluss des Gedichts gibt Catull seinem Anspruch auf ewigen Nachruhm Ausdruck. Es folgen zwei mit sexuell konnotierten Ausdrücken versehene Gedichte auf den

Tod eines Sperlings (c. 2 u. 3), in denen die Trauerepigramme auf verstorbene Haustiere sowie die Gattung des Götterhymnos parodiert werden.

Insgesamt 13 Gedichte aus dem ersten und dritten Teil des Werks erwähnen eine Lesbia, zu der der Sprecher der Gedichte eine wechselvolle Liebesbeziehung unterhält. Zwar soll es sich nach Ausweis von Apuleius (2. Jh. n. Chr.) um ein Pseudonym für die Schwester des römischen Politikers Clodius Pulcher handeln, allerdings fehlen sichere Anhaltspunkte. Der griechische Name Lesbia könnte auf eine Hetäre verweisen. Im Kontext der Gedichte jedenfalls nimmt sie dieselbe Funktion ein wie die Hetären von Catulls Dichterfreunden, mit denen er in poetischer und erotischer Konkurrenz steht. Dies spiegelt offenkundig die soziale Realität des 1. Jh.s v. Chr. wider, in der sich die adligen jungen Männer nicht nur durch besonders gelungene Gedichte, sondern auch durch ihren Geschmack bei der Wahl der Partnerinnen (oft kostspielige Hetären) auszeichnen wollten. Dies thematisiert Catull in etlichen Gedichten, wo die Partnerinnen seiner Zeitgenossen und Freunde (z. B. Ameana) erwähnt und mit Kennerschaft beurteilt werden. Catull kann sich neben Lesbia auch noch weitere Geliebte bzw. Hetären leisten (z. B. Ipsitilla c. 32). Neben der heterosexuellen Liebe werden auch päderastische Beziehungen erwähnt, so unterhält der Sprecher eine Liebesbeziehung zu einem Knaben namens Iuventius. Durch die Erwähnung seiner vielfältigen Liebesbeziehungen betont der Sprecher seine sexuelle Potenz, die im Werk wiederum mit poetischer Potenz direkt in Zusammenhang gebracht wird (z. B. c. 105). Eine herausragende Rolle spielen ferner die Pflege der Freundschaft, das gemeinschaftliche Symposion als Ort von literarischer Produktion und Hetärenliebe, soziale Verhaltensnormen im Umgang mit Freunden sowie das Verhältnis von Dichtung und Realität. So weist Catull in c. 16 ausdrücklich darauf hin, dass die Obszönität seiner Gedichte nicht als Abbild seiner Lebenswirklichkeit verstanden werden darf.

Im Zentrum des Werkes stehen die vier großen Gedichte c. 61 bis 64, die die Themen Liebe, Hochzeit und Sexualität variieren. Bei den beiden ersten Gedichten handelt es sich um Hochzeitslieder für den römischen Patrizier Manlius Torquatus, dem Catull offenbar freundschaftlich eng verbunden war. Beide Gedichte heben traditionelle Werte der Ehe (z. B. Jungfräulichkeit der Braut) hervor. Gedicht 63 handelt von dem mythischen Kybele-Anhänger Attis, der sich zur Unterdrückung seines Sexualtriebs selbst entmannt. Mit großer Empathie schildert Catull die sich am nächsten Tag einstellenden Selbstzweifel des Attis, der mit seiner Kastration gegen soziale Normen verstoßen hat. Der Sprecher kritisiert hier religiösen Fanatismus und beschreibt die hieraus resultierenden negativen Folgen.

Eines der bizarrsten Werke der lateinischen Literatur stellt das kleine Epos (»Epyllion«) über die Hochzeit des Menschen Peleus mit der Meeresgöttin Thetis dar (c. 64). Zu dieser Hochzeit erscheinen die Götter und bringen als Geschenk eine Decke mit, in der als Bild die Klage der von Theseus auf Naxos verlassenen Ariadne eingestickt ist. Fast alles an diesem Gedicht ist paradox und unlogisch: Am Eingang wird ausführlich als Zeitpunkt der Hochzeit die gerade erst erfolgte

Erfindung des Schiffbaus erwähnt, auf der Decke existiert dann aber bereits vorher das Schiff des Theseus. Die Decke mit der unglücklichen Liebe und Trennung von Theseus und Ariadne ist überhaupt ein für den Anlass unpassendes Geschenk. Bei der Hochzeitszeremonie singen ausgerechnet die Unheil verkündenden Parzen ein schauriges Hochzeitslied, in dem sie die blutigen Gemetzel von Peleus' und Thetis' zukünftigem Sohn Achill im Trojanischen Krieg schildern. Formal sehr sorgfältig und symmetrisch aufgebaut, enthält dieses Gedicht zahlreiche inhaltliche Inkongruenzen, die offenbar den Erzählvorgang an sich ironisieren. So tadelt sich der Erzähler im Gedicht selbst wegen seiner weitschweifigen Erzählweise und fühlt sich vom Erzählen überfordert.

Im dritten Werkteil finden sich weitere Gedichte mit Paradoxien und ironischen Elementen. Die lange Elegie c. 66 enthält ähnlich wie c. 51 die Übertragung eines griechischen Prätextes, hier von Kallimachos' Locke der Berenike: Eine abgeschnittene und angeblich verstirnte Haarlocke der ägyptischen Prinzessin Berenike schildert in diesem typisch hellenistischen Rollengedicht ihre Sehnsucht nach der ehemaligen Herrin. In der präsenten Eifersucht der Locke auf Berenikes Ehemann Ptolemaios und dem komisch wirkenden Stolz auf die eigene Verstirnung ironisiert Catull diese Form autobiographischen

Erzählens. Zugleich verweist die Elegie thematisch und formal auf die kurz darauf entstehende römische Liebeselegie. In diesen Kontext gehören noch weitere Gedichte des dritten Werkteils wie etwa der skurrile Dialog zwischen dem Sprecher und einer Tür (c. 67). Die Tür berichtet dem Sprecher der Gedichte von der Untreue der Hausbewohner. Dabei wird die Beglaubigungstopik antiker Literatur in haarsträubender Weise karikiert: Nicht, dass eine Tür eigentlich nicht sprechen kann, wird in der Elegie thematisiert, sondern die Frage, woher die am Hauseingang befindliche Tür so gut über die Vorgänge in den Schlafzimmern des Hauses informiert ist. Auf den ersten Blick paradox ist schließlich das lange Gedicht c. 68, ein streng symmetrisch gebautes formales Kabinettstück, in dem in kunstvoller Weise die Trauer um den bei Troja verstorbenen Bruder mit der Liebe zu Lesbia und dem Troja-Mythos verbunden werden.

In der Antike wurde Catull vielfach rezipiert, insbesondere von den römischen Liebeselegikern, für die er als Vorbild wirkte. Im Mittelalter wurde Catull fast gar nicht gelesen, bis um 1300 eine Handschrift in Verona auftauchte, die eine lang anhaltende Begeisterung bei den Humanisten der Renaissance auslöste. Im 20. Jh. vertonte Carl Orff Catulls Gedichte (1943). In Thornton Wilders Roman *Ides of March* (1948) wird das Leben des Dichters literarisch rekonstruiert.

PETER ALOIS KUHLMANN

Lukrez

* um 96 v. Chr. (Ort unbekannt)
† um 53 v. Chr. (Ort unbekannt)

(d. i. Titus Lucretius Carus) – Römischer Lehrdichter; Bekannter Ciceros, der dessen einziges Werk, *De rerum natura*, herausgegeben haben soll.

Vom Wesen des Weltalls / De rerum natura

Das philosophische Lehrgedicht, das vermutlich um 43 v. Chr. entstanden ist, umfasst sechs Bücher und ist dem Praetor Gaius Memmius gewidmet. Obwohl eine endgültige Redaktion des aus 7409 Hexametern bestehenden Werkes fehlt, steht die symmetrische Anlage des Epos außer Zweifel. Je zwei Bücher bilden eine thematische Einheit. Buch 1 und 2 handeln von der Natur des Mikrokosmos, d. h. vom Aufbau der Welt aus Atomen und ihren Bewegungen, Buch 5 und 6 von der des Makrokosmos: von der Zusammensetzung der Atome zu Körpern, vom Universum und seinen Bewegungen, der Kosmogonie und Kulturentstehung, von verschiedenen Natur-›Wundern‹.

Das innere, so flankierte Buchpaar ist der Natur des Menschen gewidmet: dem Wesen der Seele, des Geistes und der Sinneswahrnehmungen. Die Menschheit soll von der Furcht vor dem Tod befreit werden, die für alle Schlechtigkeit und alles Unglück der Menschen verantwortlich gemacht wird. Darin Epikur folgend, dem viermal in den Vorworten (1, 3, 5, 6) gefeierten Meister, sieht Lukrez in der Todesfurcht eine Folge der Religion, der mythischen, anachronistischen Vorstellung von Göttern, die rächend oder belohnend in das Leben der Menschen eingreifen würden. Diese Vorstellung hält den Erkenntnissen vom wahren Wesen der Natur, wie sie besonders Demokrit gewonnen hat, nicht mehr stand; denn jetzt steht fest, dass die Natur ausnahmslos der ihr eigenen Kausalität, d. h. den Gesetzen der Materie, folgt. »Aus nichts wird nichts« (1,150) und »Es gibt nur Materie und den leeren Raum« (1,420) lauten die Hauptaxiome.

Darüber hinaus lassen sich nur immanente, aber auch wieder gesetzmäßige Umschichtungsprozesse der Materie feststellen: im großen, wenn Katastrophen über ganze Weltteile hereinbrechen, im kleinen, wenn Stoffe entstehen oder sich verändern, ebenso im Bereich der menschlichen Seele (»anima«) bei Geburt und Tod; denn auch die Seele besteht aus Materie und ist durch sie an den Leib gebunden. Sein Tod ist auch ihr Tod. Und mit ihr vergeht auch der Geist (»animus«) im Augenblick des Todes. Während des Lebens aber ist er der Sitz der Empfindung (»sensus«) und der Vernunft (»ratio«), die uns in die Lage versetzen, mit Hilfe der Sinnesorgane die Naturvorgänge als ewiges Werden und Vergehen, als ewigen Austausch von Materie zu begreifen, uns aber zugleich aus der Determination durch die Naturgesetze herausführen, indem sie die einmal in ihrer Ursache erkannten Prozesse in Bahnen zu lenken wissen, die dem Menschen angenehm und nützlich sind.

In der Zeit der Bürgerkriege schreibt Lukrez ein Epos, das bewusst den Mythos ausklammert und versucht, Dichtung und Naturlehre zu verschmelzen, eine Dichtung zu schaffen, die sich aus den Forschungsergebnissen eine neuartige Symbolwelt aufbaut, und zugleich eine Naturlehre zu bieten, die sich der ästhetischen Überzeugungskraft der Poesie bedient und den Dingen trotz der Analyse ihre Schönheit bewahrt. Zusammen mit dem Mythos wird auch das »Tragische«, das spezifisch Beunruhigende der Kunst, von dem Dichter und Philosophen, dem Ästheten und Epikureer eliminiert und auf diese Weise der deutlich gesehenen Gefahr eines irrationalen Fatalismus in der eigenen Zeit entgegengewirkt. Er schafft ein der Vernunft verpflichtetes, erhellendes, allem Dunkel-Orakelhaften fernes Aufklärungswerk. Die düsteren Jenseitsvorstellungen der mythologischen Dichter werden ebenso abgelehnt wie die »dunkle Sprache« eines Heraklit (1,639).

Auffällig ist die Wahl der dichterischen Form für ein naturwissenschaftliches und philosophisches Werk. Im Proömium zu Buch 4, wo Lukrez über Neuheit und Schwierigkeit seines Dichtertums spricht, vergleicht er die poetische Form mit dem Honig, den man den Kindern in die bittere Arznei mischt. Die eingefügten Hymnen auf Venus, Cybele und Ceres bilden dazu keinen Widerspruch. Diese Göttinnen erscheinen nicht als transzendente Mächte, sondern als Erscheinungsformen der mythischen Fruchtbarkeit, der »Magna mater«, die schon aus der etymologischen Wurzel heraus das mächtige

Symbol ewig schöpferischer »materia« ist. Dass gerade Venus die Rolle der Muse zufällt, sichert noch andere Bezüge: Ihr allein obliegt es, den unheilvollen Mars zu besänftigen – den Mars als das Prinzip des Krieges, des Irrationalen und Tragischen.

Manchmal hebt Lukrez die Antinomie zwischen Lehre und Dichtung fast ganz auf. Der dichterische Impetus ist gewaltig. Es bleibt nicht beim bloßen Antagonismus von Dichter und Philosophen. Die Intensität der Schilderung von Katastrophen und menschlichem Unglück (besonders der Pest von Athen, mit der das Werk abschließt) geht weit über die Erfordernisse des negativen Gegenbilds hinaus. Hier bricht geradezu ein Aufklärungspessimismus durch, der dem Epos Spannung verleiht. Die kraftvolle, altertümliche Sprache, die öfter Ennius verpflichtet ist, die handfeste Anschaulichkeit auch der abstraktesten Dinge ließen Lukrez einen Bund zwischen Wahrem und Schönem schließen und eine der epikureischen Ästhetik entsprechende legitime Dichtung schaffen. Er versetzt sich in seinem Werk in die Rolle des tief betroffenen Adepten, die ihn von seinem Lehrer Epikur unterscheidet und nicht etwa abweichende Auffassungen über mancherlei Einzelheiten der Lehre.

Das beunruhigende Werk erregte immer wieder die bedeutendsten Geister, und zwar keineswegs nur die dezidierten Materialisten und Aufklärer unter ihnen. Nur im Mittelalter wurde das Werk wenig rezipiert, bis es in der Neuausgabe durch Petrus Gassendi (1592–1655) wieder entdeckt wurde. Beachtenswert vor allem ist die Bewunderung, die ihm Cicero, Vergil, Montaigne und der um die Übersetzung Knebels verdiente Goethe entgegenbrachten. Nachwirkungen sind auch bei den Entwicklern der Evolutionslehre des 19. Jh.s (Darwin) nachweisbar. RICHARD MELLEIN

Sallust

* 86 v. Chr. in Amiternum (L'Aquila, Italien)
† 35 oder 34 v. Chr. in Rom (Italien)

(auch: Gaius Sallustius Crispus) – Rhetorisches und philosophisches Studium in Rom; 52 Volkstribun; Parteigänger Caesars; 50 aus dem Senat ausgestoßen, bei Bürgerkriegsende wieder aufgenommen; 46 Prokonsul über die Provinz Africa Nova; ab März 44 Rückzug ins Privatleben und schriftstellerische Tätigkeit; das erhaltene Œuvre besteht aus *De coniuratione Catilinae*, *Bellum Iugurthae* und fragmentarisch erhaltenen Werken.

Die Verschwörung des Catilina / De coniuratione Catilinae

Mehr als 20 Jahre nach Catilinas Putschversuch (63 v. Chr.), nach seinem eigenen Rückzug aus der Politik und kurz nach Caesars und Ciceros Tod begann Sallust mit der Arbeit an seinem historischen Erstlingswerk, einer historischen Monographie, die 40 v. Chr. veröffentlicht wurde. Anlass dafür dürfte die unmittelbar vorangegangene Veröffentlichung von Ciceros nachgelassener Schrift »De consiliis suis« gewesen sein, in der der Konsul des Jahres 63 die Verschwörung aus seiner Sicht darstellt.

Sallust selbst bezeichnet in der Einleitung zu *De coniuratione Catilinae* die historischen Ereignisse als ausschlaggebend für die Wahl seines Stoffes. Der Einleitung schließt sich eine Darstellung der Grundlagen und der Vorbereitungen der Verschwörung an (Kapitel 5–19). Im Folgenden werden nach einer Charakterisierung Catilinas die Anfänge der Verschwörung und die Bildung von Catilinas Anhängerschaft beschrieben. Die anschließenden Kapitel des Werks (20–39,5) behandeln den Putschversuch bis zu Catilinas Flucht aus Rom und seiner Ächtung. Die Verschwörung in Rom (Kapitel 39,6–55) wird durch die Hinrichtung der in der Stadt verbliebenen ›Catilinarier‹ beendet. Das Werk schließt mit der militärischen Niederlage der übrigen ›Catilinarier‹ in einer offenen Schlacht in Etrurien (Kapitel 56–61).

Während es in Ciceros Schrift eher um die abwägende Verurteilung von Schuld und Unschuld, vielleicht sogar um die Andeutung von Verbindungen Caesars zu Catilina gegangen sein dürfte, präsentiert Sallust die Verschwörung als symptomatische Folge des allgemeinen Niedergangs und der mit der Niederwerfung des letzten großen Gegners Karthago einsetzenden Auflösung der inneren Einheit des römischen Staates. Genusssucht, Vernachlässigung der ›virtus‹ (menschliche Größe, tatkräftige Bewährung) und das Überhandnehmen von Gruppeninteressen auf Seiten der Nobilität waren für ihn die Ursachen des Niedergangs.

Sallust wollte mit geschichtsphilosophischem und politischem Anspruch seine Gesamtkonzeption an einem Demonstrationsobjekt veranschaulichen. Zwar dominiert eine stark negativ gefärbte Charakterisierung des Catilina die Handlung, der Autor ist jedoch nicht durchweg einseitig parteilich. Die Integrität des jüngeren Cato wird gebührend gewürdigt, und die Verschwörer selbst erscheinen am Ende, in der Schlacht von Pistoria (Kapitel 61), fast als Helden.

Eingelegt in die historische Darstellung sind zahlreichen Exkurse sowie – teils authentische, teils fingierte – Reden und Briefe, die mit psychologischen Details die Handelnden, darunter auch weibliche Schlüsselfiguren, charakterisieren.

Sehr auffällig ist der besondere Stil, der archaisierende Elemente mit gedrungener Knappheit des Ausdrucks und bewusst ungleichmäßigem Satzbau verbindet. Sallust schuf mit diesen besonderen Merkmalen einen besonderen Historikerstil, den später Tacitus nachahmte und perfektionierte. Als Historiker wurde Sallust, der ›Geschichtsschreiber der Republik‹, oft nicht ernst genommen. Was jedoch nachwirkte, war seine künstlerisch wirkungsvolle Kompositionstechnik, die romanähnliche Gruppierung der Protagonisten (Caesar – Cato – Catilina), die Kunst der Charakterisierung sowie die Einführung des Psychologischen. RICHARD MELLEIN

Horaz

* 8. Dezember 65 v. Chr. in Venusia (Venosa, Italien)
† 27. November 8 v. Chr. (Ort unbekannt)

(d. i. Quintus Horatius Flaccus) – Ausbildung in Rom; Aufenthalt in Athen; im Bürgerkrieg ab 44 v. Chr. Offizier im Heer des Brutus; nach dessen Niederlage Arbeit als Schreiber, literarische Tätigkeit; um 38 v. Chr. Aufnahme in den Maecenaskreis; Schenkung eines Landguts in den Sabinerbergen; Freundschaft mit Augustus; hinterließ Episteln und ein lyrisches Werk, das wie seine *Ars poetica* bis in die Frühe Neuzeit hinein maßgebend war.

Satiren / Satirae

Die zwei Bücher umfassenden, in Hexametern verfassten Satiren erschienen um 35 (Buch 1) und 30 v. Chr. (Buch 2). Die zehn Satiren des ersten Buchs behandeln allgemeine Untugenden wie die ewige Unzufriedenheit des Menschen mit seinem Los (1), die gefährlichen Implikationen des Ehebruchs und die darin begründeten Vorteile der Prostituierten (2), Nörgelei und Krittelsucht (3). Die Satiren 4 bis 6 haben persönlichen Charakter: Horaz als Satiriker (4) und auf einer Reise nach Brindisi in einer Delegation Octavians (5), sein Verhältnis zu seinem Gönner Maecenas (6). Die Satiren 7 bis 9 schließlich bringen Anekdotisches: einen ›saftigen‹ Rechtsstreit (7), eine nächtliche ›Totenbeschwörung‹ in den Gärten des Esquilin (8) und die Begegnung mit einem aufdringlichen Schwätzer (9). Die zehnte Satire fungiert als Epilog und ist wie die vierte eine Besinnung auf das Wesen der Satire.

Im zweiten Buch werden fingierte Gesprächspartner eingeführt, und durch das dialogische Moment wird eine humorvoll-ironische Brechung der Perspektive erzielt. In der dritten – mit 326 Versen weitaus längsten – Satire überrumpelt den Erzähler ein ebenso schwatzhafter wie fanatischer Stoiker mit seiner rigorosen Weisheit. In der vierten Satire vernimmt er die auf die Genüsse von Gaumen und Magen sich beschränkende Lehre des Winkelepikureers Catius. In der fünften gibt der sagenhafte Seher Tiresias dem Odysseus in der Unterwelt einen kompletten Kursus in Erbschleicherei. In der siebenten wendet ein Sklave die Prinzipien der Stoa auf die eigene Situation an: Er rechnet seinem Herrn vor, um wie viel glücklicher er im Vergleich zu ihm sei. Den Abschluss bildet eine Farce: Der Komödiendichter Fundanius berichtet von einem Schlemmermahl bei dem Gourmand Nasidenius, bei dem der Stoffbaldachin über dem Tisch herabgefallen sei und all die erlesenen und kostbar zubereiteten Speisen unter schwarzem Staub begraben habe. Einen anderen Ton schlagen die Satiren 2 und 6 an. Das eine Mal wird ein Muster bäuerlicher Einfachheit und Genügsamkeit vorgestellt, das andere Mal das stille Glück gepriesen, das Horaz in seinem ›Sabinum‹, dem von Maecenas gestifteten Landgut, genießt. Den Unterschied zu dem früheren aufreibenden Leben in der Stadt unterstreicht er mit der Fabel von der Feldmaus und der Stadtmaus.

Im Aufbau des zweiten Buches lassen sich zwei parallele Reihen erkennen: Jeweils 2 und 6, 3 und 7, 4 und 8 zeigen thematische

Entsprechungen. Daneben existiert aber ein dichtes Geflecht von Verknüpfungen, Spiegelungen und Querbeziehungen, die sich als ein Kunstmittel der Ironie erweisen, das der Entlarvung der Parteilichkeit ebenso dient wie der Vermeidung sträflicher Einseitigkeit, denn Horaz ging es immer um die ganze Wahrheit, die sich freilich nicht immer so direkt und ernst formulieren, sondern oft nur von außen her eingrenzen lässt: »Ridentem dicere verum« (»mit Lachen die Wahrheit zu sagen«; Erstes Buch, 1,24), lautet die klassisch gewordene Formel. Es sind keine weltbewegenden Inhalte, weder politische Attacken noch persönliche Kontroversen, weder Gesellschaftskritik noch Moralpredigten; stattdessen geht es um die kleinen, liebenswerten Schwächen und ›Spleens‹ der Menschen, also ausschließlich um Themen aus der privaten und geselligen Sphäre. Eine Handvoll stereotyper Figuren vertritt dabei viele andere: der Schlemmer, der Schnulzensänger, die ›Hexe‹, der Stoiker, der Unreinliche, der Schwulstdichter, der Emporkömmling. Sich selbst, den »närrischen Verseschmied«, nimmt Horaz dabei nicht aus. Als Merkmal einer stabilen, in sich selbst ruhenden Persönlichkeit ist gerade die Selbstironie ein wesentliches Kennzeichen seines satirischen Humors.

Dieses allen Extremen feindliche Einhalten der Mitte ist Wesen des Horazischen Programms: Als Prinzip des ›Leben und Lebenlassens‹, als Schlüssel sowohl zum eigenen Wohlbefinden als auch zum bestmöglichen sozialen Nebeneinander verdichtete es sich über Jahrhunderte hinweg zur eigenen Lebensform (Wielands kongeniale Übersetzung der *Satirae* ist eines ihrer beredtesten Zeugnisse). Sprachlicher Ausdruck dieser Einstellung ist jener unnachahmliche ›sermo urbanus‹, jener in der ›Neuen Komödie‹ der Griechen so vorgebildete, gleichermaßen elegante wie natürliche Plauderstil und Umgangston, der schon aufnahmebereit ist für alles Ironische, Parodistische, aber auch für gut römische Derbheit, der hier freilich die schockierende Schärfe fehlt. Mit der sprachlichen Leichtigkeit verbindet sich formale Sicherheit. Die ohne metrische Lizenzen auskommende Leichtigkeit und die Prägnanz der Formulierungen bestimmen den Charakter dieser Kunst. Stolz distanzierte sich Horaz deshalb von der Vielschreiberei seines Vorgängers Lucilius. Formal bahnte er der Gattung der Satire neue Wege, indem er Grundformen der Verssatire schuf, die für alle Zeit Gültigkeit behalten sollten, wie etwa das Reisetagebuch (1,5), den allegorischen Speisezettel (2,4) oder den ironischen Leitfaden (2,5). Allerdings ist ihm auch zuzuschreiben, dass der Satire auf lange Zeit die politische Dimension entzogen blieb – man denke nur an das sittenrichterliche Pathos seiner Nachfolger Persius und Iuvenalis. RICHARD MELLEIN

Oden und Epoden / Carmina

Die ersten drei der vier Bücher lyrischer Gedichte entstanden ab etwa 33 v. Chr. Das vierte Buch folgte 17 v. Chr., angeregt durch die Abfassung des *Carmen saeculare*. Die *Carmina* oder *Oden* des Horaz sind neben Vergils *Aeneis* das Hauptwerk der klassischen römischen Literatur zur Zeit des Augustus und zugleich, nach Form und Gehalt, Ausdruck der geistigen Erneuerungsbestrebungen dieser Epoche. Zusammen mit den Liedern Catulls stellen sie die bedeutendste Leistung auf dem Gebiet der römischen Lyrik dar. Unter diesem doppelten Aspekt, und nicht etwa als Bekenntnisdichtung im modernen Sinne, müssen die *Carmina* begriffen werden. Denn im Grunde spricht sich die Persönlichkeit ihres Dichters weit unmittelbarer in seinen poetischen Plaudereien (*Saturae* oder *Sermones*) und Briefen (*Epistulae*) sowie in den aggressiven, nach ihrer metrischen Form »Iamben« oder »Epoden« genannten

Rügegedichten aus, die allesamt der Prosa näherstehen. Das ist zu bedenken, wenn man mit einem modernen Begriff von Lyrik als einer persönlichen Bekenntnisdichtung an die *Carmina* herantritt. In den Oden werden Motive der früheren Satiren- und Jambendichtung aufgegriffen, hinzu treten aber entscheidende neue Impulse aus dem Kreise des Maecenas und des Augustus, vor allem seit dessen Sieg über Antonius bei Actium (31 v. Chr.), mit dem die Bürgerkriege beendet wurden.

Das etwa 29 bis 27 v. Chr. entstandene vierte Lied des dritten Buchs, aus dem Zyklus der sogenannten »Römeroden«, vermittelt am besten den Zugang zu dieser Art von Dichtung. Das Gedicht setzt ein mit einem Gebetsanruf an die Muse, dem sogleich Gehör geschenkt wird: Der Sprecher glaubt ihre Stimme zu hören, fühlt sich entrückt in quellendurchrauschte und luftdurchwehte Haine; eine Jugenderinnerung steigt in ihm auf, wie er als Knabe im wilden Gebirgswald

einschlief, von Tauben mit frischem Laub bestreut und vor Schlangen und Bären bewahrt wurde – ein Symbol des göttlichen Schutzes, unter dem der Freund der Musen steht. Dieser Gewissheit gibt er begeistert Ausdruck; die Musen sind ihm nahe in seinem gegenwärtigen Leben in den Sabiner Bergen, in Tivoli oder im Modebad Baiae; weder in der Schlacht bei Philippi noch auf hoher See oder beim Sturz eines Baums ist ihm ein Leid geschehen – so kann er furchtlos die wildesten Gegenden der Erde aufsuchen. Auch auf Augustus erstreckt sich der Schutz und die Fürsorge der Musen; sie raten weise Mäßigung, mit der Jupiter Erde und Meer, Götter und Menschen regiert und unter Mithilfe der Götter, vor allem des bogenbewehrten Apoll, die Ungeheuer der Tiefe, Titanen und Giganten, bezwingt. So gipfelt das Gedicht in der Erkenntnis: Kraft ohne Einsicht führt zum Sturz.

Damit ist ein Motto ausgesprochen, unter dem die Erneuerungsbestrebungen des Augustus standen: das Streben nach Maß, das Innen- und Außenpolitik, bildende Kunst und Dichtung gleichermaßen bestimmte und das in einer historischen Situation wirksam wurde, als im römischen Imperium die unbegrenzte politische Macht, aller Reichtum und alle Bildung der Welt versammelt waren, sich im Chaos der Bürgerkriege aber selber aufzuheben drohten. Dieses Bewusstsein, dass Rom an seiner eigenen Größe leide, wie es Horaz'

Zeitgenosse Livius im Vorwort seines Geschichtswerks formuliert hat, lässt den Dichter nach einem Ausweg suchen. Er findet ihn im Bereich Apollons und der Musen: Apollinische Klarheit vermag die Kräfte der Zerstörung zu bannen. Apollon war seit Actium Schutz- und Hausgott des Augustus; im *Carmen saeculare* hat Horaz ihn dann zusammen mit seiner Schwester Diana verherrlicht. Mit seiner Hilfe wird Augustus als irdischer Jupiter das Chaos ordnen (die Annäherung des Augustus an Jupiter findet sich bei Horaz häufig, etwa gleich im folgenden Gedicht, ebenso 1,2 und 1,12). Seine eigene Aufgabe als »Musenpriester« (3,1) sieht Horaz darin, die Römer mit seiner innovativen Dichtkunst aufzurütteln.

Geschieht dieses Aufrütteln vor allem in den »Römeroden« und den ihnen nahestehenden Gedichten, so erfordert der Dienst der Musen daneben doch auch andere Töne, die in dem oben beschriebenen Lied (3,4) mit anklingen. Das Gefühl der Geborgenheit in der freien Natur, die ihre Schrecken verliert, so dass Schlange und Bär, ja auch ein Wolf dem Dichter nichts anhaben können (1,22), bringt Lieder hervor wie das auf den glasklaren Quell Bandusia (3,13). Häufig findet sich damit verbunden ein Aufruf, »den Tag zu genießen« (»carpe diem«), so in dem Frühlingslied 1,4. Eine solche heiter-gelassene Lebenshaltung entspricht der Lehre des griechischen Philosophen Epikur, und Horaz hat sich ja selbst »ein Schweinchen aus der Herde Epikurs« genannt. Zum Bereich dieser Lebensfreude gehören auch Liebeslieder oder die Trinklieder, die bisweilen ins Politische hinüberspielen.

Einige Gedichte der beiden letztgenannten Gruppen sind von Werken der griechischen Dichter Anakreon und Alkaios angeregt und zeigen den in Rom damals gänzlich neuen Einfluss der archaischen griechischen Lyrik, von der Horaz auch die kunstvollen Strophenmaße der Liederbücher übernommen hat. Eine solche Einordnung in die feste literarische Tradition und das Bemühen, die Welt kraft des Liedes zu verändern, kennzeichnen den Unterschied zwischen Horaz' Kunst und moderner Erlebnislyrik. Dennoch war sein Einfluss auf die Moderne gewaltig, so z. B. auf Klopstock, Hölderlin und andere. DIETRICH MANNSPERGER

Vergil

* 15. Oktober 70 v. Chr. in Andes bei Mantua (Italien)
† 21. September 19 v. Chr. in Brundisium (Brindisi, Italien)

(d.i. Publius Vergilius Marro) – Römischer Dichter; Verfasser des römischen Nationalepos, der *Aeneis*; Ausbildung in Cremona und Mailand; Rhetorikausbildung in Rom; nach Veröffentlichung der *Bucolica*, 40 v. Chr. (*Hirtengedichte*), Eintritt in den Kreis des Maecenas und dadurch auch Octavians; ab 29 v. Chr. bis zum Tod entstand die *Aeneis*, die postum veröffentlicht wurde; sein Werk prägte die Gattung Epos nachhaltig.

Hirtengedichte / Bucolica

Der Zyklus aus dem Jahre 40 v. Chr. besteht aus zehn hexametrischen Gedichten. Alle bukolischen Werke stellen ›Idyllen‹ (›eidyllia‹, wörtlich: Bildchen, kleine zierliche Gedichte) dar, wie die griechischen Vorbilder bei Theokrit genannt werden: Man trifft sich in einer ländlichen Gegend und plaudert miteinander. Darin verrät sich die dramatische Gattung des ›Mimos‹ als zweite Quelle neben der epischen. Während in den *Eidyllen* Theokrits wirkliche Hirten Siziliens einander begegnen, die in teils drastischer, teils pathetischer Sprache reden und singen, hat Vergil das idealisiert-ferne Arkadien als Schauplatz gewählt, in dem Ruhe und ländlicher Frieden herrschen. Die Menschen sind dem harten Zugriff der Realität weitgehend entzogen, wie vor allem die zuerst entstandenen Gedichte (2, 3, 5), aber auch noch spätere (etwa 6, 7, 8) zeigen. Zuweilen allerdings dringen doch politische Wirren störend ein, so z. B. in dem Wechselgespräch zwischen dem von seinem Gut vertriebenen Meliboeus und Tityrus, der sein Glück einem göttergleichen Jüngling in Rom verdankt (1), oder in der ganz ähnlich motivierten Begegnung zwischen Lycidas und Moeris (9).

Die Vorstellung, dass die leidvolle Not der Gegenwart nur durch die Erscheinung eines besonderen Heilsbringers zu lösen sei, ist in der berühmten vierten Ekloge aufs Höchste gesteigert: Mit der Geburt des sehnlichst erwarteten »puer« (Knaben) soll zugleich das Glück des Goldenen Zeitalters heraufgeführt werden. Ob mit dem »iuvenis« (Jüngling) der ersten Ekloge etwa Octavian und mit dem »puer« der vierten ein Sohn des Asinius Pollio (dem das Gedicht zum Antritt seines Konsulatsjahres, 40 v. Chr., gewidmet wurde) oder wiederum ein Sohn Octavians gemeint ist, ob sich überhaupt eine reale Gestalt hinter ihnen verbirgt, ist unklar (Vergil verzichtet auf jede konkrete Andeutung). Wenn er tatsächlich Octavian vor Augen gehabt hat, so hätte der Dichter als Erster jene Friedensideen entworfen, die der Politiker Octavian-Augustus später zu verwirklichen suchte, und man könnte selbst bei den verherrlichenden Partien der *Aeneis* (6, 791 ff.) nicht von Auftragsdichtung sprechen. Neben diesem politischen Aspekt sind poetologische Bezüge in den Eklogen dominant: In den singenden Hirten reflektiert Vergil seine Rolle als Dichter und die Funktion von Dichtung überhaupt.

Hinter den politisch geprägten Schilderungen des Meliboeus (1) und Moeris (9) stehen Ereignisse, die Vergil selbst betroffen haben könnten. Möglicherweise war auch sein Landgut im Zuge der Bürgerkriege um 40 v. Chr. den Länderteilungen zugunsten von Octavians Veteranen zum Opfer gefallen.

Vergils Eklogen wurden schon im Mittelalter Vorbild für bukolische Poesie. Seit der frühen Neuzeit entstand in Anlehnung an Vergil eine umfangreiche Schäferpoesie. Auch wurde Vergils Arkadien als utopischer Ort ländlicher Idylle sprichwörtlich.

BRIGITTE MANNSPERGER

Aeneis / Aeneis

Das Hauptwerk des Autors ist das bedeutendste und berühmteste Werk der lateinischen Dichtkunst. Als Vergil im Jahr 19 v. Chr. starb, fehlte dem Epos noch die Endbearbeitung.

Das mythische Motiv der genealogischen Verwurzelung in Troja – durch die Person des »pius Aeneas« – ist von dem latinischen Lavinium aus Etrurien übernommen worden (zur Zeit der Befreiung Latiums von etruskischer Vorherrschaft, Anfang 5. Jh. v. Chr.); von dort wurde es wenig später auf Rom übertragen. Die griechische Tradition des Aeneas-Stoffes reicht vom »Epischen Zyklus« (»Epikos Kyklos«) über Stesichoros bis hin zu Dionysios aus Halikarnassos; die erste lateinische Gestaltung des Themas finden wir bei Gnaeus Naevius. Kurz vor 200 v. Chr. hat er in seinem Epos *Bellum Poenicum*,

241–218 (Punischer Krieg), die mythische Herleitung Roms von Troja besungen. Besondere Bedeutung für die spätere Zeit erlangte das von Naevius (vermutlich nach dem Vorgang des griechischen Historikers Timaios aus Tauromenion) der Aeneas-Sage eingefügte Motiv von der in Hass umschlagenden Liebe zwischen Aeneas und Dido, das dem Konflikt von Rom und Karthago mythische Verankerung und Begründung schafft. – Nach einer weiteren epischen Bearbeitung durch Quintus Ennius (in den *Annales*, 239–169; Jahrbücher) und nach mannigfacher Ausformung und Variation durch die übrige Tradition (Marcus Porcius Cato Censorius, Marcus Terentius Varro) hat Vergil den Stoff abschließend und vollendend so dargestellt, dass für eine weitere Steigerung kein Raum mehr blieb.

1: Die Trojaner werden aus einem von Iuno, ihrer Erbfeindin, verursachten Seesturm durch Jupiters Eingreifen nach Libyen verschlagen. Die karthagische Königin Dido nimmt sie gastfreundlich auf. 2: Aeneas erzählt Dido von der Eroberung und Zerstörung Trojas und von seiner Flucht. 3: Er schildert seine Irrfahrten und Abenteuer zu Wasser und zu Land. 4: Ausbruch der längst erwachten Liebe Didos zu Aeneas. Jupiter befiehlt Aeneas die Weiterfahrt. Dido vermag ihn nicht zu halten, verflucht ihn und tötet sich selbst. 5: Die Aeneaden erreichen Sizilien und begehen Leichenspiele zu Ehren von Aeneas' Vater Anchises, der dort verstorben und begraben ist (Rückgriff auf Buch 3). 6: Aeneas steigt in die Unterwelt. Anchises verkündet ihm in einer großartigen Heldenschau sein und seiner römischen Nachfahren künftiges Geschick. 7: Mit einer Anrufung an Erato, die Muse der Liebespoesie, beginnt Vergil die zweite Hälfte. Die Aeneaden landen in Latium, es entspinnt sich ein langwieriger Kampf zwischen ihnen und den Latinern, die mit den Rutulern unter Turnus verbündet sind. Lavinia, Tochter des Königs Latinus, ist der Kampfpreis, der die machtvolle Zukunft eines neuen Imperiums verbürgen soll. 8: Aeneas bittet König Euander, der auf dem Palatin residiert, um Hilfstruppen. Euanders Sohn Pallas ist ihr Anführer. Vulcan fertigt für Aeneas eine Waffenrüstung mit einem kunstvollen Schild (hier werden ein weiteres Mal bedeutende römische Gestalten der Zukunft vorgeführt). 9: Turnus überfällt in Abwesenheit des Aeneas das troische Schiffslager. Das troische Freundespaar Nisus und Euryalus wird beim nächtlichen Spähgang getötet. 10: Aeneas kehrt mit Pallas und etruskischen Hilfstruppen zurück. Pallas fällt durch Turnus. Aeneas tötet den Etruskerkönig Mezentius und dessen Sohn Lausus. 11: Nach einem Waffenstillstand kommt es zu neuem Kampf. Auf latinischer Seite fällt die sabinische Heldenjungfrau Camilla. 12: Zwischen Aeneas und Turnus wird ein Duell vereinbart. Die Rutuler brechen den Vertrag. Im offenen Kampf überwindet Aeneas den Turnus.

Die gewaltige Wirkung der *Aeneis* scheint vornehmlich auf der meisterlichen Fügung dreier Elemente zu beruhen: der vollendeten Sprache, der architektonisch klaren Komposition und der theologischen Geschichtsdeutung. Wie mit Cicero die lateinische Kunstprosa, so erreicht mit Vergil die römische Dichtersprache ihren Höhepunkt; ohne der artifiziellen Manier Ovids zu verfallen, ist es Vergil gelungen, sich weit über die unbeholfene Sprödigkeit eines Lukrez zu erheben. Er erreicht eine mustergültige Synthese aus Reichtum und Kargheit, Herbheit und schmeichelndem Klang. Zum Verständnis des dichterischen Aufbaus der *Aeneis* und der Geschichtsspekulation Vergils muss man unbedingt das Phänomen der Imitation Homers berücksichtigen. Nur vor dem Hintergrund der homerischen Epen kann man das Wesen der vergilischen *Aeneis* voll erfassen, denn Vergil hat in ganz einzigartiger Weise Homer studiert und verehrt, der ihm als der eine Dichter von *Ilias* (8. Jh. v. Chr.) und *Odyssee* (700 v. Chr.) galt, und seine Konkurrenz zu dem Archegeten der epischen Poesie ist gleichzeitig huldigend und wetteifernd (›aemulatio‹). Eben darin manifestiert sich, was man mit dem in der Antike für alle literarischen Gattungen gültigen Kunstbegriff ›imitatio‹ bezeichnet. Die Homer-Nachahmung Vergils erstreckt sich von den kleinsten bis zu den größten Bausteinen seines Epos und vollzieht sich nach einer Typologie mannigfacher Abstufungen (etwa Übersetzung, Anspielung, Reminiszenz, Überbietung, Umkehrung, Umdeutung, Kontamination verschiedener Elemente des Vorbilds, usw.).

Ein illustratives Beispiel hierzu bietet der Gesamtentwurf der *Aeneis*, mit dem Vergil entschlossen die Chronologie von *Ilias* und *Odyssee* umkehrt, um so die beiden Großepen dem Umriss seines Gedichtes einzufügen: Auf die der *Odyssee* nacheifernde erste Hälfte – Irrfahrten und Abenteuer in Buch 1 bis 6 – lässt er in den nächsten sechs Büchern mit den Kämpfen in Latium eine ›Ilias-Hälfte‹ folgen. In dieser Großstruktur zeigt sich auch die Kraft des vergilischen Geschichtsdenkens, das die Geschlossenheit der mit dem Tod Hektors (d.h. mit der Vorausdeutung auf den schon besiegelten Untergang Trojas) endenden *Ilias* und der in der Heimkunft des Odysseus sich vollendenden *Odyssee* jeweils aufbricht, beide Handlungen verschmilzt und auf eine große Zukunftsdimension hin neu ordnet.

Die Handlung der *Aeneis* entfaltet sich aus der Aineias-Prophetie der *Ilias* (20,293–308), in der Poseidon dem Aineias und seinen Nachfahren das Überleben beim Fall Trojas und ewige Herrschaft verheißt, ohne dass jedoch davon bei Homer später noch die Rede wäre. Diese göttliche, jetzt durch Jupiter ausgesprochene und im Weltenplan der Fata (Geschicke) unabänderlich verankerte Verheißung hat auch Vergil seinem Aeneas mitgegeben: Der Untergang Trojas wird so umgedeutet in den Aufstieg Roms.

Gleichzeitig geht aber auch der homerische Odysseus in den vergilischen Aeneas ein. Wie jener nach Ithaka, so darf dieser nach langer qualvoller Irrfahrt nach Latium heimkehren. Dabei wird die Heimkunft des Odysseus – ursprünglich Abschluss und Ausklang – bei Vergil zum Anfang und mächtigen Auftakt der Neugründung eines Weltreiches (vgl. den Beginn des siebten Buches). Anders als in der *Odyssee* ist so bei Vergil der vom Fatum und dessen Garanten Jupiter vorgezeichnete entsagungsvolle Schicksalsweg des Aeneas nicht autonomes Element in der Gestalt des Heros, sondern einem höheren Ziel untergeordnetes Funktionsglied. (Als Zeitgenosse der augusteischen Friedensherrschaft hat Vergil für Rom eine mythisch-historische Vergangenheit entworfen; aber er lässt in den großen Prophetien und Zukunftsvisionen von jenem fernen Fluchtpunkt aus die wirkenden Kraftlinien römischer Geschichte nicht nur bis in des Autors eigene Zeit, sondern noch weit darüber hinaus auch in die für den Dichter fiktive Zukunft Roms hineinreichen: Denn dem römischen Weltreich sind, wie Jupiter sagt – 1,279: »imperium sine fine dedi« –, weder in räumlicher noch in zeitlicher Hinsicht Grenzen gesetzt.)

Zur Verdeutlichung, wie sich die Auseinandersetzung mit dem griechischen Vorbild im Detail vollzieht, soll kurz eine Szene des sechsten Buches skizziert werden (6,450–476). Es sind die Verse, in denen der Kompositionsbogen ausschwingt, der von der Aufnahme in Karthago (Buch 1) über die Erzählung vor Dido (Buch 2 und 3) und die dramatische Dido-Handlung des vierten Buches zu den Anchises-Episoden des fünften und sechsten Buches geführt hat. Im vierten Buch musste Aeneas wegen eines höheren Schicksalsauftrages Dido verlassen. In der Unterwelt begegnet er ihr zum letzten Mal dort, wo die Seelen derer weilen, die selbst Hand an sich legten. Die ganze Szene ist einem Stück aus der *Odyssee* – der Begegnung des Odysseus mit der Seele des Aias (*Odyssee* 11, 541–567) – nachgestaltet, dokumentiert aber gerade hierbei die in der Imitation Homers ganz eigenständig sich entfaltende Dichtkunst Vergils.

auf Kosten Vergils – immer größere Anerkennung gefunden. In Deutschland versuchte gegen Ende des 18. Jh.s der Göttinger Gelehrte Christian Gottlob Heyne eine Vergil-Renaissance einzuleiten; Frankreich besaß im 19. Jh. in Sainte-Beuve einen bedeutenden Vergil-Verehrer. In der deutschen Literatur wurden Leben und Wirken Vergils in Herman Brochs Roman *Der Tod des Vergil* (1945) thematisiert. Im allgemeinen Bewusstsein tritt Vergils *Aeneis* allerdings deutlich hinter Homer zurück. RUDOLF RIEKS / PETER ALOIS KUHLMANN

Ovid

* 20. März 43 v. Chr. in Sulmo (Sulmona, Italien)
* um 17 oder 18 n. Chr. in Tomi (Konstanza, Rumänien)

(auch: Publius Ovidius Naso) – Stammte aus altem Landadel; römischer Ritter; rhetorische Ausbildung; Verzicht auf eine politische und militärische Ausbildung zugunsten einer Dichterexistenz; 8 n. Chr. Relegation aus ungeklärten Gründen nach Tomi; dort bis zum Tod weiter literarisch tätig; schon zu Lebzeiten einer der berühmtesten römischen Elegien-, Tragödien- und Ependichter; fast ununterbrochen große Beliebtheit seines Werks bis in die Gegenwart.

Liebesgedichte / Amores

Durch die nach 20 v. Chr. entstandenen Liebeselegien (›amores‹) wurde Ovid schon als junger Mann zu einem der berühmtesten Dichter Roms. Vorgeblich erst in fünf Büchern publiziert, sollen sie gemäß dem Einleitungsepigramm in einer zweiten Auflage später auf drei Bücher reduziert worden sein. Hierbei könnte es sich aber auch um einen literarischen Witz handeln.

Die überlieferten drei Bücher geben sich als Gedichte des verliebten Dichters, in denen die wechselvolle Liebesbeziehung zu einem Mädchen namens Corinna scheinbar autobiographisch beschrieben wird. Die aus der übrigen römischen Liebeselegie bekannten Stereotype und Klischees erscheinen bei Ovid karikaturhaft überzeichnet: So erhält die Liebe als Sklavendienst des männlichen Liebhabers (»servitium amoris«) an seiner Herrin (»domina«) masochistische Züge. Der Erzähler präsentiert sich in 1,2 als freiwilliger Gefangener im Triumphzug Amors, was das Motiv der Liebe als quasi soldatischen Dienst (»militia amoris«) in allzu konkreter Weise überzeichnet und parodiert. Auch das bei Properz und Tibull auftretende Motiv der Untreue wird vielfach aufgenommen und parodiert.

Buch 1 enthält 15 Elegien, wobei poetologische Programmgedichte signifikante Positionen (1, 8 und 15) einnehmen. Gemäß Elegie 1 plante der Dichter ursprünglich, ein Epos mit einem traditionellen heroischen Inhalt in Hexametern zu dichten, wurde jedoch vom Liebesgott gestört, der ihm einen Versfuß stahl und so das elegische Distichon produzierte. Es folgt der Verlauf einer konkreten Liebesgeschichte. Der Erzähler berichtet (1,3), er habe sich in eine ›puella‹ verliebt, die er immer lieben möchte und die er in seiner Dichtung unsterblich machen möchte. Dazu wählt er als mythisches Exemplum die Geliebten des Jupiter, die durch ihre Liebesaffären unsterblich wurden. Zugleich führt der Erzähler mit diesem Beispiel seine Treue selbst ad absurdum, da Jupiter als notorisch untreuer Liebhaber präsentiert wird. Erst recht spät in 1,5 erfährt der Leser den Namen des Mädchens (Corinna), der offensichtlich keine historische Person bezeichnet. Diese Elegie schildert mit einer Liebesvereinigung am Nachmittag das perfekte Liebesglück und bildet einen erotischen Höhepunkt. Doch bereits mit der folgenden Elegie beginnen die Frustrationen des Liebhabers. Erst in 1,13 wird klar, dass Corinna die sexuelle Beziehung zum Erzähler wieder aufgenommen hat. Nach diesem romantischen Gedicht folgt in 1,14 ein burlesker Kontrast: Corinna ist aufgrund von Haarausfall entstellt: Ihr Haarfärbemittel war zu stark.

Das zweite Buch umfasst 19 Elegien, deren Zentrum Gedicht 10 mit einem Liebesbekenntnis an Corinna darstellt, um das herum sich die anderen Gedichte axialsymmetrisch gruppieren. Den poetologischen Außenrahmen bilden dabei die Elegien 1 und 18. Das zweite Buch führt die Liebesgeschichte fort. In 2,4 erfährt man vom Liebeswahn des Erzählers, woraus eine permanente und wahllose Verliebtheit in alle Mädchen resultiert. So konterkariert Ovid das Treueversprechen des ersten Buches und karikiert zugleich die Liebeskrankheit der Elegiker. Fortgeführt und variiert wird das Thema in 1,7 und 8, wo Corinna zunächst rasend eifersüchtig auf ihre Zofe ist, der Erzähler jedoch jeden Verdacht der Untreue zurückweist; in 2,8 erfährt der Leser, dass der Erzähler tatsächlich ein Verhältnis mit der Zofe unterhält. Etwas aus dem Rahmen des Konventionellen fallen die Elegien 13 und 14, die eine Abtreibung Corinnas thematisieren und in die reale Welt führen, in der sexuelle Aktivitäten naturgemäß zu einer ungewollten Schwangerschaft führen können. Corinnas Abtreibung bedroht ihr Leben, wodurch in die konstruierte literarische Welt ein ernster Ton eindringt.

Buch 3 präsentiert ähnlich wie Properz' drittes Elegienbuch einen Abschied von der Liebeselegie. Das Buch enthält 15 Elegien in spiegelsymmetrischer Anordnung: Die poetologischen Gedichte 1 und 15 bilden den Rahmen, in der Mitte thematisieren 8 und 9 ebenfalls das Dichtertum. Um diese Mitte herum gruppieren sich immer spiegelbildlich je zwei Einzelelegien: 7 und 10: Ausbleiben des Liebesglücks; 6 und 11: Fehlgeschlagene Versuche, Liebe zu erlangen bzw. von ihr loszukommen; 4 und 12: Kontakt mit Partnern Corinnas, wobei ›Corinna‹ hier auch eindeutig als Chiffre für die Elegien auftaucht; 3 und 14: Untreue der Liebenden und die Bitte des Erzählers um gegenseitige Diskretion; 2 und 13: Der Erzähler erscheint in Damenbegleitung – einmal mit einer anderen ›puella‹ und einmal mit seiner Gattin. Insgesamt ist das Buch von der Untreue Corinnas und den Misserfolgen des Liebhabers geprägt. Mit den sexuellen Niederlagen kontrastiert zugleich der zunehmende Erfolg Ovids bzw. des sprechenden Ichs als Dichter, was auf den Charakter der Rollendichtung verweist. In 3,12 weist der Erzähler zudem auf den fiktionalen Gehalt von Dichtung

generell hin. Das Schlussgedicht vollzieht schließlich den Abschied von der Liebeselegie und thematisiert gleichzeitig das Selbstbewusstsein des Dichters.

In nachantiker Zeit wurden die *Amores* Ovids weitaus mehr rezipiert als die Elegien des Tibull und Properz. Insbesondere haben sie im Mittelalter maßgeblichen Einfluss auf das Entstehen der Liebeslyrik, die alle Motive der römischen Liebeselegie aufnimmt und mit zahlreichen Ovidzitaten ihre antiken Wurzeln zu erkennen gibt.

PETER ALOIS KUHLMANN

Metamorphosen / Metamorphoseon libri

Das Epos in 15 Büchern zu je 700 bis 900 Hexametern Ovids entstand in den Jahren 1 v. Chr. bis etwa 10 n. Chr. Rund 250 Verwandlungssagen aus der griechischen und italischen Mythologie verweben sich in den *Metamorphosen* zu einem höchst ungewöhnlichen erzählerischen Ganzen. Dem Epos fehlt nicht nur der zentrale Held, sondern überhaupt der durchgehende, tragende Stoff. Seine erzählerische Substanz bildet vielmehr ein immenses Aufgebot verschiedenster Stoffe, in denen mehrere hundert Figuren in reliefartiger Halbkörperlichkeit vor dem inneren Auge des Lesers vorüberziehen.

Der alles beherrschende Grundgedanke, der die Erzählmasse

zusammenhält, liegt in dem mit leitmotivischer Beharrlichkeit in jeder der Sagen wiederkehrenden Prinzip der Verwandlung (griech. ›metamorphosis‹), d. h. die Sagen werden vor allem um der mythischen Verwandlung willen erzählt, die ihre Gestalten erleiden. Diesem leitenden Prinzip folgt das Werk auch im Großen: hinter der endlosen Reihe von Einzelmetamorphosen spielt sich die entscheidende aller Verwandlungen ab, die Verwandlung der Welt vom Chaos ihres Beginns zur imperialen Ordnung der augusteischen Epoche. Fast unmerklich wird dem labyrinthisch verschlungenen Band der Erzählung das Schema eines quasi historischen Ablaufs unterlegt. Es setzt ein mit den Mythen der Urzeit, also mit Weltschöpfung, Götterversammlung und Sintflut (1,5–451), durchquert in einem zweiten Hauptteil mit den Sagen um Jupiter und Apoll, um Kadmus, Perseus, Theseus und Hercules die heroische, im engeren Sinn mythische Zeit (1,452–11,193) und stellt mit dem Sagenkreis um den Trojanischen Krieg den Anschluss an die historische Zeit her (11,194–15,870); über die Aeneas-Sage und altitalische Mythen mündet es mit der Apotheose des Augustus, die das Werk abschließt, in die politisch-historische Gegenwart.

Die Grenzen zwischen den einzelnen Teilen sind mitunter verwischt: Die Sagen greifen – über die Buchgrenzen hinweg – nahezu fugenlos ineinander (»carmen perpetuum«, 1,4) und sind von einer kunstvollen Schachtel-Struktur überlagert, so dass durch das Mittel der Rollenerzählung Erzählebenen verschiedenen Grades ermöglicht und relativ selbständige, szenisch geformte Komplexe von eigenem Reiz ausgebildet werden können (»Besuch Athenes auf dem Helikon« mit dem »Wettstreit der Pieriden«, 5,250–678; die »Teppiche« der Athene und Arachne, 6,1–145; der »Gesang des Orpheus«, 10,143–739).

Mag auch Vergils sechste Ekloge Pate gestanden haben mit seinem Konzept einer mythisch-erotischen, kosmogonisch-geschichtlichen Universaldichtung, gattungsmäßig knüpft das Epos an die von den Alexandrinern erneuerte Form des lehrhaften Sammelgedichts an. Diese Tradition war Ovid noch vor allem in den *Heteroiumena* des Nikander aus Kolophon und den *Metamorphoseis* des Parthenios aus Nikaia sowie in mehreren hellenistischen Epyllien zugänglich geworden. Inhaltlich lässt sich jedoch nur eine gewisse Übereinstimmung in der Auswahl der Sagen erkennen, weniger in der Wahl der Sagenversionen. Als stoffliche Hauptquelle kommen neben Schulkompendien und Katalogen besonders Homer, die alten Tragiker und Vergil in Betracht. Im Ganzen steht Ovids Werk dem alten Epos vielleicht näher als dem hellenistischen Ideal der – Unterhaltung und Belehrung verbindenden, makellos stilisierten und exklusiven – Kleinform. Seine Gestalt ist die Großform, die Universaldichtung, die in kühnem Unterfangen die maßgebliche antike Epik von Hesiod und Homer bis Vergil und Lukrez in sich zusammenfasst.

Universalität ist auch im Stil angestrebt. Der kosmisch-erhabene Ton Hesiods steht dem Dichter ebenso zu Gebote wie der hymnisch-homerische, der philosophisch-didaktische des Lukrez ebenso wie der hellenistisch-idyllische, bukolische oder humoristische. Der Abstand zum alten epischen Stil lässt allerdings keinen Zweifel daran, dass der

Mythos seine geheimnisvolle Kraft und Wirklichkeit verloren hat und das naive ›epische‹ Weltbild der griechischen Archaik für Ovid nicht mehr existiert. Der Mythos erscheint gleichsam säkularisiert und auf die Ebene einer poetisch-symbolischen Stoffwelt gehoben. Nicht mehr eigentlich von Göttern erzählt dieses Epos, sondern von den Menschen, die sich in deren Kostüm verbergen. Oft geht die Tendenz zur Vermenschlichung und geistreichen Trivialisierung des Erotischen und Familiären bis an die Grenze der Travestie, etwa wenn das Götterkonzil als Senatsversammlung dargestellt wird, in der Jupiter als ein himmlischer »princeps« fungiert, oder wenn Kirke gar als Standeskurtisane geschildert wird (14,23 ff.). Kein vergilisches »fatum« greift regulierend in das Geschehen ein, sondern des Dichters novellistische oder besser ›feuilletonistische‹ Freude an der witzigen, pointensetzenden, ›nahperspektivischen‹ Behandlung eines ›Falles‹ bestimmt Auswahl und Abfolge der Sagen. Der Kategorie des Faktischen wird nur verschwindend geringe Bedeutung beigemessen. Stattdessen wird nun das ›Epische‹ in einem tiefen Sinn an die leitende Idee der Verwandlung geknüpft. Sie umschließt für Ovid die ganze unermessliche Vielfalt des welt- und menschheitsgeschichtlichen Prozesses, dessen übermächtige Wirklichkeit hinter der vordergründigen Umspielung stets ›episch‹ gegenwärtig bleibt. Damit hat das antike

Epos den letzten Rest der ihm noch anhaftenden religiös-kultischen Funktionalität abgestreift und einen autonomen Sinn erhalten.

Das gilt auch für das Menschenbild dieser Dichtung. Entlassen aus der Leitung durch eine höhere Macht, werden die Menschen hier ausschließlich von psychischen Kräften gesteuert und mit den Grenzen konfrontiert, die Natur, Gesetz oder Sitte setzen. Dem Monolog der Medea (7,11 ff.) kommt hierbei eine gewisse Schlüsselfunktion zu: Ovid, von jeher subtiler Analytiker der menschlichen Psyche, zeichnet in dieser Gestalt das Problem des Moralischen mit einer an Lukrez gemahnenden Dialektik. Den Konflikt zwischen »ratio« (Vernunft) und »furor« (Affekt) entscheidet Medea nur scheinbar individuell und moralisch; in Wahrheit folgt sie einer in ihrer Situation typischen Psychologie. Über die – fast spielerisch eingeführte – moralische Alternative hinweg unterliegt sie als Individuum allein dem Zwang des psychologischen Gesetzes.

Im Mittelalter, aus dem rund 150 Handschriften und Übersetzungen ins Deutsche (u.a. durch Albrecht von Halberstadt, um 1210) erhalten sind, gehörten die *Metamorphosen* zu den meistgelesenen Werken der Antike. Seit dem Mittelalter bezog man seine Kenntnis der antiken Mythologie im Wesentlichen aus diesem Werk. Auch im Bereich der bildenden Kunst übten sie einen ungeheuren Einfluss aus, wie die vielfältigen Darstellungen ovidischer Motive z. B. in der Malerei zeigen. Erst die Ästhetik des Irrationalismus verstand die hochartifizielle Formgebung als glatte Virtuosität (vor allem Herder). Goethe hegte eine intuitive Bewunderung für das Werk; sein eigenes morphologisches Denken mag in dem Leitgedanken der »ewigen Dauer im Wechsel« mancherlei Anknüpfungspunkte gefunden haben. RICHARD MELLEIN

Fasti / Fasti

Bei diesem Werk handelt es sich um ein Fragment eines poetischen Kalenders in elegischen Distichen. Nach Ovids Plan sollte jedem der zwölf Monate des Jahres ein Buch gewidmet sein. Vollendet wurden jedoch nur die Bücher 1 bis 6, die Monate Januar bis Juni. Die erste, Augustus dedizierte Fassung entstand etwa in der Zeit zwischen 5 v. Chr. und der Verbannung des Dichters im Jahr 8 n. Chr. Nach dem Tod des Kaisers (14 n. Chr.) begann der Dichter mit einer Umarbeitung, die er, in der Hoffnung auf baldige Rückkehr, Caesar Germanicus widmete. Doch wurde von dieser zweiten Fassung nur das erste Buch beendet; die restlichen fünf Bücher liegen nur in der ursprünglichen Version vor. Die Prooemien an Augustus und Germanicus wurden von den späteren Herausgebern beide zusammen publiziert.

Das in seiner Art einzigartige Werk führt für jeden Tag im Jahr die astronomischen, meteorologischen, kalendarischen und kultischen Ereignisse auf. Es berichtet von alten Kalendern, von der Entstehung der Monatsnamen, von der Herkunft römischer Feste, Bräuche und Kultstätten aus mythisch-altrömischem Ursprung. Während sich für die literarische Verwendung solcher Ursprungssagen (Aitiologien) in der hellenistischen Literatur seit den *Aitia* des Kallimachos manche poetischen und prosaischen Vorläufer finden lassen (die *Sternsagen* des

Eratosthenes, die *Aetea* des Terentius Varro, die *Origines* von Cato und das vierte Buch der *Elegien* des Properz), konnte für den kalendarischen Aufbau des Werks bisher nur eine gewisse Übereinstimmung mit dem sogenannten *Pränestischen Kalender* des Verrius Flaccus entdeckt werden.

Nach der Darstellung des griechischen Mythos in den *Metamorphosen* unternahm Ovid in den *Fasti* die Gestaltung des italisch-römischen Mythos (Romulus und Remus, Anna Perenna, Rhea Silvia etc.). Das Gliederungsprinzip des neuen Werks folgt aus den religiösen Festen und Bräuchen (»mos sacrorum«) im vorgegebenen Ablauf des Kalenderjahres. Darin verbirgt sich eine didaktische Absicht, die – mehr noch als die Widmung und die zahlreichen Kniefälle – eine Huldigung an den Kaiser darstellt. Anders oder stärker als etwa bei Livius oder Vergil stehen in den *Fasti* das Psychologische oder auch humoristische Züge im Vordergrund: Der ovidische Erzähler nimmt ausführlich Introspektionen in das seelische Empfinden mythischer Figuren wie z. B. von Romulus oder Didos Schwester Anna vor. Das Werk strebt, soweit sich das anhand des Fragments beurteilen lässt, mehr an als nur einen ›Gebrauchswert‹: Die *Fasti* wollen ein mythisch-elegisches Epos sein. Es macht die Eigenart und den Vorzug der elegischen Erzählung aus, dass sich darin das Didaktische mit dem Erzählerischen, das Mythische mit dem Historischen, das Vergangene mit dem Gegenwärtigen verbindet.

Es gelingt dem Dichter, aus den (oft kurzen) Einzelteilen trotz der lockeren Verknüpfung ein ›episches‹ Gedicht zu formen. Als strukturierende Schwerpunkte treten dabei in den vorhandenen Teilen die beiden polaren Mächte hervor, von denen sich das augusteische Rom selbst herleitet: auf der einen Seite Mars, der Vater des Stadtgründers Romulus, auf der anderen Venus, die Mutter des Aeneas, auf den sich auch das Kaiserhaus zurückführt. Sie erscheinen in vielfältigen Formen, als Planeten, die am Himmel als Abend- und Morgensterne miteinander rivalisieren, als Spezialgötter oder Sammelbegriffe für größere Kultkomplexe (etwa »Magna mater«), und vielfältig sind sie in den Feiern der Spiele, der Brauchtumsstiftungen und Tempelgründungen immer gegenwärtig. RICHARD MELLEIN

Titus Livius

* 59 v. Chr. in Patavium (Padua, Italien)
† 17 n. Chr. in Patavium (Padua, Italien)

Ging in jungen Jahren nach Rom; zunächst philosophisches Interesse; ungefähr ab dem 30. Lebensjahr Beginn der historiographischen Tätigkeit, mit der er im Gegensatz zu anderen Historikern keine politische Karriere verfolgte; seine Schriften galten bis in die Spätantike als kanonisches Geschichtswerk und prägten bis ins 19. Jh. das Bild des antiken Rom.

Römische Geschichte / Ab urbe condita

Das monumentale, einst 142 Bücher umfassende Geschichtswerk, im Jahr 10 n. Chr. abgeschlossen, ist größtenteils verloren. Erhalten sind – mit Lücken – nur die Bücher 1 bis 10 und 21 bis 45, dazu einige

Fragmente (zum Teil auf Papyrus), Extrakte (in der Prodigien-Sammlung des Iulius Obsequens aus dem 4. Jh., in der Konsulatsliste in Cassiodors *Chronica*) und die bis auf Buch 136/37 kompletten *Periochae* (ein knapper paraphrastischer Abriss des Gesamtwerks). Dadurch besteht immerhin die Möglichkeit, Konturen und Plan des Ganzen zu skizzieren.

Im ersten Teil wird das Geschehen nach Pentaden und Dekaden angeordnet, was vielleicht auch auf die Editionsweise schließen lässt: Die Bücher 1 bis 5 reichen von den Anfängen bis zum Galliersturm auf Rom (386 v. Chr.). Sie enthalten die berühmten halbmythischen Erzählungen von den römischen Heroen: die Sage von Romulus und Remus, die Vergewaltigung der Lucretia, die Heldengeschichten von Mucius Scaevola, Horatius Cocles, die Taten des Furius Camillus, die Fabel des Menenius Agrippa etc. Die zweite Gruppe (Bücher 6 bis 15) schildert die Ausdehnung der römischen Herrschaft auf Mittel- und Süditalien. In Buch 16 setzt der Konflikt mit Karthago ein (ab 264 v. Chr.), zunächst bis Buch 20 unmittelbar an den Zweiten Punischen Krieg heranführend (219 v. Chr.), dem in gerundeter Darstellung die dritte Dekade, 21 bis 30, gewidmet ist (219–201 v. Chr.).

Dasselbe Bauprinzip, wenngleich etwas gelockerter, gilt auch noch für die nächsten Epochen: In Buch 40 markiert der Tod Philipps V. von Makedonien (179 v. Chr.) einen äußeren Einschnitt, die Bücher 41 bis 70 (hier lassen sich die inneren Gruppierungen nicht mehr erfassen) endeten beim Ausbruch des Bundesgenossenkriegs (91 v. Chr.), 71 bis 80 schlossen mit dem Tod des Marius (86 v. Chr.), 81 bis 90 mit dem Tod Sullas (78 v. Chr.). Danach erzählt Livius offenbar in freierer Fügung: Nach Buch 108 (Ende der Gallierkriege Caesars, 51 v. Chr.) beginnen die acht Bücher des Bürgerkriegs (109–116), die mit Caesars Ermordung enden (44 v. Chr.). Im Buch 133 gelangt man bis zur Schlacht bei Actium (31 v. Chr.). Der Rest sollte wohl, als Ziel der römischen Geschichte und abschließender Höhepunkt der Darstellung, die Augusteische Zeit behandeln. Der Tod des Autors scheint die Vollendung seines Lebenswerks verhindert zu haben: Wie viel nach Buch 142 (Tod des Drusus, 9 v. Chr.) noch folgen sollte (acht, 13 oder 18 Bücher), bleibt Vermutung.

Das Geschichtswerk ist nicht mit moderner Historiographie zu vergleichen. Ihm fehlen saubere Quellenforschung, präzise Analysen, das Verständnis für die vielfältigen Faktoren und Elemente politischer und historischer Prozesse und, gerade für die römische Frühgeschichte, eine Trennung von mythischer und historischer Zeit. Im Gegensatz zu anderen römischen Historikern lässt Livius kein klares Geschichtsbild erkennen. Als Motoren für geschichtliche Entwicklungen hebt er immer wieder ›virtus‹ (Tugend) und ›fortuna‹ (Schicksal) als entscheidende Größen hervor.

Dass es ihm im Grunde nicht auf die historische Analyse und die Faktizität seiner Darstellung ankam, wird dort deutlich, wo sich noch ein Vergleich mit Vorläufern und Vorlagen durchführen lässt: Nicht die Erkundung ist ihm wichtig, sondern einzig die Darstellung; nicht das Historische, sondern das Literarische ist der Maßstab, an dem der Autor gemessen werden will. In der Neugestaltung eines bereits behandelten – aber, wie Livius implizit spüren lässt, nicht angemessen behandelten – Stoffs liegt seine Eigenart. Tendenzen und Ziel der Umformung verraten so zugleich auch Wesentliches über die Persönlichkeit des Autors. Durchdrungen vom Bewusstsein der Größe Roms, die zum tatsächlichen inneren Zerfall des Staates im Widerspruch stand, schildert er das unaufhaltsame Werden des Imperiums als eine Entfaltung und Erfüllung der ihm mitgegebenen Anlagen und Verpflichtungen. Das mag als Verherrlichung einer verklärten, erträumten Vorbildhaftigkeit erscheinen: Livius führt eine idealisierte Geschichte vor, getragen von in jeder Hinsicht großen Persönlichkeiten, nicht ausgerichtet auf enzyklopädische Realistik, sondern auf das Exemplarische und auf Moralität.

So wird Livius, der vertraute Freund des Augustus, in der Prosa zu dem, was Vergil in der Poesie ist: Verkünder der Augusteischen Ideale, Propagandist der Augusteischen Erneuerung. Vor diesem Hintergrund ist auch seine schriftstellerische Individualität zu verstehen: Die bis ins Detail durchgebildete Sprache, die breit schwingende Periodik seiner Syntax, die dramatische Plastizität seiner Schilderungen, die vielen zur Charakteristik der Gestalten, Parteien, Völker eingeschalteten Reden (von denen kaum eine Authentizität beanspruchen dürfte) – alles dient dazu, den Stoff durch Emotionalisierung und Dramatisierung plastisch zu gestalten. Dieses Bemühen, dem Rezi-

pienten einen affektiven Bezug zu den dargestellten Personen, Ereignissen und Exempla zu vermitteln, resultiert aus dem didaktischen Anliegen des Autors, das nicht mit der nüchternen Analytik moderner Geschichtsschreibung zu vergleichen ist.

Schon zu Lebzeiten war Livius ein gefeierter Schriftsteller, und für die Nachwelt wurde er zum Klassiker der republikanischen Geschichte Roms. Schon bald nach Erscheinen des Werks wurden Kurzfassungen und Auszüge hergestellt (bereits Martial spricht davon), die ihrerseits immense Verbreitung fanden und weithin sogar das Original verdrängten. Sein Werk blieb so bis zum Ende des Altertums in mannigfacher Form lebendig (Avienus schuf im 4. Jh. sogar eine jambische Fassung). Nachdem der Autor im Mittelalter kaum rezipiert worden war, begann im 13. Jh. eine große Livius-Renaissance: Dante rühmte ihn überschwänglich, Cola di Rienzo und Petrarca zählten zu seinen Bewunderern, Machiavelli schrieb die *Discorsi sulla prima deca di Tito Livio (Abhandlungen über die ersten zehn Bücher des Titus Livius)*. Eine kritische Reaktion der Historik setzte erst im 20. Jh. ein – ihre Methoden und Erkenntnisse prägen das Livius-Bild noch immer. EGIDIUS SCHMALZRIEDT / PETER ALOIS KUHLMANN

Lukan

* 3. September 39 in Corduba (Córdoba, Spanien)
† 30. April 65 in Rom (Italien)

(d.i. Marcus Annaeus Lucanus) – Römischer Dichter; Neffe Senecas; Ausbildung in Rom; enger Vertrauter Neros; wegen Kritik am Kaiser Veröffentlichungsverbot; Beteiligung an der Pisonischen Verschwörung; nach deren Aufdeckung Selbstmord; sein Werk umfasste neben Dichtung Texte zur pantomimischen Darstellung, eine Tragödie, eine Deklamation, Briefe und Epigramme; nur sein Epos ist erhalten; Rezeption bis ins 19. Jh.

Der Bürgerkrieg / Pharsalia

Das ab 60 n. Chr. entstandene Epos behandelt die entscheidende Phase des über ein Jahrhundert zurückliegenden Bürgerkriegs zwischen Pompeius und Caesar. Die überlieferten Teile des Werks reichen vom Übergang Caesars über den Rubicon (49 v. Chr.) bis zu den Kämpfen in Alexandria gegen die ägyptischen Aufständischen (48 v. Chr.). Die durch den Tod des Autors unterbrochene Darstellung sollte höchstwahrscheinlich bis zum Selbstmord Catos in Utica (46 v. Chr.) führen. Bekannt wurden vor allem die Bücher 6 bis 9: Im sechsten weissagt die thessalische Zauberin Erictho dem Pompeius-Sohn die unglückliche Zukunft, im siebten wird die Schlacht von Pharsalus (48 v. Chr.) geschildert, im achten Flucht und Tod des Pompeius in Ägypten; das neunte Buch ist ganz der Persönlichkeit des stoischen Republikaners Cato, seinen Taten in Afrika und seinem heroischen Marsch durch die Wüste gewidmet. Trotz der stark gegen Caesar und damit gegen das Iulische Kaiserhaus insgesamt gerichteten politischen Tendenz des Werks, enthält das erste Buch eine überschwängliche Huldigung an Nero; doch wird der Kaiser ansonsten eher totgeschwiegen, wenn nicht sogar insgeheim attackiert.

Lukans revolutionäre Neuerung liegt weniger in der Wahl eines verhältnismäßig aktuellen historischen Stoffs (wobei er sich an den entsprechenden Abschnitt im Geschichtswerk des Livius anlehnt) als in dem programmatischen Verzicht auf den ganzen sogenannten Götterapparat des Epos, d. h. im Verzicht auf die Spiegelung und allegorische Erhöhung des irdischen Geschehens in der höheren Welt der Götter. Dieser kühne Bruch mit den Traditionen Homers und Vergils bedeutet zwar ein Weniger an ›Poesie‹ und ein Mehr an historischer Wirklichkeit – weshalb mancher antike Kritiker den Autor kurzerhand zu den Geschichtsschreibern rechnete. Trotzdem ist Lukan in erster Linie Epiker, freilich eine Art ›Gegenvergil‹. Der Grund für die Beseitigung der Götterallegorie liegt in der Lehre der Stoa, in deren Verkündigung und Verherrlichung Lukan, seit sie ihm in den *Satiren* (erschienen 59–62 n. Chr.) seines Freundes Persius so überwältigend entgegengetreten war, den wahren Sinn seines Dichtens erblickte. Die Stoa setzt an die Stelle der Götter das Schicksal, ein blindes, dem Menschen unfreundliches Geschick. So wird die Entgötterung vollständig: Die Helden des Epos handeln nicht mehr unter der Leitung eines ihnen gewogenen Gottes, sondern trotzen einem widerwärtigen Geschick in der heroischen Pose der Unerschütterlichkeit. Es kommt

der politischen Absicht des Werks entgegen, wenn dieses Heldentum nicht bei dem Maniker und Epileptiker Caesar, sondern eben bei seinen Feinden, bei Pompeius, bei Brutus und natürlich bei dem jüngeren Cato anzutreffen ist, der längst zum beinah mythischen Symbol stoischer Tugendhaftigkeit und zum Idol der stillen republikanischen Opposition gegen Nero geworden war.

Hier, beim epischen Helden, liegt freilich auch die Schwäche des Epos: Caesar, der eigentliche Motor der Ereignisse, ist nur negativer Held, während die positiven Charaktere entweder unglaubwürdig (Pompeius) oder blass und abstrakt (Cato) wirken. Es fehlt das personale Zentrum, das die verschiedenen Schauplätze, die zahlreichen gelehrten Exkurse und die philosophischen Schlussfolgerungen und Paränesen zu einer epischen Einheit zusammenbinden könnte. Doch das eigentlich Poetische in diesem Epos findet sich ohnehin weder im Stoff noch in der Komposition, sondern in seiner düsteren Darstellungsweise: Dem Pathos der Haltung, das Lukans Gestalten überall zeigen, entspricht das Pathos der Darstellung. Dabei steht dem Verfasser das ganze reiche Instrumentarium der antiken Rhetorik zu Gebot: Lukan, selbst zum Redner ausgebildet, hat seinen Stil an zeitgenössischen Historikern und nicht zuletzt an den Schriften seines Onkels Seneca geschult (Buch 10 zeigt sogar wörtliche Anklänge an die 63/64 erschienenen *Quaestiones naturales* (*Naturwissenschaftliche Untersuchungen*). So erstaunt es nicht, dass rund ein Drittel des ganzen Werks aus etwa 100 wortgewaltigen Reden besteht und dass in die Darstellung zahllose geschliffene, antithetisch zugespitzte Sentenzen eingefügt sind, von denen manche sogar als geflügelte Worte Eingang in die Anthologien fanden. Eine neue epische Tradition jedoch hat der radikale Neuerer Lukan nicht begründen können; die Epiker nach ihm orientierten sich wieder an Homer und Vergil. Trotzdem hat sein Werk bereits bei den Zeitgenossen ein überaus starkes Echo, in Kritik wie Bewunderung, gefunden: Petron versuchte sich in seinem Roman (um 64 n. Chr.) sogar in scherzhaft-parodistischen »Antipharsalia«. Auch in der Nachwelt fand Lukan reiche Anerkennung: Dante Alighieri, Corneille, Shelley und Hölderlin (der 600 Verse aus dem ersten Buch übersetzte) sahen in ihm das allzeit gültige Muster eines hohen, ausladenden pathetisch-expressiven Stils. RICHARD MELLEIN

Seneca

* um Christi Geburt in Corduba (Córdoba, Spanien)
† 65 (Ort unbekannt)

(d. i. Lucius Annaeus Seneca) – Römischer Politiker, Philosoph und Dichter; im Kindesalter nach Rom; dort rhetorische Ausbildung und Philosophiestudium; Ende der Anwalttätigkeit durch Atemwegserkrankung; nach 30 als Quästor Senatsmitglied; unter Kaiser Claudius acht Jahre nach Korsika verbannt; nach der Rückkehr Erzieher Neros; 55/56 Konsul; 65 Selbstmord.

Ad Lucilium epistulae morales / Epistulae morales ad Lucilium

Die 124 »Briefe an Lucilius über Ethik«, Sendschreiben zur praktischen Ethik, entstanden vom Jahr 62 an. Die in 20 Büchern zusammengefass-

ten, aber unvollständig überlieferten Briefe sind an den jungen Freund Lucilius gerichtete, für die Publikation bestimmte Abhandlungen in Epistelform.

Die ersten drei Bücher bilden eine straffer gegliederte Einheit innerhalb des Corpus; sie sind im Aufbau etwa einem Dialog vergleichbar: Buch 1 gibt allgemeine Lebensregeln, Buch 2 preist die Philosophie als einzigen Weg zur Glückseligkeit, Buch 3 spricht von den Hindernissen auf diesem Weg und deren Beseitigung. Jeden der Briefe ziert der Satz eines Weisen, und zwar aus allen, auch nichtstoischen Lagern der Philosophie. Seneca scheint diese drei Bücher noch selbst und geschlossen publiziert zu haben, während die folgenden postum und einzeln veröffentlicht worden sein dürften. Da in ihnen dem jeweiligen Anlass, der das Nachdenken auslöste, mehr Gewicht zukommt, sind sie thematisch lockerer gefügt. Bestimmend sind die bei Seneca stets wiederkehrenden Themen: Freundschaft und Selbstgenügsamkeit, Begierden und Tugenden, Freitod und Unerschütterlichkeit, Maß und Übermaß, Selbsterkenntnis und weise Nutzung der Zeit, Reflexionen über den ›Gott‹ und das ›Tier‹ im Menschen. Doch auch speziellere Probleme finden Beachtung: die Kunst des Lesens (Brief 2), der philosophische Unterricht (Brief 38), die Furcht (Brief 13) und die Trauer (Brief 63), die Sklavenbehandlung

(Brief 47), Krankheit (Brief 78) und Dankbarkeit (Brief 81) sowie naturwissenschaftliche Fragen (Brief 65).

In zweierlei Weise kommt die Briefform, die gegen Ende der Sammlung etwas zurücktritt, dem Philosophieren Senecas entgegen; bei diesem didaktisch angelegten Textcorpus handelt es sich weniger um ein ins Populäre übersetztes Kompendium von Lebensweisheiten als vielmehr um ein wesentliches Stück eigener Philosophie. Dabei geht es um den auch in den *Dialogen* wahrnehmbaren fanatischen Willen des Schreibenden, im Schreiben seiner selbst gewiss zu werden. Auch dort, wo die Stoa auf ein Problem schon die Antwort bereit hat, begnügt sich Seneca nicht mit dem bloßen Wiederholen von Lehrsätzen. Seneca stellt stets die nachdrücklich geforderte Freiheit der Entscheidung unter Beweis; er ist skeptisch gegen jedes Dogma, bleibt jeweils dicht am konkreten Problem, öffnet stets von einer anderen Seite her den ›großen Zusammenhang der Dinge‹, wiegt stetig das Bessere gegen das weniger Gute ab. In vorher kaum diskutierten Fragen, etwa der Sklavenbehandlung und der Problematik der Zirkusspiele, kommt er so zu selbständigen und weitsichtigen Antworten.

Auf der anderen Seite entspricht die Briefform dem Bedürfnis des Philosophen nach einem Adressaten, nach einem persönlichen Gegenüber, selbst wenn dieses nicht mehr wäre als eine Fiktion. Durch dieses Gegenüber, dem er persönlich den Rückzug in die Philosophie empfiehlt, evoziert Seneca, der an die positive Beeinflussbarkeit der Menschen, an die Überzeugungsmacht der Vernunft und an die Macht des guten Willens glaubt, einen lebendigen Dialog mit dem als Adressaten angesprochenen Leser; dies lässt die Briefe lebensnah und kurzweilig erscheinen. RICHARD MELLEIN

Petronius

* um Christi Geburt (Ort unbekannt)
† 66 in Kampanien (Italien)

(d.i. Gaius Petronius Arbiter) – Römischer Politiker und Schriftsteller; Vertrauter des Nero; um 62 Konsul; 66 Selbstmord aufgrund einer Verwicklung in die Pisonische Verschwörung.

Satyricon. Ein antiker Schelmenroman / Satyricon

Die Abfassungszeit des Abenteuer- und Schelmenromans, des ersten lateinischen Romans, ist unbekannt. Die Handlung, die nach Art der Menippeischen Satire von zahlreichen reflektierenden und lyrischen Einlagen unterbrochen ist, lässt sich nur noch in Umrissen rekonstruieren, da die erhaltenen Stücke insgesamt nur Teile der Bücher 15 und 16 zu sein scheinen. Im Mittelpunkt stehen ein »fahrender Schü-

ler«, der »scholasticus« Encolpius – der zugleich als Erzähler fungiert –, und sein heruntergekommener studentischer Anhang: der Freund Ascyltos, der Rhetor Agamemnon, der Lustknabe Giton und später auch der Dichter Eumolpus. Der ständige Hunger dieser Vagabunden, ihre ständige Eifersucht gegenüber Giton und die Angst vor Strafen für frühere Eskapaden liefern die Motive, die mehr oder weniger geglückten Intrigen und erotischen Tollheiten den Stoff für die haarsträubenden, in der Zeit des Verfassers spielenden Abenteuer. Das leitmotivische Band, das die einzelnen Episoden verknüpft, ist die hartnäckige Ungnade des Phallusgotts Priapus, die sich Encolpius wegen eines Kultfrevels leichtsinnig zugezogen hat. Immer wieder befindet sich der ›Held‹ in verzweifelten Situationen akuter Impotenz, und deren verzweifeltste beschwört schließlich ein fürchterliches Lynchgericht herauf, an dem sich das gesamte Gesinde der Herrin beteiligt. Erst aufrichtige Reue und eine Reihe von Gelübden vermögen es, den Gott am Ende des Fragments zu bewegen, diese kompromittierende Strafe zurückzunehmen.

Auf seinem ›Leidensweg‹ durchmisst Encolpius die ganze Skala der antiken Gesellschaft. Die Welt des Tingeltangels, der Bordelle und Schenken wird ebenso vorgeführt wie die der Kunstgalerien, der Parks und Paläste. Es wird ebenso Einblick verliehen in das Leben der Sklaven, Bauern, Seeleute und ›verschlampter‹ Künstler wie in das der feinen Damen (Tryphaena und Circe) und der Plutokraten (vgl. die *Cena Trimalchionis*). Nicht ohne Grund wurde an Petronius die Kunst der Milieuzeichnung gerühmt. Mit knappen, markanten Strichen pointiert er Lebensstil und psychologische wie sprachliche (Vulgärlatein!) Eigentümlichkeiten der verschiedensten Schichten. Doch geht es dabei keineswegs um einen Realismus im modernen Sinn. Vielmehr ist jede Lebensform, jede sie repräsentierende Figur satirisch so tief durchdrungen, dass sich bei aller Verschiedenheit zuletzt immer etwa wesensmäßig Gleiches enthüllt: Der Mensch schlechthin als leibhaftiger, heilloser Widerspruch – der Liebende liebt nur sich selbst, der Dichter produziert selbst noch Wertloseres, als er bei anderen gerade schlechtmacht, der Sklave erweist sich despotischer als der Herr, der Herr dümmer als der Sklave, der Bestohlene falscher als der Dieb.

Ausdrucksmittel solchen satirisch-pessimistischen Realismus ist die allgegenwärtige Parodie, so dass Ironie und Ernst schließlich kaum mehr zu unterscheiden sind. In einer zweiten Dimension parodiert der Roman zugleich Erscheinungen der zeitgenössischen Literatur. Encolpius' Malheur persifliert den ›idealistischen‹ Liebesroman der Griechen, seine gottgewollten ›Irrfahrten‹ das die *Odyssee* imitierende Schema des Abenteuerromans. Die großen Gedichte Eumolpus' über den Bürgerkrieg (119) und die Einnahme Trojas (»Troiae halosis«, 89) stellen Satiren gegen den pathetischen Schwulst in Lukans *Pharsalia* und Kaiser Neros Troja-Epos dar. Leider sind die Nuancen und Anspielungen oft derart fein gesetzt, dass auch den Methoden der exaktesten Philologie vieles verborgen bleibt: Lessing hat in seinem *Laokoon* das Troja-Gedicht noch ernsthaft an Vergil gemessen. Solche Zeitbezüge sind hier aber ebenso wenig wie die amourösen Exzesse als zensorenhafte Zeitkritik zu verstehen. Ein abschreckendes ›Sittenbild‹ zu entwerfen lag Petronius ebenso fern wie der Gedanke an ein pornographisches Machwerk: Nichts im Roman weist auf eine völlige Distanzierung des Verfassers von seinem Erzähler, nichts aber auch auf die Identifizierung mit ihm. Die gemeinsamen Feinde beider sind jedenfalls die Catones (133, 15), die sich im festen Besitz höherer Werte glauben. Ihnen wird die epikureische Skepsis entgegengestellt, die über die paradoxe Verstrickung des Menschen nicht hinaus will und die Schwächen und Chancen des Menschen daraus herleitet. Unter anderem wegen seines fragmentarischen Erhaltungszustandes wurde Petrons Roman viel weniger rezipiert als Apuleius' Eselsroman. In Frankreich wurden im 17. Jh. die Lücken in lateinischer Sprache aufgefüllt und damit ein Gesamtroman rekonstruiert. 1969 verfilmte Federico Fellini den Stoff. RICHARD MELLEIN

Plinius der Ältere

* 23/24 in Novum Comum (Como, Italien)
† August 79 in Stabiae (Castellamare di Stabia, Italien)

(d.i. Gaius Plinius Secundus) – Erziehung und Ausbildung in Rom; 47–57 Militärische Laufbahn in Germanien; ab 58 Anwalt in Rom und Como; rhetorisches und grammatisches Studium zur Zeit Neros; 69–79 Wiederaufnahme der politischen Laufbahn; Bekleidung hoher Ämter; Kommandant der kaiserlichen Flotte in Misenum; Tod beim Vesuvausbruch 79; sein Werk umfasste Sachtexte, Biographien und Historiographie; allein die *Historia naturalis* ist erhalten.

Naturkunde / Historia naturalis

Die naturwissenschaftliche Enzyklopädie in 37 Büchern ist erstmals im Jahre 77 erschienen, eine erweiterte Fassung wurde bald nach dem Tod des Autors von seinem Neffen Plinius dem Jüngeren herausgegeben. Das Riesenwerk sollte eine Übersicht über den gesamten Wissensstand seiner Zeit in sämtlichen Disziplinen der Naturforschung vermitteln. Mit Ausnahme des ersten Buches, das neben einer kurzen, die Widmung an den Flavierkaiser Titus enthaltenden Vorrede detaillierte Inhalts- und Quellenverzeichnisse zu jedem einzelnen Buch gibt, folgen die Bücher einem Aufbau nach Wissensgebieten: Astronomie und Kosmologie (Buch 2), Geographie und Ethnologie (Buch 3–6), Anthropologie und menschliche Physiologie (Buch 7), Zoologie (Buch 8–11), Botanik (Buch 12–19), Pharmakologie (Buch 20–32), Mineralogie, Metallurgie, Lithurgik sowie deren Nutzung für die bildende Kunst (Buch 33–37). Die Anordnung des Stoffs innerhalb der einzelnen Bücher ist von den jeweiligen Quellen abhängig: Sie ist entweder organisch, wenn sich die Übernahme einer vorgefundenen Gliederung anbot, oder additiv, indem einfach die Angaben der verschiedenen Vorlagen aneinandergereiht werden. Insgesamt sind nahezu 500 Autoren verarbeitet, und zwar rund 100 Primärquellen (»auctores exquisiti«) und fast 400 Sekundärquellen. Im Gegensatz zur sonstigen antiken Praxis werden sie alle namentlich angegeben; denn die »Plagiatoren« und geistigen »Plünderer« sind dem Verfasser – laut Vorwort – verhasst.

Die *Historia naturalis* ist aber mehr als nur das Resultat eines immensen Fleißes; sie ist zugleich Summe und Bilanz eines für die Antike höchst außergewöhnlichen Gelehrtenlebens. Die erhaltenen Zeugnisse (ein Abschnitt aus Suetons Biographie und zwei Briefe des Neffen) belehren uns, dass der Berufsoffizier und spätere Flottenkommandant Plinius einer der belesensten und meistgereisten Männer des Altertums war. Jede freie Stunde – auch die Zeit während des Essens, im Bad und in der Sänfte – soll er der Lektüre und dem stets daran anschließenden Exzerpieren des Gelesenen gewidmet und so schließlich ein Notizenkonvolut von 160 beidseitig beschriebenen Buchrollen hinterlassen haben – wohl das Ausgangsmaterial für sein Lebenswerk. Plinius benutzt allerdings seine Quellen oft unkritisch. Auffällig sind seine Vorliebe für Mirabilien, Monströses und scheinbar Nebensächliches. Auch ist die Abhängigkeit von den Quellen gelegentlich bis in den Stil hinein spürbar.

Aber gerade diese Quellentreue macht heute, da die meisten der benutzten Schriften verloren sind, den Wert des kompilatorischen Sammelwerks aus. In mancherlei Hinsicht kann es uns einen authentischen Einblick in sonst unbekannte Seiten der antiken Kultur verschaffen. Dies gilt im Besonderen für einen Abriss der alten Kunstgeschichte, in dem Plinius fast 200 in Rom befindliche Statuen und Gemälde aufführt, und für die pharmakologischen Teile, die einerseits über das Konzentrat der *Medicina Plinii* (erste Hälfte 4. Jh.) bis ins spätere Mittelalter hinein den Grundstock für umfassende medizinische Darstellungen abgaben, andererseits die Kontinuität heilkundlicher Tradition bis zu den frühen Griechen zurück sicherten.

RICHARD MELLEIN

Plutarchos

* um 45 in Chaironeia (Griechenland)
† nach 120 vermutlich in Chaironeia (Griechenland)

Rhetorische und philosophische Ausbildung (Athen); mehrere Reisen nach Rom (z. T. als Gesandter) und Alexandria; Schüler des Ägypters Ammonios; Ämter in Chaironeia und Delphi (Priester); Bekanntschaft mit hochrangigen Römern; Lucius Mestrius Florus machte ihn zum römischen Bürger.

Große Griechen und Römer / Bioi parallēloi

Die wahrscheinlich zwischen 105 und 115 entstandene, in Art und Umfang einzigartige Sammlung von Doppelbiographien ist dasjenige Werk Plutarchs, das dem Namen seines Verfassers am meisten Nachruhm sicherte und ihn in manchen Epochen der Neuzeit – etwa im 17. und vor allem im 18. Jh. – zu einem der meistgelesenen antiken Autoren machte.

Plutarch kam erst in fortgeschrittenem Alter und auf Anregung von Freunden dazu, sich mit Geschichte und speziell mit Biographie zu befassen: So sind die überlieferten Biographien vermutlich alle während der Regierungszeit Trajans (98 bis 117) entstanden. Die Daten ihrer Abfassung im Einzelnen zu fixieren, ist trotz mancher Querverweise mit großen Schwierigkeiten verbunden; eine relative Chronologie des Gesamtcorpus war bis jetzt nicht möglich. Sicher ist lediglich, dass Plutarch sich nicht nach der historischen Reihenfolge richtete, sondern nach Lust und Laune sich bald dieser, bald jener Monographie zuwandte. Die heute in den Ausgaben übliche (und in ihrer Anordnung auf die handschriftliche Überlieferung zurückgehende) Reihenfolge der *vitae* hat jedenfalls mit der ursprünglich von ihrem Verfasser vorgenommenen Anordnung nichts zu tun, denn von diesem selbst wissen wir, dass er das Biographien-Paar *Demosthenes – Cicero* als fünftes, *Perikles – Fabius* als zehntes und *Dion – Brutus* als zwölftes Buch zählte, ferner dass das Paar *Theseus – Romulus* unter die letzten gehört, die geschrieben wurden.

Überliefert sind 22 Paare von Lebensbeschreibungen je eines griechischen und eines römischen Feldherrn oder Staatsmannes (an die meisten Paare – mit Ausnahme von vier – ist noch eine vergleichende Würdigung, Synkrisis, der Persönlichkeit und Leistung der beiden zuvor Beschriebenen angehängt, doch wurden auch schon Zweifel an der Echtheit dieser Synkriseis geäußert): *Theseus – Romulus, Solon – Publicola, Themistokles – Camillus, Aristeides – Cato maior, Kimon – Lucullus, Perikles – Fabius Maximus, Nikias – Crassus, Coriolanus – Alkibiades, Demosthenes – Cicero, Phokion – Cato minor, Dion – Brutus, Aemilius Paulus – Timoleon, Sertorius – Eumenes, Philopoimen – Titus Flamininus, Pelopidas – Marcellus, Alexander – Caesar, Demetrios – Antonius, Pyrrhos – Marius, Agis und Kleomenes – Tiberius und Gaius Gracchus* (also eine Vierergruppe), *Lykurgos – Numa, Lysandros – Sulla, Agesilaos – Pompeius*; gerade das Paar jedoch, mit dem die Sammlung wahrscheinlich ursprünglich begann, *Epaminondas – Scipio Africanus maior*, ist verloren gegangen. Neben diesen Parallelbiographien schrieb Plutarch eine nicht geringe Zahl von Einzelbiographien (über Dichter wie Hesiod und Pindar, Philosophen wie den Kyniker Krates, Gestalten der heroischen Vergangenheit wie Herakles; Staatsmänner und Herrscher, darunter sämtliche römische Kaiser vor Vespasian), von denen noch vier erhalten sind: *Aratos, Artoxerxes* (Artaxerxes II.), *Galba* und *Otho*.

Worin nun gegenüber den Einzelbiographien die besondere schriftstellerische Absicht der *Bioi parallēloi* lag, ist nur in Umrissen zu bestimmen; worin sie nicht lag, spricht Plutarch in der Einleitung zum *Alexander* offen aus, die zugleich die treffendste Beschreibung seines Stils, seiner Darstellungsweise und der allgemeinen Tendenz seiner biographischen Tätigkeit enthält: »Ich schreibe nicht Geschichte, sondern zeichne Lebensbilder, und hervorragende Tüchtigkeit und Verworfenheit offenbart sich nicht durchaus in den aufsehenerregendsten Taten, sondern oft wirft ein geringfügiger Vorgang, ein Wort oder ein Scherz ein bezeichnenderes Licht auf einen Charakter als Schlachten mit Tausenden von Toten und die größten Heeresaufgebote und Belagerungen von Städten. Wie nun die Maler die Ähnlichkeiten dem Gesicht und den Zügen um die Augen entnehmen, in denen der Charakter zum Ausdruck kommt, und sich um die übrigen Körperteile sehr wenig kümmern, so muß man es mir gestatten, mich mehr auf die Merkmale des Seelischen einzulassen und nach ihnen das Lebensbild eines jeden zu entwerfen [...].« (Übers.: K. Ziegler).

Wie das Zitat zeigt, wollte Plutarch auf keinen Fall Historiograph sein und durch Quellenstudium und Quellenkritik, durch Sammlung und Aufbereitung des greifbaren Materials Geschichtsabläufe oder -situationen analysieren. Und so ist denn auch der historische Wert seiner Biographien zumindest für ihren Verfasser selbst (nicht unbedingt für die Nachwelt, die vielfach nicht mehr über die von ihm benutzten Quellen verfügt) deutlich sekundär; die Grenzen der historischen Realität werden durch die mannigfachen, von Gestalt zu Gestalt wechselnden Quellen mitgegeben.

Plutarchs Ziel bei den *Bioi parallēloi* ist vielmehr zum einen ethischer und (popular-)philosophischer Natur, wie es sich auch in den Schriften der *Moralia* äußert und eo ipso in der peripatetischen Biographie, deren Linie er vertritt, enthalten ist: Die guten Charaktere sollen den Leser (vgl. die Einleitung der Perikles-Biographie) und nicht zuletzt den Autor selbst (vgl. die Einleitung der Aemilius-Paulus-Biographie) zur Nachahmung anspornen, die schlechten aber von ähnlichen Taten abschrecken (vgl. die Einleitung der Demetrios-Biographie). Zum anderen ist es eminent literarischer Natur: Plutarch möchte aus Lebensdaten und Faktensplittern Charakterporträts formen, und in diesem Sinn ist das oben zitierte Beispiel vom Maler weit mehr als nur illustrativ. Dass der Autor darin Erfolg gehabt hat, dokumentiert seine weltweite Resonanz: Er weiß abwechslungsreich zu erzählen, löst die Geschichte kühn in Geschichten auf, baut aus den Mosaiksteinen von Anekdoten und Kurzszenen, Aussprüchen und charakterologischen Deutungen überaus plastische und fesselnde Persönlichkeitsbilder auf, deren gewinnender Überzeugungskraft man schwer widerstehen kann.

Beispielhaft kann dies ein Vergleich von Plutarchs Schilderung der letzten Tage Alexanders des Großen mit dem sehr nüchternen Bericht des Geschichtsschreibers Arrian zeigen: Während Arrian sich streng an die in den ›königlichen Hoftagebüchern‹ aufgezeichneten Faktenabläufe hält und Gerüchte über einen angeblichen Giftanschlag auf Alexanders Leben nur erwähnt, um zu zeigen, dass er sie sehr wohl kennt, ihnen aber keinen Glauben schenkt, hält auch Plutarch kolportierte Einzelheiten zu diesem Anschlag weitgehend aus seiner Schilderung heraus, skizziert aber in den ersten Teilen dieser Schilderung gleichwohl die Differenzen Alexanders gegenüber den angeblichen Urhebern des Anschlags in einer sehr plastischen Szene und lässt damit das später wiedergegebene Anschlagsgerücht nicht völlig abwegig erscheinen; der in der genannten Szene zutage tretende hochfahrende und schnell aufbrausende Charakter Alexanders macht Ressentiments, die zu einem Anschlag hätten führen können, zumindest plausibel und enthält auch damit wieder eine moralische Lektion.

Es bleibt die Frage, welche besonderen Absichten Plutarch gerade mit der griechisch-römischen Paarung solcher Biographien verfolgen konnte, da doch Ethos und Eigenart der beschriebenen Helden ebenso gut an der individuellen Existenz demonstriert werden konnten. Hier hat sicherlich das besondere Verhältnis eine Rolle gespielt, in dem sich Römer und Griechen innerhalb des Imperium Romanum zu Plutarchs Zeit gegenüberstanden; in ihm waren nämlich Austausch und gegenseitige Anerkennung der beiden Seiten bislang vergleichsweise sporadische Erscheinungen geblieben: Zwar mussten die Griechen die politisch-militärische Überlegenheit der Römer zur Kenntnis nehmen und konnten die Römer den kulturellen Primat von Hellas schlechterdings nicht leugnen; aber Letzteres war von mitleidiger römischer Gönnerhaftigkeit für die ›Provinzler‹, Ersteres von offener griechischer Verachtung der ›Barbaren‹ begleitet. Plutarch selbst verkehrte mit den höchsten Kreisen des Imperiums auf der Ebene vertrauter Freundschaft und beiderseitiger Hochachtung, und diesen wechselseitigen Respekt hoffte er bei allen Gebildeten, gleich welchem Volk sie angehörten, zu erreichen: den Herren des Imperiums zu zeigen, dass auch Griechenland große, den Römern ebenbürtige Staatsmänner hervorgebracht hatte, den Griechen zu beweisen, dass Rom in seinen besten Gestalten auf der gleichen Stufe wie Hellas stand, zugleich aber auch seinen eigenen Landsleuten wieder ins Gedächtnis zu rufen, welche Größe sie einst – gerade auf politisch-militärischem Gebiet – besessen hatten und wie wenig es angebracht sein konnte, aus dem gegenwärtigen Status Schlüsse auf den wahren Wert der beiden Völker zu ziehen.

Dass dem Autor bei diesem synkritischen Vergleich neben höchst eindrucksvollen Parallelen (etwa *Lykurg – Numa*, *Demetrios – Antonius*,

Demosthenes – Cicero) bei genauerem Hinsehen auch weniger überzeugende Paarungen unterlaufen (etwa *Perikles – Fabius Maximus, Pyrrhos – Marius, Lysandros – Sulla*), spielt eine untergeordnete Rolle. Entscheidend ist, dass Plutarch, aus der Überschau der Zeiten betrachtet, tatsächlich mit seiner synoptischen Auswahl die Akzente so zu setzen vermocht hat, dass sein Bild das Urteil der Nachwelt formte: Shakespeare bezog wesentliche Anregungen für seine Dramengestalten Caesar, Marc Anton und Coriolan aus Plutarch; noch Friedrich Nietzsche forderte die Leser seiner *Unzeitgemäßen Betrachtungen* (1873) auf: »Sättigt eure Seelen an Plutarch und wagt es, an euch selbst zu glauben, indem ihr an seine Helden glaubt.«

EGIDIUS SCHMALZRIEDT / HEINZ-GÜNTHER NESSELRATH

Dialog über die Liebe / Erōtikos

Der nach 96 n. Chr. entstandene Dialog hat eine dramatische Hintergrundhandlung, ähnlich wie *Peri tu Sōkratus daimoniu*. Plutarchs Sohn Autobulos berichtet von einem Gespräch, das schon vor seiner Geburt stattgefunden hat. Plutarch, damals frisch verheiratet, besuchte das Eros-Fest in Thespiai mit einer Gruppe von Freunden. (Einige dieser Personen sind durch Inschriften als real nachgewiesen.) Das Thema des Gesprächs wird dadurch angestoßen, dass ihnen ein in der Stadt hitzig diskutierter Fall vorgelegt wird: In den jungen Bakchon, noch im Ephebenalter und von Liebhabern umschwärmt (die alte Kultur der Knabenliebe lebt in Böotien weiter), hat sich die schöne und reiche Witwe Ismenodora leidenschaftlich verliebt. Die Unterschiede in Alter und sozialem Stand sprechen gegen eine Ehe; außerdem ist sehr umstritten, ob eine Frau die Initiative zu einer Werbung ergreifen darf. Die Debatte über das Pro und Contra wird immer wieder von Nachrichten über den Gang der Affäre unterbrochen; Höhepunkt der Handlung ist, dass Ismenodora den zögernden Bakchon entführt – verkehrte Welt! Am Ende bricht die ganze Gesellschaft auf, um die Hochzeit mitzufeiern. Die paradoxe Liebesgeschichte zeigt Anklänge an Handlungsschemata der Komödie, auch die Debatte und die Charakteristik der Sprecher hat gelegentlich humoristische Züge. Der heiter-festliche Charakter der Schrift wird durch den Schmuck vieler eingestreuter Dichterzitate noch gehoben.

Die Debatte kreist zunächst um den Gegensatz von Knabenliebe und Frauenliebe und die Frage, ob eine dominante Frau eine Gefahr ist. Der junge Plutarch, von der eigenen Verliebtheit befeuert, tritt immer mehr in den Vordergrund und setzt sich gegen alle Konvention für die Sache der Frau ein (Kap. 4–9). Ein zentraler Teil (Kap. 13–20) beschreibt das Wesen des Gottes Eros in einem hymnischen Enkomion; er gipfelt in der platonischen Konzeption des Eros als Führer zu philosophischem Denken und zum Aufschwung der Seele in die Welt des wahren Seins. Das Konzept, das Platon in *Symposion* und *Phaidros* auf der Basis der Knabenliebe entwickelt hatte, wird hier auf Frauenliebe und Ehe angewendet. Unheilvolle und tragische Seiten des Eros (Helena, Medea) sind ausgeblendet. Der weitere Gang des Gesprächs ist leider durch eine Textlücke gestört; der Schlussteil (Kap. 21–25) begründet die Hochschätzung von Frauenliebe und Ehe gegen Einwände; zwei historische Geschichten von heldenmütigen Ehefrauen werden ausführlich erzählt.

In der – zum größten Teil verlorenen – griechischen Literatur über Liebe und Ehe ist diese Schrift einzigartig durch ihr Eintreten für die Interessen der Frau, die Würdigung der Ehe als seelische Gemeinschaft und Weg zur charakterlichen Reifung der Partner, schließlich durch die Anerkennung der Sexualität als persönlich bindende Kraft. Plutarch hat seine Gedanken mehr praktisch-realistisch ausgeführt in den *Gamika parangelmata* (Eheratschläge). HERWIG GÖRGEMANNS

Publius Cornelius Tacitus

* 56 in Gallia Narbonensis (Frankreich)

† nach 118 (Ort unbekannt)

Rhetorische Ausbildung in Rom; angesehener Redner; 81/82 Quaestor; 88 Praetor und Mitglied der ›quindecimviri sacris faciundis‹ (eines der bedeutendsten römischen Priesterkollegien); 97 Konsul; 112/13 Statthalter der Provinz Asia; literarische Tätigkeit ab 98 bis zum Tod (vor allem als Historiker).

Annalen / Annales

Das letzte Werk des Autors wurde nach 112 n. Chr. begonnen und wohl bis ca. 120 sukzessive publiziert. Der Titel *Annales* stammt von Tacitus selbst; doch ist die Überschrift in der einzigen Handschrift, die den Beginn des Werkes enthält, genauer und sagt zugleich Wesentliches über die thematische Begrenzung: *Ab excessu divi Augusti* (Vom Tod des göttlichen Augustus an).

Die *Annalen* sind eine Darstellung der Geschichte Roms unter dem iulisch-claudischen Kaiserhaus. Sie sollen die *Historiae (Historien)*, die mit dem 1. Januar des Jahres 69 einsetzen, von unten her ergänzen und untermauern, nicht nur im Sinn eines faktischen Supplements, sondern vor allem zur inneren Begründung der Geschehnisse: Die Wurzeln jener Übel, die im Dominat des Domitian (Regierungszeit 81–96) ihren Höhepunkt fanden, waren nicht erst in dieser Zeit gewachsen. Allerdings scheint Tacitus bald klar geworden zu sein, dass der für die *Annales* gewählte Beginn (das Jahr 14 n. Chr.) nur bedingt gültig sein konnte. Auch die ›verderbliche Wende‹ während der Regierung des Tiberius, von der die Einleitung des dritten Buches spricht, kam nicht von ungefähr, musste also tiefere Ursachen haben. So fasste er den Plan, dem Doppelwerk der *Annales* und *Historiae* noch eine Geschichte der Zeit des Augustus vorzuschalten (*Annales* 3,24,3).

Dieses Unternehmen konnte Tacitus, der schon bei der Abfassung der *Annales* in fortgeschrittenem Alter war, nicht mehr ausführen. Manches deutet sogar darauf hin, dass es ihm nicht einmal mehr möglich war, die *Annales* zu vollenden, sondern dass er dieses Werk mit dem 16. Buch (vorgesehen waren 18, also drei Hexaden) abbrechen musste.

Sicherheit ist darüber nicht zu gewinnen, da durch die Ungunst der Überlieferung u.a. auch das Ende von Buch 16 verstümmelt wurde. Erhalten sind nur die Bücher 1 bis 4 (der Einschnitt nach Buch 3 deutet auf eine Publikation in Form von Triaden), die Einleitung von Buch 5, Buch 6 ohne den Beginn sowie 11 bis 16 mit Verlust des Anfangs und des Schlusses. Das hat zur Folge, dass der Bericht über die Jahre 29 bis 31 n.Chr. aus der Regierungszeit des Tiberius lückenhaft ist, dass dessen letzte Lebensjahre (bis 37 n.Chr.) ebenso wie Caligulas Herrschaft (37 bis 41 n.Chr.) und die ersten sechs Jahre des Claudius (bis 47 n.Chr.) fehlen und dass die Darstellung der Regierung Neros im Jahr 66 abbricht.

Die erste Hexade befasst sich mit der Regierungszeit des Tiberius und unterteilt diese in zwei gleich große Segmente. Die ersten drei Bücher stellen die glücklichen Jahre seiner Herrschaft bis 23 n.Chr. dar und widmen dem 19 n.Chr. vorzeitig verstorbenen Thronfolger Germanicus besondere Aufmerksamkeit. Die folgenden drei Bücher stellen dieser Phase die unruhige Zeit der Herrschaft des Tiberius mit dem Aufstieg und Niedergang des Praetorianerpraefekten Seianus und der Verfolgung seiner Anhänger gegenüber. Das letzte Buch dieser Hexade enthielt vermutlich einen Epilog zu Leben und Charakter des Tiberius.

Die zweite Hexade umfasst den Zeitraum 37 bis 54 n.Chr. mit den Kaisern Caligula und Claudius. Zunächst wird die Herrschaft Caligulas als eine Erleichterung nach dem Tod des Tiberius beschrieben worden sein, jedoch wird Tacitus das Jahr 39 n.Chr. als Wendepunkt markiert haben, als der Kaiser begann, eine Verschwörung der Aristokratie, seiner Generäle und Verwandten zu vermuten. Als Resultat kam es zu Hinrichtungen in der Familie und im Militär. Von da an dürfte Tacitus die Herrschaft Caligulas als grausam, arrogant und größenwahnsinnig dargestellt haben.

In den folgenden Büchern war Tacitus bemüht, Kontinuität in der Herrschaft des Caligula und des Claudius aufzuzeigen. Der erhaltene Teil der zweiten Hexade beginnt mit der Hochzeit von Claudius und Agrippina sowie der Adoption Neros. Aus der erhaltenen Claudius-Darstellung geht hervor, dass Tacitus ihn primär als eine von seiner Frau und den Beamten fremdgelenkte Figur beschrieb.

Die letzte Hexade befasst sich mit den Jahren 54 bis 69, der Herrschaft Neros und den Wirren nach seinem Tod. Als Wendepunkt in der Handlung dieser Passage wird die Pisonische Verschwörung des Jahres 65 angegeben. Zuvor war die Politik Neros von der Präsenz Senecas und Burrus' positiv geprägt. Mit Vernichtung der politischen Gegner im Senat und dem erzwungenen Selbstmord Senecas setzt die negative Darstellung der Herrschaft Neros ein, die von innen- und außenpolitischen Unruhen gezeichnet ist. Ob das 18. Buch mit Neros Selbstmord (9. Juni 68) endete oder die Erzählung in annalistischer Tradition bis zum Jahresende fortlief, kann aufgrund der Überlieferungslage des Werks nicht geklärt werden.

Ähnlich wie in den *Historiae* verengt Tacitus auch hier die historische Perspektive auf Rom, und da wiederum auf das Geschehen am Kaiserhof. Römische Geschichte ist für Tacitus damit Kaiser- und Hofgeschichte, während das Geschehen in den Provinzen vernachlässigt wird. Diese Fokussierung resultiert aus der nobilitären Schreibperspektive des Autors: Die beiden zentralen Wertebegriffe »libertas« (Freiheit) und »virtus« (Tugend), die eigentlich Eigenschaften der aristokratischen Oberschicht sein sollten, werden nach seiner Darstellung vom Princeps monopolisiert.

Allerdings wird gerade in diesem zentralen Punkt, der Grundtendenz, eine auffällige Wandlung gegenüber den frühen Werken deutlich: Der alte Tacitus ist äußerst skeptisch geworden, ob sich im Prinzipat »libertas« und »virtus« überhaupt vereinen lassen. Er, der sich zu Beginn der Epoche von Nerva und Trajan in *De vita Iulii Agricolae* so optimistisch zeigte, vertritt hier die Auffassung, dass der Prinzipat mit dem Dominat, der »dominatio« (Beherrschung, d.h. Unterdrückung), identisch sei. Am evidentesten wird dieser Prozess der Unterdrückung, der selbst die aufrechtesten Männer des Staates in ihrem Innersten verändern kann, an der Gestalt des Thrasea Paetus, den man geradezu als Gegenbild des Autors Tacitus bezeichnen kann: Beide hatten dieselbe Stellung inne, jener unter Nero, dieser unter Domitian, beide gerieten in dieselben inneren Konflikte, jener aber bewährte sich, wagte die Auflehnung und blieb sich treu, während er, Tacitus, versagte und sich dem tyrannischen Willen des Herrschers unterwarf.

Die bis ins kleinste einer jeden Formulierung präzise gefeilte Diktion und die größtmögliche Knappheit des Ausdrucks zeigen, dass Tacitus die Sprache als unmittelbares Dokument der geistigen Durchdringung und der Bewältigung des Stoffes auffasste. Dieses Grundcharakteristikum hat sich seit *De vita Iulii Agricolae* nicht verändert. Ebenso ist die Fähigkeit der kunstvollen szenischen Komposition, die Führung der Handlungsfäden in dramatischer, nicht selten tragisch-übertriebener Aktion dieselbe geblieben. Aber auch hier deutet sich gegen Schluss der *Annales* ein Wandel an: Die effektvoll dargestellte Szene steht nicht mehr so sehr – wie in den *Historiae* und noch im ersten Teil der *Annales* (Bücher 1 bis 4) – als ein exemplarisches Glied, als Funktionselement innerhalb eines größeren kompositorischen Zusammenhangs. Vielmehr scheint jetzt die einzelne Episode autonom zu werden, jede Szene steht eher neben der anderen als mit ihr zusammen.

Im Mittelalter und in der frühen Renaissance wurde Tacitus wenig rezipiert. Erst im 16./17. Jh. wurden die *Annales* zusammen mit den *Historiae* zum Vorbild für die neu entstehende Gattung Geschichtsschreibung, deren Stil geradezu von einem ›Tacitismus‹ geprägt war.

EGIDIUS SCHMALZRIEDT / PETER ALOIS KUHLMANN

Lukianos von Samosata

* um 120 in Samosata/Euphrat (Samsat/Adıyaman, Türkei)
† nach 180 vermutlich in Athen (Griechenland)

(auch: Lukian) – Studium der Rhetorik im kleinasiatischen Ionien, dann Reisen und Vortragstätigkeit bis nach Italien und Gallien; 163/64 im syrischen Antiochia; längere Aufenthalte in Athen; für eine gewisse Zeit Beschäftigung in der römischen Provinzialbürokratie in Ägypten.

Götterdialoge

Ein nicht unbedeutender Teil von Lukians Œuvre führt die Götter des griechischen Mythos im Gespräch miteinander vor und lässt sie sich dabei durch ihre eigenen Worte zum Teil recht bezeichnend entlarven.

Die *Theōn dialogoi* (*Göttergespräche*) und die *Enhalioi dialogoi* (*Meergöttergespräche*) sind – wie die *Nekrikoi dialogoi*, die in der Unterwelt, und die *Hetairikoi dialogoi*, die im Athen der Neuen Komödie spielen – kurze Einakter, in denen sich Elemente des platonischen Dialogs und der Komödie mit Formen der damaligen Schulrhetorik verbinden. Diese verschiedenen Wurzeln merkt man den beiden Dialogsammlungen freilich kaum noch an; sie sind flüchtig und doch mit sicherer Hand hingetupfte Travestien von Göttermythen aus Epos und Tragödie, mit Zutaten sorgfältiger alexandrinischer Kleinkunst und Idyllik. Die *Theōn dialogoi* bestehen aus 26 Gesprächs-Episoden verschiedener olympischer Götter, die – mit einer gewissen Vorliebe für erotisch Pikantes – nach dem Gesetz bunter Variation locker aneinandergereiht sind und vereinzelte Motivverknüpfungen zeigen. Der Ton ist betont familiär, antitragisch und antipathetisch; wo sich situationsbedingt eventuell Erhabenheit einschleichen könnte, wird sie sofort ins Harmlos-Lächerliche umgebogen. Einige charakteristische Beispiele: Der gefesselte Prometheus erwirkt sich ohne Schwierigkeiten die Freilassung, indem er seinem Widersacher Zeus ein Liebesabenteuer prophezeit, aber auch gleich wieder verleidet (Nr. 5); den tollpatschigtumben Hirtenjungen Ganymed kann sein verliebter Entführer Zeus nur mit einiger Mühe in sein neues ›himmlisches‹ Dasein einweisen (Nr. 10); Hephaistos und Apollon ärgern sich über den neugeborenen Hermes, der, noch in der Wiege liegend, schon den ganzen Olymp bestiehlt (Nr. 11); dem ›schwangeren‹ Göttervater muss Hephaistos das Haupt zur Geburt der Athene spalten (Nr. 13); Apollon führt mit Hermes ein erfrischendes Männergespräch über Aphrodite und ihren Gemahl Hephaistos (Nr. 17); ein anderes Mal erzählt ein lachender Hermes, wie Hephaistos seine Frau mit Ares ertappte und beide in einem Netz gefangen nahm (Nr. 21); dann wiederum muss sich Hermes von dem böckischen Pan darüber aufklären lassen, dass dieser sein Sohn ist (Nr. 2).

Von gleicher Machart sind die insgesamt 15 *Enhalioi dialogoi*; auch dazu einige Beispiele: In Nr. 1 verspottet die Nereide Doris ihre Schwester wegen ihres Verehrers, des Kyklopen Polyphem (vgl. Theokrit, *Eidyllia* 6 und 11); in Nr. 2 weint sich derselbe Polyphem nach seiner Blendung durch Odysseus bei seinem Vater Poseidon aus (vgl. Homer, *Odysseia* 9); Nr. 8 zeigt Poseidon auf Mädchenfang; in Nr. 13 macht der Flussgott Enipeus Poseidon Vorhaltungen, weil dieser ihm bei der von ihm begehrten jungfräulichen Tyro zuvorgekommen ist; in Nr. 15 schildert der Windgott Zephyros dem Notos die Entführung der Europa durch Zeus als Stier (vgl. dazu bereits Moschos).

Die *Theōn krisis* (*Das Urteil des Paris*) ist in vielen Handschriften zusammen mit den *Theōn dialogoi* überliefert und lässt sich jedenfalls als etwas überdimensioniertes Seitenstück zu ihnen verstehen, bei dem sich mehrere Dialogstücke zur Geschichte des Parisurteils zusammenreihen.

Die Versuchung ist groß, diese kleinen Kabinettstückchen nur als geistreiche Tändelei und als literarischen Spaß anzusehen; aber während die griechischen Götter schon seit Homer immer sehr menschlich gewesen sind und trotzdem ernsthaft verehrt wurden, auch noch in Lukians Zeit, bleibt hier von ihrer in Epos und Tragödie vorhandenen übermenschlichen Größe buchstäblich nichts übrig.

Ebenfalls ein Gespräch unter Göttern, aber umfangreicher und rhetorisch-argumentativ anspruchsvoller als die bisher genannten Götterdialoge ist die Schrift *Promētheus ē Kaukasos* (*Prometheus*). Wie im fünften Stück der *Theōn dialogoi* geht es hier um die Situation des »Gefesselten Prometheus«, wie sie (ähnlich, aber nicht gleich) im gleichnamigen pseudo-aischyleischen Stück vorliegt. Im Gespräch des Prometheus mit Hermes und Hephaistos wird die ganze

Geschichte (einschließlich der Vorgeschichte) von der Anschmiedung des Prometheus an den Kaukasus lebendig dargestellt. Das Kernstück ist Prometheus' ausführliche Verteidigungsrede, in der er nachweist, dass die Gründe für seine Bestrafung durch Zeus (der bekannte Opfer-Betrug, die Erschaffung des Menschen, der Diebstahl des Feuers) lächerlich und unbegründet sind. In dieser Verteidigungsrede zieht Lukian ironisch-souverän alle Register seiner Rhetorik, so dass Hermes sich am Ende von Prometheus' Argumenten überzeugt zeigen muss – ohne dass dies freilich für diesen unmittelbare positive Folgen (etwa die Freilassung) hätte. HEINZ-GÜNTHER NESSELRATH

Lucius Apuleius

* um 125 in Madauros (M'daouruch, Algerien)
† um 170 (Ort unbekannt)

Philosophiestudium in Karthago und Athen; Aufenthalt in Rom; Heirat mit der Witwe Pudentilla; 158 Anklage wegen deren Verzauberung; Freispruch; keine staatlichen Ämter; Priester des Kaiserkultes; Verfasser eines Romans, juristische und philosophische Schriften; Vorbild für den modernen Roman.

Der goldene Esel. Metamorphosen / Metamorphoses

Der Roman in elf Büchern entstand um 170 nach einer Vorlage des Lukios aus Patrai (vgl. *Lukios e onos – Lukios oder Der Esel* von Lukian).

In dem Werk schildert der junge Lucius, der durch ein Missgeschick in einen Esel verwandelt wird, seine abenteuerlichen Irrfahrten. Das Verhängnis ereilt den Helden im obskuren Thessalien, wo er mit der ebenso reizenden wie erfahrenen Zofe Photis ein Liebesverhältnis hat. Kaum dass der für seine Wundersucht Bestrafte das Mittel für die Rückverwandlung vernommen hat – er muss Rosen fressen –, beginnt seine Odyssee. Räuber zerren ihn aus dem Stall und treiben ihn, Seite an Seite mit den anderen Tieren, in ihr Hauptquartier in den Bergen. Ein mit einem vornehmen Mädchen namens Charite zusammen unternommener Fluchtversuch misslingt; doch der spätere Retter Charites befreit schließlich auch ihn. Als seine Wohltäter auf schreckliche Weise ums Leben kommen, fällt er nacheinander den schlimmsten Grobianen, Sadisten und Hungerleidern in die Hände. Etwas besser ergeht es ihm bei den Priestern der »Syrischen Göttin«, die sich – allesamt Homoeroten, Transvestiten, Flagellanten und Masochisten – unter dem frommen Deckmantel des Atargatis-Kultes ausschweifenden Orgien hingeben. Bei einem Koch und einem Konditor kann er sich ungestört an den übrig gebliebenen Fasanen, Karpfen und Zuckerplätzchen gütlich tun. Auch bei einer vornehmen und leidenschaftlichen Frau, die ihre ganze Liebe und Zärtlichkeit an ihn verschwendet und schließlich mit ihm in Eselsgestalt sexuell verkehrt, könnte er sich wohl fühlen, wenn man nicht aus den ungewöhnlichen Tête-à-Têtes Kapital schlagen wollte: Um sich einer öffentlichen Kopulation mit einer Kapitalverbrecherin zu entziehen, muss er schließlich ausreißen. Zu Beginn des elften Buches schläft er mutterseelenallein am Strand von Korinth. Im Traum stellt ihm die Göttin Isis die Erlösung aus seiner Tiergestalt in Aussicht, und wirklich entdeckt er am nächsten Tag in der Hand eines Priesters den ersehnten Kranz von Rosen. An die Rückverwandlung schließt sich die stufenweise Initiierung des Helden in den Isis- und Osiris-Kult an.

Um dieses Geschehen gruppiert sich ein Ring von Novellen und Märchen über Untreue, Ehebruch und Eifersucht, über Zauberei, Mord und Verbrechen: teils Vor- oder Folgegeschichten der Haupthandlung, teils ohne Zusammenhang mit ihr. Die berühmteste und ausführlichste dieser Erzählungen – sie hat sogar einen bestimmten Typ von ›Prüfungsgeschichten‹ begründet – ist das allegorische Märchen »Amor und Psyche«, mit dem eine alte Küchenmagd die verzweifelte Charite zu trösten versucht: Obwohl die wunderschöne Psyche weiß, dass sie ihren Gatten, den Liebesgott Amor, nur so lange besitzen kann, wie sie auf seinen Anblick verzichtet, entzündet sie am nächtlichen Lager das Licht; erst nach unzähligen Prüfungen und Leiden, die ihr Venus auferlegt, kann sie den Entschwundenen wieder in die Arme schließen.

Der Roman des Apuleius trägt wie Petronius' *Satyricon* deutlich parodistische Züge. Doch bezieht sich die burleske Abwandlung nur auf die Veränderung, die die Gattung inzwischen – vom Versepos zum Prosaroman – durchgemacht hat. Daher ist das Werk nicht im eigentlichen Sinn satirisch: Parodie und Burleske, Satire und Sentiment mischen sich vielmehr in einer neuen Art des freien, rein komischen Humors. Das bestätigt sich in der Komposition, die eher locker als streng ist und den für den Romantyp typischen Magazincharakter besitzt (wobei eine nicht geringe Dosis von ›sex and crime‹ oder ›erotica et curiosa‹ mit im Spiel ist). Ebenso bezeichnend ist der ›milesische‹ Stil des Werks; als ausgesprochener Mischstil verquickt er nach dem Prinzip der ›variatio‹ mehrere Stilhöhen und Tonlagen aus verschiedenen Sonder- und Standessprachen zu einem artifiziellen, aber doch intellektuell-lebendigen Sprachgebilde, dessen Manieriertheit schon bei den antiken Attizisten und Ciceronianern auf Ablehnung gestoßen ist. Doch nicht dualistisch-›barocke‹ Kontrastierung, sondern humorvolle Urbanität und geistreiche Frische des sprachlichen Duktus sind die entscheidenden Momente dieses Stilwillens. Die Sprunghaftigkeit des Erzählers spiegelt die Launenhaftigkeit der Fortuna (»Fortuna saevissima«) selbst wider, die hinter dem wechselvollen Schicksal des Helden transparent wird.

Auch der Bruch vor dem letzten Buch ist nicht so zu deuten, als ob der Dichter nun eine ›hohe Heilswelt‹, die mit der ›niederen‹ Profanwelt der übrigen Bücher kontrastierte, oder gar einen Idealzustand im Sinne des modernen, psychologischen Entwicklungsromans aufzurichten beabsichtigte. In diesem elften Buch soll der Held nach seinen vielfältigen Leiden und Abenteuern schlicht zur Ruhe kommen. Der Isisdienst, zu dem er hinfindet, erweist sich dabei als Pendant zu seinem Interesse für schwarze Magie im ersten Buch. Beides sind entgegengesetzte, aufeinander bezogene Seiten der übernatürlichen Schwärmerei: hier die heilig-erlaubte, dort die sündhaft-verbotene.

Das Zentrum des Romans bildet (mit den Formelementen des Liebesromans) das Märchen von Amor und Psyche: eine allegorische Überhöhung des Schicksals des Helden. Wie dieses entzieht sich aber auch das Märchen einer Überbewertung seiner Bedeutung; die betrunkene Erzählerin spricht geringschätzig von einer »Altweibergeschichte«, das Kind der Liebenden heißt witzigerweise »Voluptas« (Lust).

Ungeachtet aller Schwierigkeiten, die dem Verständnis entgegenstehen, hat der Roman bis heute nichts von seiner Unterhaltsamkeit eingebüßt. Die einleitende Verheißung »Leser, pass auf: du wirst dich amüsieren« ist so aktuell wie eh und je, nicht zuletzt durch die Fülle komischer Figuren, Situationen und Bonmots: der Geizhals Milo, der, um keinen Neid zu erregen, auf Tisch und Stuhl verzichtet; die ›Keuschheit‹ der falschen Priester; die Müllerin, die ihren Galan im Zuber versteckt hält, während der Gatte vom ehebrecherischen Treiben der Frau seines Freundes berichtet, der prahlerische »miles gloriosus«, der vor lauter Mordgerät einem unbewaffneten Gärtner unterliegt; der Esel, der verliebt an den Zehen Charites knabbert oder mit unsäglichem Vergnügen endlich einmal in einem weichen Bett schläft. Nicht zu vergessen schließlich das reizvolle Spiel mit der historiographischen Fiktion und die unnachahmlichen Genreszenen, die einen lebendigen Einblick in den Alltag des 2. Jh.s vermitteln: so in der fröhlichen Frivolität der Schäferstündchen mit Photis, in dem der Isisprozession vorausgehenden ›Faschingszug‹ oder in der Marktszene, in der der Geprellte die Polizei einschaltet und so alles verliert.

Die literarische Nachwirkung des *Goldenen Esels* ist enorm. Einflüsse sind sowohl im Schelmenroman (Cervantes' *Don Quijote*, Grimmelshausens *Simplicissimus*, Lesages *Gil Blas*) als auch im Schwank- und Novellenzyklus (Boccaccios *Decamerone*) sichtbar. Auch besteht ein unmittelbarer Zusammenhang zwischen »Amor und Psyche« und neuzeitlichen Märchen. Die Tatsache, dass das Werk vollständig überliefert ist, verdankt es allerdings nicht seiner literarischen, sondern seiner religionsgeschichtlichen Bedeutung.

RICHARD MELLEIN / PETER ALOIS KUHLMANN

Tertullian

* um 160 in Karthago (nahe Tunis, Tunesien)
† nach 220 in Karthago (nahe Tunis, Tunesien)

(i.D. Quintus Septimus Florens Tertullianus) – Pagane Abstammung; traditionelle Rhetorikausbildung; Anwalt in Afrika und Rom; um 195 Bekehrung zum Christentum; christlich-philosophischer Lehrer; 197 Beginn der literarischen Tätigkeit; prägte das christliche Latein; Beginn der christlich-lateinischen Lesekultur.

Apologeticum / Apologeticum

Anders als in den Bittschriften der griechischen Apologeten wird in dieser 197 entstandenen Verteidigungsschrift der Standpunkt der Christen selbstbewusst vorgetragen, indem Tertullian die aus seiner Sicht einseitige Handhabung des römischen Rechts anprangert. Die Vorwürfe des Ritualmords, der Unsittlichkeit und des Kannibalismus werden zurückgewiesen, sie fallen vielmehr auf die Heiden und ihren Götterglauben zurück. Dem angeblichen Sittenverfall der Heiden wird die Reinheit christlichen Lebens gegenübergestellt. Die Christen würden ja auch nicht als gemeine Verbrecher, sondern eben als Christen abgeurteilt. Aber auch die schwerer wiegenden Vorwürfe des Atheismus, der Majestätsbeleidigung und der Illoyalität gegenüber dem Staat seien nicht glaubwürdiger. Mit der Entkräftung des ersteren würden auch die anderen hinfällig, die Götter aber gebe es gar nicht. Mit der euhemeristischen Erklärung der Götterentstehung (wonach hervorragende Menschen nach ihrem Tod vergöttert worden seien) appelliert Tertullian an die aufgeklärte Bildung der Statthalter. In der »retorsio criminis« behauptet er, dass die Heiden selbst nicht ernstlich an ihre Götter glauben, was in ihrer »irreligiositas« zutage trete. Die ganze heidnische Religion sei auf Lug und Trug aufgebaut. Die Christen aber verehrten den einen Gott, von dem der Kosmos ebenso Zeugnis gebe wie die menschliche Seele, die sich damit als »anima naturaliter christiana« erweise. Neben dem Vater sei Christus Gott als der Logos. Die Götter selbst, die Dämonen seien, würden für die Wahrheit zeugen, ließe man die Christen vor Gericht den Exorzismus anwenden.

Im römischen Pantheon haben die Gottheiten aller Völker Platz, nur die Verehrung des einen wahren Gottes gilt als Ungehorsam gegenüber dem Staat. Wenn es aber keine Götter gibt, dann ist das an sie gerichtete Gebet für das Wohl des Kaisers unwirksam, und die Heiden beschwören nur den Zorn des einzig wahren Gottes herauf. Die Christen hingegen beten laut Tertullian zum wahren Gott für die Macht, die das Weltende aufhält – d.h. also für Rom. Sie sind schon aufgrund ihrer Ethik, die als göttliche jeder menschlichen überlegen ist, die denkbar besten Staatsbürger, und Gott verhängt eine ewige Strafe, neben der jeder irdische Gerichtsspruch verblasst. Nur eines möchte Tertullian für die Christen erreichen, wenn sie schon der irdischen Verurteilung nicht entgehen können: dass die Wahrheit nicht auch noch verkannt wird. Das Martyrium ist der höchste Triumph des Christen, es bringt ihm selbst die Seligkeit und führt dem Glauben neue Bekenner zu. HANS LUDWIG HEUSS

Heliodoros von Emesa

* eher 3. als 4. Jh. in Emesa (Syrien)

† eher 3. als 4. Jh. (Ort unbekannt)

Sohn des Theodosios und Mitglied einer Heliospriesterfamilie im syrischen Emesa; seine angebliche Konversion zum Christentum und Bischofsweihe ist ein bis wenigstens ins 5. Jh. n. Chr. zurückgehendes, auf Namensgleichheit beruhendes Konstrukt.

Die äthiopischen Abenteuer von Theagenes und Charikleia / Syntagma tōn peri Theagenēn kai Charikleian Aithiopikōn

Der vermutlich in der ersten Hälfte des 3. Jh.s n. Chr. entstandene (freilich wird auch das 4. Jh. als Entstehungszeit erwogen) und zehn Bücher umfassende Roman ist wahrscheinlich das späteste erhaltene Exemplar eines hellenistischen Abenteuer- und Liebesromans, nach den Werken des Chariton, Xenophon von Ephesos und Achilleus Tatios. Dennoch singt Heliodor nicht etwa den Grabgesang seiner Gattung, im Gegenteil: Sein Schaffen bedeutet – abgesehen von dem Sonderfall Longos – ihren eigentlichen Höhepunkt.

Bei Heliodor findet das für den griechischen Liebesroman so typische – letztlich bis auf Homers *Odysseia* zurückgehende – Schema der beiden Liebenden, die voneinander getrennt werden und erst nach vielen Fährnissen und Leiden wieder zusammenkommen, einen Autor, der die Erfordernisse anregender Unterhaltungslektüre mit durchaus anspruchsvoller literarischer ›Handwerksarbeit‹ verbindet. Vor allem in Fragen der Komposition hebt sich Heliodor bemerkenswert von den übrigen antiken Romanautoren ab, die ihre Geschichte in der Regel streng chronologisch geordnet erzählen und ihrer Darstellung vor allem durch phantastische Übersteigerung der Motive, eifrigen Wechsel der Schauplätze und eine Fülle von Personen zu mehr Interesse zu verhelfen versuchen.

Eine sehr große Stofffülle ist freilich auch für die *Aithiopika* charakteristisch; aber sie erscheint hier gebändigt durch einen starken Willen zu innerer Strukturierung. An den Anfang seines Romans setzt Heliodor ein Bild, das mitten in das Geschehen hineinführt und so die gespannte Erwartung des Lesers weckt, der wissen möchte, wie es zu dem blutigen Tableau der Eingangsszene kam: In ihr erblicken Räuber bei Sonnenaufgang in der Nilmündung ein Schiff, dessen Besatzung niedergemetzelt am Strand liegt; nur ein »junges Mädchen von wunderbarer Schönheit« – Charikleia – lebt noch und bemüht sich eifrig um einen wie tot daliegenden jungen Mann (Theagenes). Der Räuberhauptmann Thyamis, ein edler Mensch und nur durch widrige Umstände in seinen jetzigen Beruf geraten, übergibt das Mädchen und den inzwischen zu sich gekommenen jungen Mann einem griechischen Mitglied seiner Bande namens Knemon. Knemon erzählt den beiden seine Lebensgeschichte.

Als sie sich für kurze Zeit trennen, trifft Knemon einen greisen, hellenisch gebildeten ägyptischen Priester namens Kalasiris, der ihm berichtet, er habe von der äthiopischen Königin den Auftrag erhalten, ihre einst ausgesetzte Tochter Charikleia zu suchen; in Delphi habe er sie als Priesterin der Artemis tatsächlich gefunden und sich auf ein geheimnisvolles pythisches Orakel hin mit ihr und Theagenes auf die Reise gemacht; unterwegs aber seien sie von Seeräubern überfallen worden, die ihn, Charikleia und Theagenes zu der Nilmündung brachten, wo der Roman beginnt. In diesem Gespräch trägt Kalasiris also all das nach, was sich vor der Eingangsszene abgespielt hat, und findet endlich mit Hilfe Knemons Charikleia wieder (Buch 1 bis 5). Gemeinsam machen sie sich nun – die Gegenwartshandlung ist während der erzählenden Rückblende hintergründig weitergeschritten – erneut auf die Suche nach dem inzwischen nach Memphis verschleppten Theagenes (Buch 6). Nach manchen weiteren Wendungen, die ebenso überraschend für den Leser (so stellt sich heraus, dass der edle Räuber Thyamis der unglückliche Sohn des Kalasiris, des ehemaligen Propheten von Memphis, ist) wie für die Helden des Buches sind (Theagenes und seine Geliebte kommen schließlich als Kriegsgefangene in Charikleias äthiopische Vaterstadt, wo sie den Opfertod sterben sollen), gelangt die Erzählung endlich zu ihrem versöhnlichen Abschluss: Charikleia gibt sich als verlorene Königstochter zu erkennen, auch Theagenes wird durch einen günstigen Umstand vor der Opferung bewahrt; beide werden mit der Priesterwürde der Gottheit geehrt, der sie auf so blutige Weise geweiht werden sollten, und es sollen sogar auf immer die Menschenopfer abgeschafft sein. Mit dem Ausblick auf die Hochzeit endet die Geschichte.

Was die zahllosen Leser der *Aithiopika* an diesem Werk mehr als anderthalb Jahrtausende lang entzückte, ist freilich nicht nur die nuancenreiche, geschickt mit den verschiedenen Zeitstufen spielende Art des Erzählens (die beeindruckte wohl vor allem Heliodors Poetenkollegen); fast mehr noch dürfte beim großen Publikum die naiv-spröde Keuschheit der Figuren und die einer echten Frömmigkeit und Menschlichkeit entspringende schlichte Gesinnung des Autors gewirkt haben, die – seltsam genug – hier, in dem letzten Werk der Gattung, von einer Religiosität zeugt, die zwar eklektisch Orient und Okzident vermischt, doch darum nicht weniger ursprünglich und neu wirkt. So hatte denn auch das Christentum kaum einen Anhaltspunkt für Einwände gegen diese beliebte Lektüre. Lediglich gegen den Vorwurf erotischer Bedenklichkeit meinte man das Buch zuzeiten verteidigen zu müssen.

EGIDIUS SCHMALZRIEDT / HEINZ-GÜNTHER NESSELRATH

Augustinus

* 13. November 354 in Thagaste, Numidien (Souq Ahras, Algerien)
† 28. August 430 in Hippo Regius, Numidien (Annaba, Algerien)

(auch: Aurelius Augustinus) – Rhetorik- und Grammatiklehrer in Thagaste, Karthago, Rom und Mailand; 387 Bekehrung und Taufe durch Ambrosius von Mailand, nachhaltige Beeinflussung durch dessen christlichen Platonismus; Rückkehr nach Nordafrika, Priesterweihe, Bischof von Hippo Regius; umfangreiches Werk, das verschiedenste Gebiete der christlichen Philosophie behandelt; spätere Verehrung als Kirchenvater und Heiliger.

Bekenntnisse / Confessiones

Aus dem gewaltigen Œuvre des großen Kirchenlehrers, Theologen und Philosophen ragen die zwischen 397 und 401 nach seiner Wahl zum Bischof von Hippo entstandenen *Confessiones* als eines der meistgelesenen Werke der Weltliteratur hervor. Schon zu seinen Lebzeiten hat dieses Autobiographie und Psychologie, Philosophie und Theologie, Individual- und Menschheitsgeschichte vereinende Werk, in dem antike Kultur und Christentum sich verbinden, seine Leser besonders fasziniert, wie Augustinus selbst im Rückblick auf sein Schaffen mitgeteilt hat. Im Titel kündigt sich bereits die Vielschichtigkeit des Werks an, das sich einer festen literarischen und gattungstypologischen Einordnung entzieht. Denn entsprechend den drei Bedeutungsaspekten des lateinischen Begriffs sind die *Confessiones* zugleich Eingeständnis der Sünden, Bekenntnis des Glaubens und Lob Gottes. Dieser Facettenreichtum spiegelt sich auch in dem zwischen klar strukturierter Gedankenführung und hoher Affektgeladenheit wechselnden Stil wider, der einerseits an Ciceros Rhetorik geschult, andererseits von der *Bibel*sprache, insbesondere vom hymnischen Ton der viel zitierten Psalmen, geprägt ist.

Die *Confessiones* bestehen aus drei heterogenen Teilen: Die Bücher 1 bis 9 enthalten die Autobiographie des Augustinus, in der er in ganz neuartiger Form seine äußere Lebensgeschichte sowie die darin stattfindende intellektuelle, moralische und spirituelle Entwicklung bis zu seiner Taufe im Jahre 387 beschreibt; in Buch 10 richtet er in einer

Selbstprüfung seinen Blick auf seine aktuelle Glaubenssituation bei der Abfassung der *Confessiones* (etwa zehn Jahre nach seiner Taufe); in den Büchern 11 bis 13 liefert er eine Auslegung des biblischen Schöpfungsberichtes. Eingerahmt und getragen wird die autobiographische Darstellung durch das im Proömium und im zehnten Buch entfaltete philosophisch-religiöse Konzept, in dem das naturgemäße Streben des Menschen nach dem Glück, dem höchsten Gut gemäß der antiken Philosophie, christlich umgestaltet wird: Das Glücksverlangen des Menschen wird als eine Gottsuche gedeutet, bei der er auf das Eingreifen der göttlichen Barmherzigkeit und Gnade angewiesen ist, um letztlich in Gott sein Ziel und seine Ruhe zu finden.

Beginnend mit der Geburt und dem Kindesalter stellt Augustinus sein eigenes Heranreifen als eine von Verfehlungen und Irrtümern begleitete Entwicklung dar, in der die moralische Depravation mit den Lebensjahren immer mehr zunimmt. Dabei gibt bereits in der Schulzeit die außergewöhnliche sprachliche Begabung Augustinus Anlass, sich voller Ehrgeiz und Hochmut zu überheben. Karrierestreben und Geltungssucht motivieren ihn auch während seiner glanzvollen rhetorischen Ausbildung im afrikanischen Madaura und Karthago, nach der er im Alter von nur 19 Jahren selbst ein Amt als Rhetoriklehrer übernimmt. Noch während seines Studiums hat die Lektüre des (verlorenen) Cicero-Dialogs »Hortensius«, der zur Beschäftigung mit der Philosophie aufgefordert hat, sein Bewusstsein geweckt, bei diesem rasanten beruflichen Aufstieg auf dem falschen Weg zu sein, und eine erste Umorientierung eingeleitet.

Augustinus tritt zum Manichäismus über, lebt jedoch seine Sexualität weiter aus. Er beschränkt sich nun zwar auf die eine Liebesbeziehung, aus der sein Sohn Adeodatus hervorgeht, setzt sie aber auch nach seinem Weggang aus Afrika in Rom bzw. Mailand zunächst gegen den Willen seiner schon christlichen Mutter Monnica fort, die ihm gefolgt ist und ihn zu einer Heirat mit einer anderen Frau drängt. Er trennt sich schließlich von seiner Geliebten und löst sich während seiner Mailänder Rhetorikprofessur unter dem Eindruck des Ambrosius und aufgrund eigener religionskritischer Auseinandersetzung vom Manichäismus, um sich dem Neuplatonismus zuzuwenden. Das berühmte Bekehrungserlebnis in einem Mailänder Garten, bei dem die Zufallslektüre des paulinischen Römerbriefes (13,13 f.) Augustinus ermahnt, auf Karriere und sexuelle Ausschweifung zu verzichten, veranlasst ihn im Jahr 387 zum Rückzug vom Lehramt und zur Taufe. Dadurch ist er vorbereitet auf die gemeinsam mit Monnica in Ostia erlebte Gottesvision kurz vor deren Tod, mit dem die Autobiographie schließt. Das in der individuellen Lebens- und Bekehrungsgeschichte exemplifizierte menschliche Streben nach Ruhe in Gott verbindet die drei Teile der *Confessiones* miteinander zu einer Einheit. Denn auch das Ziel der Genesis-Exegese, zu der schon die Gedächtnistheorie und die Zeitabhandlung von Buch 10 bzw. 11 hinführen, ist die endzeitliche Ruhe.

Mit ihrer subtilen Selbstanalyse und tiefgründigen Reflexion theologischer Probleme, existenzieller psychologischer und philosophischer Phänomene haben die in Form und Inhalt innovativen *Confessiones* immer wieder auf Theologie, Literatur und Philosophie anregend gewirkt und bis in die Gegenwart ihre unverminderte Aktualität bewahrt. CHRISTINE HEUSCH

MIX
Papier aus verantwortungsvollen Quellen
FSC® C004472

Gedruckt auf chlorfrei gebleichtem, säurefreiem und alterungsbeständigemPapier

Bibliografische Information der Deutschen Nationalbibliothek
Die Deutsche Nationalbibliothek verzeichnet diese Publikation in der Deutschen Nationalbibliografie; detaillierte bibliografische Daten sind im Internet über http://dnb.d-nb.de abrufbar.

ISBN 978-3-476-04362-7
ISBN 978-3-476-04363-4 (eBook)

J.B. Metzler, Stuttgart

In Lizenz der Kindler Verlag GmbH

Gestaltung: Finken & Bumiller, Stuttgart
(Umschlagfoto: photocase.com, klablu)
Satz: Dörlemann Satz, Lemförde
Druck und Bindung: Ten Brink, Meppel, Niederlande

J.B. Metzler ist Teil von Springer Nature
Die eingetragene Gesellschaft ist Springer-Verlag GmbH Deutschland
www.metzlerverlag.de
info@metzlerverlag.de